中国西部大开发发展报告（2022）

Report on Western Region Development of China（2022）

张蔚文　董雪兵　周谷平　主编

中国人民大学出版社
· 北京 ·

中国西部大开发发展报告（2022）
编委会

序　言

党的二十大报告指出，“深入实施区域协调发展战略、区域重大战略、主体功能区战略、新型城镇化战略，优化重大生产力布局，构建优势互补、高质量发展的区域经济布局和国土空间体系”。党的十八大以来，在以习近平同志为核心的党中央的领导下，西部地区经济社会发展取得重大历史性成就，为决胜全面建成小康社会奠定了坚实的基础，也扩展了国家发展的战略回旋空间。但同时，西部地区发展不平衡不充分问题依然突出，与东部地区发展差距依然较大，西部地区仍然是全面建成社会主义现代化国家的短板区域。在我国实现中国式现代化的新征程中，如何继续以西部大开发战略为抓手，总结建设实践过程中的宝贵经验和有益启示，探寻新发展阶段的发展思路与实践准则，成为西部地区值得认真思考和广泛探讨发展的一项重要课题。

新型城镇化建设是西部地区发展的薄弱环节。由于受自然地理约束较大且建设起步较晚，西部地区的城镇化水平和城镇建设质量仍处于国内较低水平。

党的二十大报告明确指出“推进以人为核心的新型城镇化，加快农业转移人口市民化。以城市群、都市圈为依托构建大中小城市协调发展格局，推进以县城为重要载体的城镇化建设”。《中共中央 国务院关于新时代推进西部大开发形成新格局的指导意见》中也明确指出：“因地制宜优化城镇化布局与形态，提升并发挥国家和区域中心城市功能作用，推动城市群高质量发展和大中小城市网络化建设，培育发展一批特色小城镇。”持续推进新型城镇化建设是促进西部地区高质量发展与现代化建设的必然要求。

《中国西部大开发发展报告（2022）》围绕新型城镇化研究主题，对西部地区新型城镇化建设进行了全面细致的探索。首先从理论高度，通过讨论新型城镇化的基本内涵，分析其对西部地区发展的重要意义以及日后发展的战略布局；其次从实际出发，梳理总结西部地区人口与国土空间的发展现状，分析西部大开发持续推进的基础与潜力，进而从产业发展、公共服务、生态文明三个领域深入分析西部地区城镇化建设成效与发展思路；最后，立足调查研究，聚焦成渝城市群和县域城镇化两大议题展开案例分析。本书坚持理论对话与实践探索并重、宏观把握与微观分析并举、数据对比与经验总结并用，在写作视角与分析方法上都遵循科学严谨的研究准则，旨在对西部地区城镇化进行深入剖析与研究，以期更好地推进西部大开发战略实施，进而助力西部地区的新型城镇化建设。

2006 年 10 月，国家发展和改革委员会和浙江大学共建浙江大学中国西部发展研究院（简称西部院），致力打造聚焦西部地区发展的专门性研究机构。自 2012 年起，西部院承担了“教育部哲学社会科学系列发展报告”项目《中国西部大开发发展报告》，每年度围绕一个主题编撰出版。此前，各年度报告主题先后为西部大开发综合问题、西部地区生态文明建设、西部地区能源问题、“一带一路”建设与西部大开发、西部地区全面建设小康社会、西部教育、西部创新发展、西部文化、西部地区农业农村等，权威性、学术性、战略性并重，科学、全面、系统地解读西部大开发发展状况、态势与未来走向以及国家政策等，具有较高的理论价值与实践价值。虽然教育部自 2019 年起暂停资助系列发展报告项目，但西部院自筹经费，坚持打造该品牌，时至今日，这项研究工作已经持续十多年。经过长年的编撰出版发布，本报告现已成为西部研究领域具有重要品牌影响的智库报告，也成为以西部院为主要依托的国家高端智库建设试点单位——浙江大学区域协调发展研究中心的标志性成果，具有良好的学术影响力、政策影响力和社会影响力。

筚路蓝缕，任重道远。当前是我国踏上全面建设社会主义现代化国家新征程，向第二个百年奋斗目标进军的关键阶段，也是西部地区实现高质量发展的重要时期。在世界百年未有之大变局加速演进之际，我们面临着诸多新的机遇和挑战，需要更加务实的态度和科学的谋划。我们愿以此书为引，全力推动西部大开发战略的有效落实，助力西部地区经济社会发展与城镇化建设取得更大成就。

秦玉才

（原国家发改委西部司司长，现任国家发改委
国际合作中心“一带一路”研究院院长）

目　录

总 论

摘 要

总论先是利用城镇化和城市发展的相关理论阐述了新型城镇化的基本内涵，结合我国新型城镇化战略以及推进以县城为重要载体的城镇化建设等国家战略，阐释了西部地区新型城镇化建设的战略意义和时代价值。进而通过国家宏观政策分析与西部地区现状描述相结合的方式，从新型城镇化的内涵与价值、西部地区经济社会发展的基本情况、国家新型城镇化发展的战略布局等视角出发对西部地区城镇化发展的历史进程展开了系统回顾。在此基础上，总论聚焦了我国西部地区在新型城镇化建设中农业转移人口市民化、城市群与都市圈协同、城市高质量发展以及城乡融合发展等维度，对我国西部地区城镇化建设的实践进行总结分析和方向指引，分析在各项实践中的突出问题和未来将要迎接的挑战。最后以全面建设社会主义现代化国家开局起步的关键时期为时代背景，将深入区域协调发展战略下的西部大开发战略与以人为核心的新型城镇化战略相统一，坚持以中国式现代化引领西部现代化建设，奋力写好中国式现代化的西部篇章。

Abstract

The general introduction firstly explains the basic connotation of new urbanization by using the theories of urbanization and urban development, and illustrates the strategic significance and contemporary value of new urbanization construction in the western region in the context of China's new urbanization strategy and the national strategy of promoting urbanization construction with counties as important carriers. Then, by combining the analysis of national macro policies with the description of the current situation in the western region, the historical process of urbanization development in the western region is systematically reviewed from the perspectives of the connotation and value of new urbanization, the basic situation of economic and social development in the western region, and the strategic layout of new urbanization development in China. On the basis of this, the general introduction focuses on the citizenship of the agricultural transfer population, the synergy of urban clusters and metropolitan areas, the integration of urban and rural areas, and the high-quality development of cities in the construction of new urbanization in the western region of China, and provides a summary analysis and directional guidance on the practice of urbanization in the western region of China, analyzing the outstanding problems in each practice and the challenges to be met in the future. Finally, with the key period of the start of building a socialist modern country as the background, the western development strategy under the in-depth regional coordinated development strategy is unified with the new urbanization strategy with people as the core, and the western modernization construction is led by Chinese modernization, and the western region's chapter of Chinese modernization is written with great efforts.

一、新型城镇化基本内涵

城镇化是我国由传统经济转变到现代经济的必由之路。基于特殊国情和所处发展阶段，中国逐渐探索出了一条适应本国特色的新型城镇化道路。从党的十八大“坚持走中国特色新型城镇化道路”战略的提出，到党的二十大报告指出的“推进以人为核心的新型城镇化”，我国城镇化建设在百年大变革时代背景下，逐渐走向高质量协调发展阶段。聚焦“人”的现代化和以高质量发展为导向的新型城镇化建设，推动新型工业化、信息化、城镇化、农业现代化同步发展，是中国式现代化道路的重要内容，是以中国式现代化推进中华民族伟大复兴的必然选择，也是解决人民日益增长的美好生活需要和不平衡不充分的发展之间矛盾的重要抓手。新型城镇化的内涵至少包括以下五个方面。

第一，新型城镇化是以人为核心的城镇化，强调农业转移人口市民化。以人为本是高质量发展的核心，也是推进城镇化必须坚持的核心原则。《中共中央关于制定国民经济和社会发展第十四个五年规划和二〇三五年远景目标的建议》强调“推进以人为核心的新型城镇化”，这一命题的提出是以习近平同志为核心的党中央坚持“以人民为中心”的发展思想在新型城镇化实践中的运用和发展。《“十四五”新型城镇化实施方案》指出，坚持推进农业转移人口市民化作为新型城镇化的首要任务，以提升农业转移人口市民化质量为重点，更关注“人”的需求，强化基本公共服务均等化，实现由重“量”到重“质”的转变，充分体现“惠及全民”的城镇化理念。城镇化的目的在于造福全民，必须让广大人民共同分享城镇化的成果，以人民为主体，充分尊重“人”的意愿，将服务“人”作为城市发展的目的。当下，虽然国家已全面取消城区常住人口 300 万人以下城市的落户限制，但农业转移人口市民化仍存在“不想进”“留不住”“过不好”的问题。城镇化的可持续发展，必须围绕“人”这一核心要素，实现高质量的农业转移人口市民化，让有意愿的农业转移人口及其家属逐步融入城镇，有就业支撑，有政策保障。根据城镇综合承载能力和转移人口情况，分类推进户籍制度改革，统筹完善相关公共服务和社会保障制度改革。全面放开建制镇和小城镇落户限制，有序放开中等城市落户限制，合理确定大城市落户条件，严格控制特大城市人口规模，推进农业转移人口深度市民化，落实外来人口与本地人口、农业转移人口与城镇居民一视同仁，提高新市民对城市生活的归属感和认同感，实现高层次、高质量的“以人为核心的新型城镇化”。

第二，新型城镇化是体现生态文明的城镇化，强调生产、生活、生态的有机统一。生态文明是人类社会继原始文明、农业文明和工业文明后的一种新式文明形态，是人类文明发展的必然趋势，也是实现中国特色社会主义事业的重要内容之一。生态文明的建设，切实关系到人民福祉和民族未来，一直受到党中央和国务院的高度重视。党的十八大将生态文明上升为国家战略，强调要把生态文明建设融入经济建设、政治建设、文化建设、社会建设等各方面和全过程，并把经济、政治、文化、社会、生态“五位一体”作为中国特色社会主义现代化建设的总体布局。党的十九大则在此基础上，对生态文明建设提出一系列新思想、新目标、新要求和新部署，更是首次把美丽中国作为建设社会主义现代化强国的重要目标，并提供了根本遵循和行动指南。建设美丽中国，是为了满足人民群众日益增长的生态需求，彰显人民至上的新型城镇化发展的价值取向。党的二十大报告提出“推进美丽中国建设，坚持山水林田湖草沙一体化保护和系统治理，统筹产业结构调整、污染治理、生态保护、应对气候变化，协同推进降碳、减污、扩绿、增长，推进生态优先、节约集约、绿色低碳发展”。作为新型城镇化重要内容的新型城市建设，其目标是创建宜居、韧性、创新、智慧、绿色、人文城市。可以看出，新型城镇化充分体现了绿色新发展理念，将形成节约资源和保护环境的空间格局、产业结构、生产方式、生活方式等内容增加至建设要求中，推动人民形成绿色低碳的生产方式和生活方式，实现生态协调、可持续的城镇化，以助力实现碳达峰、碳中和的“双碳”目标。

第三，新型城镇化是治理水平提升的城镇化，强调治理体系的完善和治理能力的现代化。“十四五”规划纲要将“推进国家治理体系和治理能力现代化”，作为2035年基本实现社会主义现代化远景目标之一，并视之为其中的核心组成和具体实践。《“十四五”新型城镇化实施方案》提出，树立全周期管理理念，聚焦空间治理、社会治理、行政管理、投融资等领域，提高城市治理科学化精细化智能化水平，推进城市治理体系和治理能力现代化。我国城镇化率已超过60%，城镇化发展从数量型增长为主转向质量型提升为主，快速城镇化阶段的后期，发展速度的下降导致治理问题更多、更广、更复杂。因而，城镇化要转向以高质量发展为目标，通过治理水平的提升和治理能力的现代化提升城市功能品质。一方面要加速破解“大城市病”问题，超大、特大城市需要根据城市综合承载力，合理控制城市规模和人口密度，疏解非核心功能，走高质量集约发展道路；另一方面要注重提升中小城市及小城镇的城市能级和城市承载力，对具有发展潜力的城市积极扶持，引导收缩型城市主动实施精明收缩。此外，还应完善城市治理体系，坚持人民城市人民建、人民管，推动城市治理重心向基层下沉，鼓励社会主体参与城市治理，运用数字化手段赋能政务服务和社会治理，不断提升城市科学化、精细化、智慧化管理水平。

第四，新型城镇化是区域协调发展的城镇化，强调城镇化空间布局和形态的优化。党的二十大报告明确提出了促进区域协调发展战略，要“深入实施区域协调发展战略、区域重大战略、主体功能区战略、新型城镇化战略，优化重大生产力布局，构建优势互补、高质量发展的区域经济布局和国土空间体系”。“促进区域协调发展”取代“平衡发展”，成为加快构建新发展格局、着力推动高质量发展的新方向。这意味着，新型城镇化的发展，既要提升城市群一体化发展和都市圈同城化发展水平，又要促进大中小城市和小城镇的协调发展；既要推动超大、特大城市转变发展方式，又要提升大中城市功能品质，增强小城市发展活力，形成疏密有致、分工协作、功能完善的城镇化格局。我国城市建设当前已从单纯的城市竞争时代进入区域协调发展时代。城市群是随着城镇化发展而出现的新空间单元，是区域高质量发展的动力源和增长极；都市圈则是由中心城市引领一定范围内的周边城市协同发展的同城化单元。健全和培育城市群和都市圈协同发展，在区域层面深化基础设施、产业科技、生态环境和公共服务等领域合作，是我国现阶段突破城镇化发展瓶颈，实现增量转存量发展的必然选择。深入实施京津冀协同发展、长三角一体化发展、粤港澳大湾区建设、西部大开发等区域重大战略，显著提升我国的经济实力和国际影响力。此外，县城是新型城镇化的“基本单元”，同样也是区域协调发展的关键一环，县城向上能够推动城市群都市圈发展，向下能带动以县城为代表的小城镇发展，进而实现全域发展。中共中央办公厅、国务院办公厅于 2022 年 5 月印发了《关于推进以县城为重要载体的城镇化建设的意见》，旨在通过县城这一重要节点实现新型城镇化建设与区域协调发展，让更广泛的民众能够在中国的发展中受益。

第五，新型城镇化是统筹城乡的城镇化，强调城与乡的融合。坚持城乡融合发展，是推进新型城镇化的基本准则。中国特色社会主义进入新时代以来，城乡发展不平衡不充分成为社会主要矛盾中较为突出的问题。在共同富裕的目标下，必须从城乡融合的视角协同推进新型城镇化与乡村振兴。“十四五”规划的目标之一是将常住人口城镇化率提高到 65%，以工补农、以城带乡，推动形成工农互促、城乡互补、协调发展、共同繁荣的新型工农城乡关系，更加注重城乡区域发展协调性，加快农业农村现代化。此外，2019 年 5 月习近平总书记在江西指出：“城镇化和乡村振兴互促互生。要把乡村振兴起来，把社会主义新农村建设好。”要实现城乡要素、产业、生态、社会全面融合，加强城乡居民基本权益平等化、城乡基本公共服务均等化、城乡居民收入均衡化、城乡要素配置合理化、城乡产业发展融合化。新型城镇化之“新”，关键在于更加关注城镇化质量的提高，在城乡融合方面以实现要素的自由流动和资源的合理配置为重点，不断创新经济发展方式和产业结构，保障农业与工业、农村与城市同步发展，保障城乡居民共享经济发展成果，在破解社会主要矛盾的同时，实现高效率、可持续的城乡融合发展。

二、新型城镇化的战略意义

（一）新型城镇化是中国式现代化的必由之路

现代化是人类社会发展的潮流，城镇化是现代化的必由之路。中国坚持推进新型城镇化，是既吸取西方国家城镇化发展的教训，学习借鉴成功模式，又将其与中国城镇化发展现状、实际相结合的重大战略部署。

首先，西方国家经验表明实现现代化必须注重城镇化。现代化是一个由传统社会向现代社会多层面、全方位转变的过程。第一次现代化转型由工业革命开启，推动社会分工深化细化，为传统农业转型创造条件，使大部分发达经济体从传统乡村社会转向现代工业社会。城市作为工业产业的重要载体，也成为现代化社会的核心空间。二战结束以来，随着新技术革命的兴起，社会形态逐渐从工业社会走向信息化、智能化社会。这次信息化转型虽然同样是以城市作为主体空间，但以知识和创新为核心的内生驱动力取代工业成为城市发展的关键动力，信息化也反向渗透赋能工业化、城镇化和农业现代化，驱动着现代化走向第二次转型。由此可见，城镇化在西方发达国家的两次现代化转型过程中发挥了不可或缺的作用。

其次，城镇化是中国式现代化的重要空间载体和平台。2013 年 9 月，习近平总书记在十八届中央政治局第九次集体学习时的讲话指出，“我国现代化同西方发达国家有很大不同。西方发达国家是一个‘串联式’的发展过程，工业化、城镇化、农业现代化、信息化顺序发展，发展到目前水平用了二百多年时间。我们要后来居上，把‘失去的二百年’找回来，决定了我国发展必然是一个‘并联式’的过程，工业化、信息化、城镇化、农业现代化是叠加发展的”。这意味着我国的城镇化要在两次现代化转型的叠加中进行：一方面，城镇化是新型工业化和信息化发展的重要空间载体，为新型工业化提供充分的生产要素支持和原始创新，为信息化提供优秀人才集聚和技术场景应用场所；另一方面，城镇化带动农业现代化，推动农业产业化水平的提升和农业产业结构调整。

在科学判断我国城镇化所处阶段的基础上，我国逐步确立了以人为核心的新型城镇化发展理念。不同于新型工业化、信息化、农业现代化更偏重于经济现代化，新型城镇化则更聚焦于解决“人”的现代化问题。“以人为核心”中的“人”至少包含三种含义：一是与“物”相对应的“人”，即从“以物为本”到“以人为本”。传统的城镇化采用了以土地利用为核心的城市扩张开发模式，而新型城镇化把关注点回归到人的城镇化上来。二是与“群体人”相对应的“个体人”。人的主体性是现代性最基本的问题，人在城市发展中所具有的主体资格、能力、素养是实现现代化的重要标志。然而，我国过去以增长为核心的城镇化更多将“人”视为服务于城市建设的“资源”，而非城市发展的目的，相对忽视了人的城市权利，而新型城镇化呼吁让城市个体享有平等的生存、发展和参与机会。三是与“部分人”相对应的“每个人”。过去快速的城镇化进程在一定程度上忽视了农业转移人口、农民等相对弱势群体的发展诉求，而新型城镇化强调“惠及全民”，让更多人共享城镇化发展红利。因此，人的现代化是新型城镇化发展的最终目的，新型城镇化是中国式现代化新道路的必然选择。

（二）新型城镇化对西部地区的重要意义

西部地区在国家不断开发和政策扶持下逐渐发展，城镇化水平取得了一定成就。但西部地区发展基础相对较弱，地理空间环境约束较大，城镇化发展仍处于国内较低水平，城镇化质量有待改善，且内部发展不均衡。新型城镇化发展，同西部大开发、共同富裕、“一带一路”等国家战略相协调，旨在共同促进西部地区经济发展和现代化水平的提升，实现持续、健康和稳定的发展。2020 年 5 月 17 日，党中央、国务院印发《关于新时代推进西部大开发形成新格局的指导意见》，在新时代新征程背景下赋予西部大开发战略以新目标和新要求，缩小其与东部地区发展差距，全面建成现代小康社会，实现社会主义现代化。新型城镇化的发展，对于西部地区具有重要现实意义和深远历史意义。

新型城镇化是实现西部地区共同富裕的必然选择。共同富裕是中国特色社会主义现代化建设的根本奋斗目标，要求我们着力解决城乡发展不平衡问题，让发展成果更多更公平惠及全体人民，这也是当前西部地区发展面临的首要问题。以人为核心的新型城镇化，坚持发展为人民、发展依靠人民、发展成果由人民共享，提高人口素质，能够促进人的全面发展和社会公平正义，保障全体人民共享城镇化发展成果。西部大开发“新”格局要求坚持以人民为中心，着力强化公共就业创业服务，加强教育高质量发展，提升医疗服务能力和水平，完善多层次广覆盖的社会保障体系，改善住房保障条件等，均与新型城镇化的发展内容息息相关。在西部大开发战略的指导之下，新型城镇化战略深入实施就业优先战略，统筹城乡公共服务，在基本养老、义务教育、基本医疗等方面进行了体制机制的整合，扩大服务的广度和深度，保障随迁家庭全人群基本需求，使得城乡居民在公共服务和生活水平上的差距日益缩小。新型城镇化的高质量发展，能够推动西部地区不断向共同富裕目标迈进。

新型城镇化是推动西部地区高质量发展的必然选择。《关于新时代推进西部大开发形成新格局的指导意见》提出，贯彻新发展理念，推动高质量发展，不断提升西部地区创新发展能力，推动现代化产业体系的形成。产业经济的发展需要城镇化与工业化深度融合，汇聚技术、劳动力、资本、信息等生产要素。城镇化的发展能够推动生产要素在物理空间上的集聚，充分发挥西部地区比较优势，推动具备条件的产业集群化发展，培育和构建富有竞争力的现代化产业体系。例如“东数西算”工程促进数字信息技术产业链在西部的发展，而依托数字经济下“互联网+”技术能够带来西部地区旅游服务业、物流服务业等产业体系创新。城乡融合是新型城镇化和乡村振兴战略的重要内容，西部地区具有丰富的农业资源和特色的乡村文化，因地制宜优化城镇化布局与形态，在城市群高质量发展和大中小城市网络化建设的前提下，培育发展一批特色小城镇，能够推进农业转移人口市民化，扩大基本公共服务覆盖面，从而满足人民对美好生活的需要，稳步推进西部地区经济和社会的高质量发展。

新型城镇化是促进区域协调发展格局的必然选择。区域发展是实现国家战略与奋斗目标的重要支撑。中国的区域发展具有东西发展差距明显、南方与北方发展不平衡、城乡发展不平衡三个特点。我国大多数革命老区、少数民族自治地区、陆地边境地区和欠发达地区都集中在西部地区，整体经济发展水平和城镇化建设进程与东中部地区有较大差距。因而西部地区是我国实现“两个一百年”奋斗目标的重点和难点。西部地区不但整体发展上落后于其他地区，其内部也出现了发展分化的现象，各省份之间、不同地理单元之间以及城乡之间的发展差距都有所扩大。因此，新时代推进西部大开发战略，就是要破解区域发展不平衡不充分的问题，使区域间经济发展和居民收入差距保持在合理区间，基本公共服务、基础设施通达程度、人民生活水平等方面达到稳定均衡。《中华人民共和国国民经济和社会发展第十四个五年规划和2035年远景目标纲要》突出强调国家区域协调发展战略包括西部大开发、东北振兴、中部崛起、东部现代化四个主要部分，并支持特殊类型地区加快发展。国务院和国家发展改革委先后出台了《西部大开发“十四五”实施方案》和《“十四五”推进西部陆海新通道高质量建设实施方案》。与此同时，《“十四五”新型城镇化实施方案》指出，提升城市群一体化发展和都市圈同城化发展水平，促进大中小城市和小城镇协调发展，形成疏密有致、分工协作、功能完善的城镇化空间格局。在西部一些资源环境承载能力较强的区域加快发展新的城市群和中小城市、小城镇，促进经济增长和市场空间由东向西、由沿海向内地、由大江大河和陆路交通干线梯次推进，是促进区域协调发展的重要途径。可以说，提升西部地区的城镇化水平，是促进国家层面区域协调发展，践行新发展理念的重要平台。

三、西部地区城镇化发展进程回顾

我国各区域城镇化发展实际状况差异较大，西部地区在城市大小和城市能级、城镇居民规模和城乡人口占比等方面均相对落后。从城市数量来看，在我国广阔的西部地区，城市分布密度相对较低，城市建成区面积相对较小，核心城市数量与辐射范围也相对较小；从城镇人口来看，2020年西部地区城镇人口总量达21 924.51万人，占全国总城镇人口的24.27%，西部地区常住人口平均城镇化率为57.27%，低于63.89%的全国平均水平，西部地区城镇化率明显滞后于中、东部地区；从城镇化发展的质量来看，西部地区尚存在城镇体系发展不均衡、城镇承载能力与服务能级低下、城乡居民生活水平不高等问题。因而，回顾西部地区城镇化发展进程，既能够帮我们总结发展进程中的问题与教训，也能够为在西部地区推进新型城镇化建设提供丰富的历史经验。

（一）古代西部地区城镇化发展

封建社会时期，受限于生产能力与社会形态，我国西部地区城镇化发展始终处于初级阶段。经济形态以农业为主，种植业与畜牧业依自然条件不同而分布于不同地域中，经济重心和人口分布也始终在农村地区，城市发展总体缓慢，且相对落后于东中部地区。但是西部地区仍然创造了举世瞩目的城市文明，成为中华民族乃至全世界的城市发展典范。

在首个华夏大一统的秦王朝建立时，首都咸阳的人口规模便已在80万以上，是目前人类历史上可考证的首座特大城市。而后随着汉唐等各代人民的艰苦努力，西部地区的城市已遍布在南至广西、云南，北至蒙古草原，向西从河西走廊经新疆喀什绵延到中亚地区的广阔疆域之上。不同地区由于其自身发展条件以及所处时代环境的特殊因素，都在不同时期展现出惊人的城市发展潜力，其中也萌生出西安、成都、昆明、重庆、呼和浩特、乌鲁木齐、拉萨等区域中心城市，这些城市也成为古代西部地区城镇化发展的核心代表。

（二）近代西部地区城镇化发展

自1840年鸦片战争以来，列强的入侵严重阻碍了我国的经济社会发展，也打乱了原本的城镇化进程。一方面，我国西部地区依然留存着部分封建统治势力，维系着封建土地所有制上的农业自然经济，使得西部地区的经济重心始终在农业和农村，这导致城市经济与城市人口规模都难以实质性发展壮大，城镇化水平基本处于停滞状态；另一方面，东部地区由于拥有相对优越的自然条件、交通状况和相对发达的工商业基础，成为列强渗透瓜分中国的核心区域，但也客观上推进了东部地区城镇化进程。因此，在鸦片战争至日军全面侵华，我国东西部地区的城镇化水平开始逐步拉开差距。在20世纪30年代，西安的城市人口仅有12.5万，而兰州也仅有9.5万人、贵阳仅有8.8万人，而同期的上海人口已达到300余万人，东西部城镇发展差距悬殊。

1937年抗日战争的全面爆发，改变了我国的历史进程，也对城市的发展产生了深远影响，给西部地区城镇化发展带来了巨大的机遇和挑战。在此期间我国东中部部分地区遭到日本法西斯铁蹄践踏，中华民族处于生死存亡之际，大量军事、钢铁、能源化工等工业企业和资金纷纷迁至西部城镇；同时由于日寇对我国百姓生命和财产的大肆侵犯，数十万包括工人、商人、师生在内的市民也逃亡至西部地区。这次大内迁为西部城市提供了先进的生产要素和技术支持，也提供了现代工商业发展的人才与经验，出现了“战时繁荣”情景，推动了西部地区的城镇化发展。

在独特的时代背景下，西部地区迅速发展出的众多城市成为中华民族反抗外来侵略的坚实大后方。这一时期获得长足发展的城市主要分为两种情况：一类是传统区域中心城市，它们在大内迁和战时建设中焕发活力，其中以国民党政府所设的陪都重庆最为典型，资料显示，重庆城市人口从1937年的不到37万人迅速增长至1945年末的100万人，成为我国当时对抗日本侵略的核心堡垒，也成为当时国民政府治下的政治、军事、商业和文化中心，此外还有成都、昆明、西安和兰州等地得到了快速发展；另一类是在军事大后方建设中萌生出的新兴城市，有承接工厂内迁的工业之城，有依托能源矿产发展出的矿业之城，也有依托交通区位条件发展出的物流之城，其中以四川万县（今重庆市万州区）、四川南充、甘肃玉门、陕西宝鸡、云南腾冲等地为代表，这些城市都在日寇不断骚扰与蹂躏的夹缝中艰难扎根发芽。

西部地区城市规模的扩张和新兴城市的产生都极大助力了西部地区的城镇化发展进程，但是由于当时的主要矛盾始终是抗击日寇侵略，也受限于有限的物质资源和技术条件，这些西部地区城市的发展基础依然极其薄弱，整体城镇化发展速度依然较为缓慢。

（三）新中国成立以来至改革开放前西部地区城镇化发展

1949年新中国成立以来，我国进入了一个全新的历史阶段，党和国家也有计划地开展社会主义工业化建设，进而城镇发展进程也真正拉开了序幕，我国西部地区的城镇化建设也在此期间艰难地逐步推进。

新中国成立初期，得益于安稳的社会局势和国民经济的逐步恢复，原先散落各地躲避战乱的人口开始陆续返回城镇，全国城镇化有了显著增长。而在抗日战争期间重点开发的西部城镇，一方面依托其已有产业基础继续进行建设和发展，另一方面战时西迁而后留居当地的工人、学生、技术人员等外来人员成为“新市民”的重要组成部分，因而西部地区的部分城镇也步入了快速发展阶段，城市产业和城市人口规模都有较大增长。

在两个“五年计划”期间，国家建立起初级工业体系，苏联援建的156个重大项目中也有部分落地陕西、四川和甘肃等地。伴随着西部地区工业化的推进，城镇化建设也实现了跨越发展，形成了关中、成渝和兰银三大工业城市带，诞生了一批以工业产业和能源矿产为核心的新兴城市，其中的典型代表为陕西铜川、四川绵阳和内蒙古包头等地。此外，在全国工业化建设的浪潮下，西部地区交通条件也有了显著改善，兰新、宝成、黔贵、包兰等铁路的相继通车以及以青藏、康藏公路为代表的全国性交通网的逐步铺建，极大地缓解了物流和人员沟通障碍，也加速了西部地区城镇化建设的脚步。

到20世纪60—70年代，由于当时严峻紧张的国际局势，党和国家决定加强以国防为中心的战略大后方建设，调整全国生产力布局，加强中西部地区工业化发展，以抵御和防范外来入侵风险，这也被称作三线建设。西部地区是三线建设项目的重点地区，对此，国家选取了一大批“靠山、分散、进洞”的地点兴办工矿基地和军事工业企业，这也是近百年来第二次要素西进历程，大力推动了西部地区的城镇化发展。在这段时间，西部地区诞生了一批以航天、航空、钢铁、煤炭、军事工业等为核心的工业型城镇，例如四川的攀枝花、达州，贵州的遵义、六盘水，重庆市以及甘肃酒泉等城市。尽管三线建设对西部地区城镇化的发展起到了一定推动作用，但由于该战略始终以国防和政治目标为核心，经济效益相对较弱。项目开发地点的区位和环境条件并不能充分带动周边地区的经济发展和要素流动，因而对城镇化发展的整体作用有限，甚至还给如今该类地区所进行的产业结构转型造成了一定阻碍。

但总体来讲，在生产资料相对匮乏、发展基础薄弱的时代，西部地区不断推进的工业化进程为其追赶东中部地区发展提供了关键动力，这也成为推动西部地区城镇化发展的核心原因，同时还为改革开放后西部地区的快速发展奠定了坚实基础。

（四）改革开放后西部地区城镇化发展

1978 年以来，我国工业化快速推进，经济增速迅猛。农村剩余劳动力在城市新开办的劳动密集型企业中获得了广阔的就业空间，尤其是中西部大量农民涌入东部城镇，形成了“民工潮”，极大促进了城市经济的发展和规模的壮大。而随着收入和生活水平的不断提高，越来越多的进城务工人员也渐渐融入城市并定居下来，为城镇化提供了源源不断的动力。我国城市人口从 1978 年的 17 245 万人迅速增长至 1998 年的 41 608 万人，20 年间增长了 1.4 倍，年均增长率高达 4.7%，城镇化率也达到了 33.3%，创造了城镇化快速发展的世界奇迹。我国西部地区城镇化发展进程与全国保持一致，改革开放后也经历了一段快速发展期，城镇数量、城市规模和城市常住人口数都有显著提升。尽管西部地区城镇化发展取得巨大成就，但其与东中部地区的差距也逐渐增大。1998 年西部地区的城镇化率仅有 20.7%，远远落后于全国平均水平。

基于西部地区发展相对落后的局面，党中央和国务院积极决策部署、统筹安排，提出了西部大开发战略，为西部地区发展提供坚实的制度保障与政策支持，为西部地区工业化和经济增长提供强大动力，同时也助推了城镇化发展进程。根据“中国统计年鉴”显示，到 2012 年我国西部地区城镇人口数已迅速增长至 16 298 万人，城镇化率也提升至 44.74%，十余年间实现了翻倍增长。除了城市人口规模的扩大之外，西部城市数量也增加到 171 座，重庆、成都、西安等城市的经济发展水平也逐渐位居全国前列。

为进一步推动西部地区城镇化发展，提升城乡居民生活水平，党的十八大提出坚持走“中国特色新型工业化、信息化、城镇化和农业现代化道路”，将新型城镇化上升为国家战略层面。2014 年国务院政府工作报告首次提出了当前城镇化工作所面临的“三个 1 亿人”问题：促进约 1 亿农业转移人口落户城镇，改造约 1 亿人居住的城镇棚户区和城中村，引导约 1 亿人在中西部地区就近城镇化。自此我国城镇化建设迈入新发展阶段，城市人口不断增多、城镇化率稳步上涨、城镇数量空间显著扩张、城镇基础设施建设日趋完善、城乡居民生活显著提升。全国城镇人口从 2012 年的 72 174 万人快速增长至 2022 年的 91 425 万人，城镇化率达到 65%，实现了历史性突破。我国西部地区也积极响应国家战略，紧抓新型城镇化的系列方针政策，一方面鼓励农村居民就地就近城镇化，提升本地区城镇化水平，积极追赶并缩小与东部地区的巨大差距；另一方面积极在城镇基础设施、基本公共服务水平、城市产业结构等各方面发力，提升城市的服务能级和人口承载力，切实提高了西部地区城乡居民生活水平，落实新型城镇化战略。

四、西部地区新型城镇化发展的现状分析

改革开放以来，我国西部地区在人民生活、经济发展、城市建设、民主法治、社会文化、对外开放及资源环境等各领域都发生了翻天覆地的变化，西部地区的城镇化率、城乡居民生活水平、城乡风貌建设以及服务能级也实现了较大提升，这都得益于综合国力的大幅提升以及西部大开发战略的有效实施。因而回顾近几十年西部地区城镇化建设总体进程，总结优秀发展经验和典型案例城市也成为指导当下以及未来城镇化建设工作的关键举措。在社会主义现代化建设的新阶段，我国出台了《国家新型城镇化规划（2021—2035年）》和《“十四五”新型城镇化实施方案》等方针政策，明确了“十四五”时期深入推进以人为核心的新型城镇化战略的目标任务和政策举措，也为西部地区新型城镇化建设提出了新的目标要求。本部分将从新型城镇化建设的几个重要方面分析西部地区相关建设的主要成果，并有针对性地提出未来要面临的风险与挑战。

（一）城镇化率依然较低，农业转移人口市民化任重道远

在我国城镇化快速推进阶段，往往倾向于土地和物质层面的城镇化，各城市通常是以“土地开发”和“招商引资”为直接目标，通过提供城市用地和各种优惠政策来吸引生产要素到当地发展，以达到经济总量增长的最终目标。但是这种粗放的经营方式造成土地城镇化快于人口城镇化的现象，部分产业项目大规模、低效率的建设和运行导致了生产资料浪费、土地城镇化率虚高等一系列问题。同时以土地开发为导向的城镇化也使得城市发展忽视了外来人口，尤其是农业转移人口的就业状况、生活水平、公共服务与社会保障方面的权益，造成了该群体“融不进城”和“离不开乡”的艰难境地。因此，国家新型城镇化战略中专门提出了要注重农业转移人口市民化的问题。

改革开放以来，由于农业生产效率的迅速提高，中国数亿农民作为农村剩余劳动力开始保持半工半农的兼业状态，并逐渐转向城市谋求生存和发展空间，这便开启了漫长而规模庞大的市民化道路。但是由于严格的户籍管控制度以及较高的城市生活定居门槛，该部分人群始终在城乡二元结构中保持着灰色游离状态，未能完全实现向市民身份的转换。仅仅是对这部分农民群体的称谓，就经历了数

度更迭：从“流动人口”到“农民工”“进城务工人员”，再到党的十八大文件中正式提出的“农业转移人口”，对该群体的称谓逐渐明确化和去污名化，这也凸显出党和国家对于该群体的关心与重视。尤其是在提出深入推进以人为核心的新型城镇化战略之后，“实现农业转移人口市民化”成为该战略下的核心任务之一。

农业转移人口市民化面临着多个阶段的考验：首先是经济市民化，需要该群体彻底摆脱农业生产活动，依靠在城市中第二、三产业的就业获得收入来源，从而改善生活质量；其次是社会市民化，一方面是在城乡二元户籍制度下，需要将农民身份转换成城市居民身份以实现在户籍和政治意义上的市民化，另一方面是能够平等地享受城市所提供的基本公共服务和社会保障权利；最后是文化市民化，需要充分融入城市生活，对城市有归属感，迁入地居民群体也要摆脱固有偏见，认同和帮助新群体的融入。农业转移人口真正融入和认同了城市生活，是市民化的最终体现。受限于经济社会发展水平等因素，西部地区在农业转移人口市民化问题上存在诸多现实问题，发展状况也落后于东中部地区，目前主要存在以下三大问题：

一是在宏观指标上，我国西部地区常住人口城镇化率普遍低于东中部地区，这反映了本地农业转移人口市民化工作有较大不足。2020 年第七次全国人口普查数据显示（见图 0－1），西部各地区人口城镇化率大部分都落后于全国 63.84%的平均水平，尤其是西藏、云南、甘肃、贵州和广西 5 个西部省份位列人口城镇化率的最后 5 位。而西部地区经济发展相对较好的陕西、四川两省也处于全国平均水平之下。这从总量上反映了我国西部地区难以吸引足够的农业转移人口在本地区实现就地、就近市民化，相关工作的开展依然任重道远。

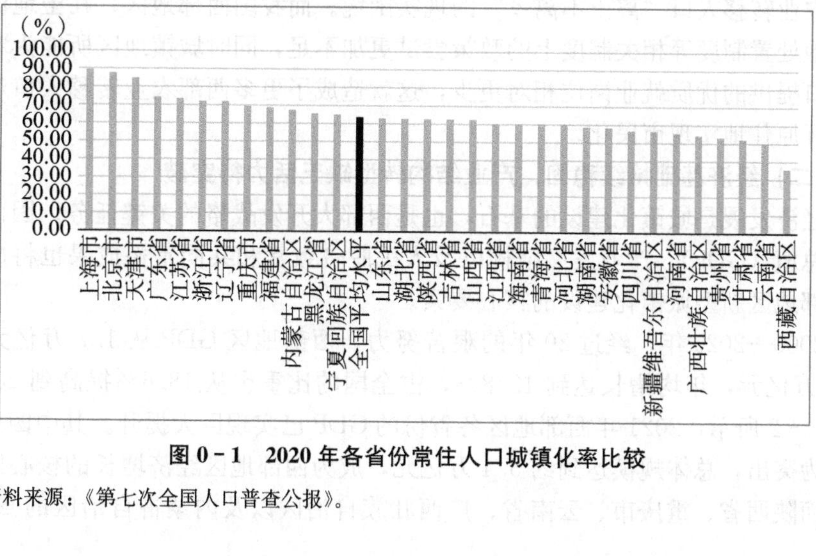

图 0－1　2020 年各省份常住人口城镇化率比较

资料来源：《第七次全国人口普查公报》。

二是西部地区农业转移人口在城市中的基本权利难以保障，农业转移人口在社会保障、公共服务、就业状况、政治权利和文化素质等方面仍存在一些问题。在社会保障方面，相对于城镇居民，农业转移人口的社会保障参与率仍然偏低，尤其是养老、失业和生育保险的缴纳比例远低于城镇居民。在基本公共服务方面，以教育为例，我国西部地区城市因缺乏公办教育资源，农业转移人口随迁子女的受教育问题没能得到较好解决，进而导致了其子女被迫成为留守儿童，引发较大社会性问题。在就业保障方面，城市公共就业培训和指导服务往往难以覆盖农业转移人口，同时劳动保护的法律法规服务、纠纷仲裁及监管机制不完善，难以切实帮助该群体获得更好的劳动报酬和待遇。在享受政治权利方面，农业转移人口几乎无法在流入地享受选举权和被选举权，参政议政和社会管理的参与度极低。

三是农业转移人口在实现市民化过程中，不仅需要在城市中付出高昂的定居成本，还需要放弃原有在农村所拥有的土地承包经营权和宅基地房屋产权。而相关财产权益依然存在界定模糊和法律法规尚未跟进之处，使得本就在新城市中难以立足的农业转移人口，面临更大的市民化实际成本问题。在现有制度框架下，农业转移人口如果想彻底实现市民化，需要放弃原有被分配的土地承包经营权和已经建设好的宅基地房屋产权，在土地流转制度和宅基地退出机制都还未完善之际，该群体往往需要牺牲更大实际利益才能彻底摆脱原有生产生活方式以完全实现市民化。但是若要农业转移人口放弃稳定的耕地运营或转让收入，再放弃宅基地居住房屋，同时在城镇中寻找一份具有体面收益的工作并购置一套居住用房，两个过程所需要投入的定居成本相当巨大，基本是农业转移人口难以在短时间内完全实现的。这也就造成了农村荒废耕地和宅基地大量存在的“空心村”现象，以及农业转移人口“离土不离乡”的现实困境。而我国西部地区，在土地流转和宅基地处置制度等相关制度上的政策尝试更加不足，同时城镇地区所能为农业转移人口提供的优质就业岗位相对更少，这就造成了更多西部农业转移人口难以彻底离开原住地实现市民化。

（二）经济基础持续稳固，产业结构转型缺乏活力待突破

经济发展是城镇化建设的基石，也是西部大开发战略的关键任务。因而国民生产总值（GDP）、产业发展结构以及人民脱贫致富和共同富裕成果也将成为考察西部地区新型城镇化建设的核心要素。

2000—2020 年，经过 20 年的艰苦努力，西部地区 GDP 从 1.7 万亿元增至 21.3 万亿元，年均增长达到 12.8%，占全国的比重也从 18.6%提高到 20.0%。如图 0 - 2 所示，2021 年西部地区各省份的 GDP 已实现巨大提升。其中四川省表现尤为突出，总体规模达到约 5.4 万亿元，成为西部地区经济增长的核心区域之一。而陕西省、重庆市、云南省、广西壮族自治区以及内蒙古自治区的 GDP 也

已踏上2万亿元的台阶，这代表了西部地区的核心梯队已来到了新的发展阶段。而紧随其后的贵州省，曾经是全国GDP末尾省份，但在过去十多年的奋斗中实现了“反超”和“逆袭”，从2000年的仅1 000亿元增长约20倍，也将进入“2万亿元俱乐部”。此外，西北地区省份也在奋勇争先，在实现“全面建成小康社会”的奋斗之路上不断突破自身人口和自然环境限制，实现了经济水平的较大发展。

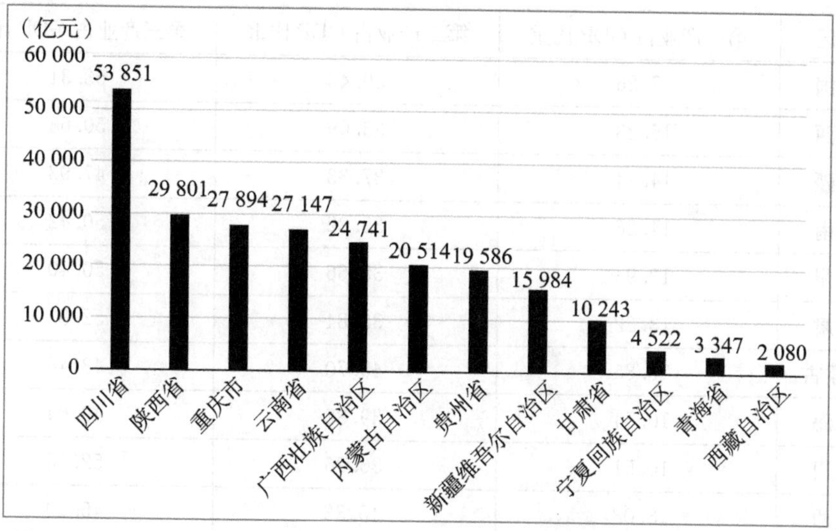

图0-2 2021年西部地区GDP情况

资料来源：《中国统计年鉴2022》。

在产业结构方面，西部地区也不断努力突破产业结构限制，推动传统产业的转型升级，培育新型农业、高端制造业以及现代服务业的发展。如表0-1所示，西部地区的绝大多数省份相比于全国而言，第一产业占比依然较高，而二、三产业占比却显著低于全国水平，这表明我国西部地区产业结构依然有较大改善空间。首先，在第一产业方面，西部地区有广西、新疆、云南、贵州、甘肃、内蒙古、青海和四川八省份第一产业的占比均超过10%，这意味着这些西部省级行政单位对于农业依然有着较强的依赖性，相较东部地区仅4.6%的占比还有很长的路要走。其次，从第二产业来看，陕西、内蒙古、宁夏等西部省份依托自身丰富的自然资源和产业基础优势，实现了44%以上的第二产业占比，工业化为其经济增长提供了巨大动力。但是也同时存在着部分省级行政单位第二产业占比远低于全国平均水平的现象，尤其是以广西、云南、贵州和甘肃四省份较为突出，经济依然较多依赖第一产业，第二产业比重普遍低于全国4～6个百分点。最后，从第三产业发展来看，西部地区各省份的服务业占 GDP 比重全部低于全国平均水平，这意味着在转换三次产业结构、实现高附加值经济发展的道路上西部地区依然任重道远。但从总体趋势上看，“十三五”以来，西部各省份产业重心不断从第一、第二产业向第三产业转移。提高第三产业增加值占比、优化不同产业增加值比重仍然是未来西部地区产业结构转型升级的主要目标。

表 0-1　西部各地区三大产业占比情况　（单位：%）

地区	第一产业占 GDP 比重	第二产业占 GDP 比重	第三产业占 GDP 比重
全国	7.26	39.43	53.31
广西	16.23	33.09	50.68
新疆	14.74	37.33	47.93
云南	14.26	35.32	50.42
贵州	13.94	35.66	50.40
甘肃	13.32	33.84	52.83
内蒙古	10.85	45.70	43.46
青海	10.54	39.82	49.64
四川	10.51	36.96	52.53
陕西	8.08	46.32	45.60
宁夏	8.06	44.70	47.24
西藏	7.89	36.40	55.71
重庆	6.89	40.10	53.01

以人民为中心，让广大群众共享改革发展成果，既是社会主义的本质要求，也是社会主义制度优越性的集中体现，同时也是西部大开发战略的根本目标。因此，西部地区在实现了经济发展巨大飞跃的同时，也致力于实现人民收入水平的切实提高。如图 0-3 所示，近十年来，西部地区城镇居民人均可支配收入的增长速度虽不及东部地区，但也与中部地区和东北地区持平，保证了生活水平稳步提升，在 2021 年也最终实现了城镇居民人均可支配收入 4 万元的重大突破。

同时，西部地区农村居民的人均可支配收入也实现了较大增长，如图 0-4 所示，从 2013 年的仅 0.7 万元增长至 2021 年的 1.5 万元，不到十年实现了收入翻倍。但是也不难看出，目前西部地区农村居民的可支配收入依然落后于中部和东北地区，与东部地区的差距也在逐渐拉大，这也不断提醒着西部地区在努力追赶东中部地区发展的同时，应重视农村地区的实际情况，努力缩小城乡之间的收入差距，让经济发展成果真正惠及农村居民。

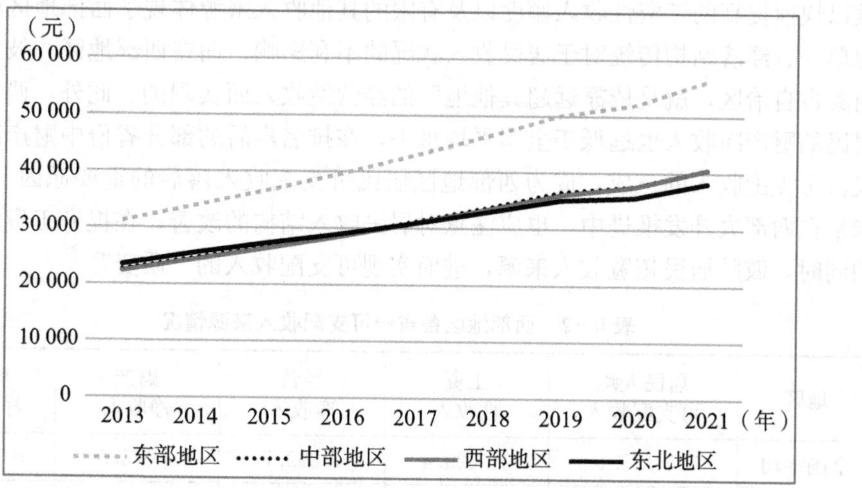

图 0-3 各地区城镇居民人均可支配收入增长情况

资料来源：2014—2022 年的《中国统计年鉴》。

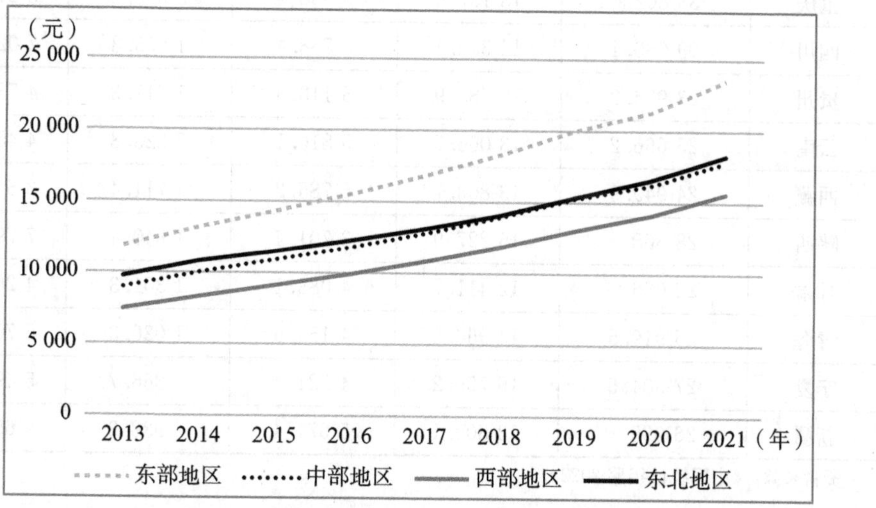

图 0-4 各地区农村居民可支配收入增长情况

资料来源：2014—2022 年的《中国统计年鉴》。

具体的可支配收入来源情况能够更直观地反映西部各地居民的收入结构与共同富裕程度。从表 0-2 可以看出，目前西部地区居民的主要收入来源是工资性收入，而经营净收入和财产净收入相对低于全国平均水平。尤其是排名靠后的甘肃、青海、宁夏以及新疆居民的可支配收入有一半以上都是依靠工资实现的，而难以快速提高的工资性收入额度以及有限的其他收入来源体现了西部地区收入来源单一、经济结构传统对于居民收入状况的不利影响。而在西部地区一枝独秀的内蒙古自治区，就是依靠远超其他地区的经营性收入而实现的。此外，西部地区居民的财产净收入也远低于全国平均水平，在排名靠后的部分省份中财产净收入仅占可支配收入的三成，成为西部地区居民可支配收入落后的重要原因。因而，未来在西部大开发推进中，也应注意对居民收入结构的改善，在提升工资性收入的同时，鼓励居民拓宽收入来源，进而实现可支配收入的“质变”。

表 0-2　西部地区各省份可支配收入来源情况　（单位：元）

地区	居民人均可支配收入	工资性收入	经营净收入	财产净收入	转移净收入
全国平均	35 128.1	19 629.4	5 892.7	3 075.5	6 530.5
内蒙古	34 108.4	17 515.4	9 203.8	1 780.3	5 608.9
广西	26 726.7	12 597.6	6 604.8	2 082.2	5 442.1
重庆	33 802.6	18 137.6	5 358	2 090.2	8 216.8
四川	29 080.1	14 392.4	5 758.4	1 905.3	7 024.1
贵州	23 996.2	12 583.9	5 113.6	1 511.3	4 787.4
云南	25 666.2	13 066.7	5 816.1	2 323.8	4 459.6
西藏	24 949.9	13 803.7	5 785.2	1 711.4	3 649.5
陕西	28 568	15 227.9	3 701.4	1 840.4	7 798.3
甘肃	22 066	12 411.7	4 083.1	1 301.3	4 269.9
青海	25 919.5	14 966.5	4 159.6	1 026.3	5 767
宁夏	27 904.5	16 759.2	4 781	866.7	5 497.6
新疆	26 075	13 809.1	5 674.4	938.3	5 653.3

资料来源：《中国统计年鉴 2022》。

产业作为城市高质量发展的重要基础，也决定了西部地区新型城镇化建设情况。因而，本书第三章将聚焦西部大开发战略之下西部地区的城镇化与产业发展情况，分析西部地区产业发展现状，分析产业结构升级和高质量发展所面临的新问题新挑战，进而探索产业结构调整与新型城镇化建设的结合方式与方法。

（三）生活水平显著提高，基本公共服务均等化水平不足

《中共中央关于制定国民经济和社会发展第十四个五年规划和二〇三五年远

景目标的建议》强调“推进以人为核心的新型城镇化”。基于这一核心指导思想，国家发展改革委所印发的《“十四五”新型城镇化实施方案》指出，在推进新型城镇化建设中应坚持以人为核心，更关注“人”的需求，强化基本公共服务均等化，实现由重“量”到重“质”的转变，充分体现“惠及全民”的城镇化理念。因此，除了关注市政基础设施的升级扩建和改造更新之外，也应统筹区域和城乡间的公共服务水平，在基本养老、义务教育、基本医疗等方面进行体制机制的整合，扩大服务的广度和深度，保障全人群基本需求，使得东中西部居民、大城市与小城镇居民、城乡居民在享有公共服务和生活保障水平上的差距日益缩小。实现基本公共服务均等化是新型城镇化建设的基本要求，也是西部地区推动高质量发展和实现共同富裕的必然选择。

此外，城镇化发展的首要特征体现在空间上城市建设用地面积的增加和人口上城镇常住人口数量和比例的提升。空间上的城镇化一方面吸引了西部地区大量的农业转移人口进城落户，进而为提升城乡居民生活水平提供了条件；另一方面为工业和服务业提供了发展空间载体，为新型工业化和信息化提供了充分的技术应用场景和人才聚集平台，最终推动经济社会的全面发展。因此。我国西部地区新型城镇化建设的重点之一是其基本市政建设水平的发展。如表 0 - 3 所示，西部地区各省份的建成区面积在 2006 年至 2020 年期间有了较大增长，不少省份实现了建成区面积的翻倍，其中四川从原有的 1 272.88 平方千米增长至 3 190.49 平方千米，15 年间始终保持高速增长，增加面积和增速均领先西部各省份，这也是四川近年来经济飞速发展的重要成果。同时，西藏、宁夏、贵州等地也从原有的不足 500 平方千米的建成区面积快速增长，为城市发展提供了广阔空间。尤其是西藏，不断突破高原海拔的自然约束和经济基础薄弱的历史局限，建成区面积从原有的仅 78 平方千米倍增至 2020 年的 168 平方千米，极大促进了西藏的产业发展和人民生活水平的提升。

表 0－3 西部地区城市建设用地面积 （单位：平方千米）

地区	建成区面积		
	2006 年	2013 年	2020 年
内蒙古	830.09	1 206.21	1 262.18
广西	738.32	1 153.64	1 617.61
重庆	631.35	1 114.92	1 565.61
四川	1 272.88	2 058.11	3 190.49

续表

地区	建成区面积		
	2006 年	2013 年	2020 年
贵州	404.65	695.40	1 118.37
云南	542.26	935.77	1 266.24
西藏	78.00	120.29	168.39
陕西	628.56	915.02	1 372.20
甘肃	523.82	726.66	901.43
青海	109.45	157.36	235.20
宁夏	269.37	420.69	494.26
新疆	673.87	1 064.87	1 300.15

资料来源：2007—2021 年的《城市建设统计年鉴》。

具体到城镇化建设的资金投入，如表 0－4 所示，西部各省份 2021 年实际到位使用资金将近 6 000 亿元，大规模的市政建设资金投入体现了国家发展进程中对于城市市政公用设施的重视程度，也真正为西部各省份推进新型城镇化建设提供了坚实的动力保障。尤其是总计 568 亿元的中央预算资金中，划拨至西部地区的比例达到了约 42%，这更体现了中央站在全国视角支持西部大开发战略的坚定决心。

分地区看，四川、陕西和重庆三地投入的市政资金规模最大，这反映了当地经济基础对于城市建设投入的决定性影响——快速发展的经济与居民日益增长的生活水平都对更新和扩建原有的市政公用设施提出了大量需求，因而这三个西部经济最发达的省份也成为投入市政资金最多的地区。同时，西部的广西、云南、贵州、内蒙古、甘肃等地区也大力推动市政设施资金投入进而推动新型城镇化建设，2021 年这些地区的市政投资均实现了 200 亿元以上的投入水平。其中，广西和新疆的市政建设投入规模相较于自身的经济规模而言更高，2021 年 GDP 为 2.47 万亿元的广西，市政建设投入 631 亿元，GDP 仅有 1.6 万亿元的新疆，有 232 亿元市政建设投资（不含新疆生产建设兵团），这体现出两个自治区对改善当地人居环境和居民生活水平所做出的巨大努力。

从资金来源看，各省份的公用设施建设资金的主要来源渠道是国家预算资金、自筹资金以及国内贷款和债券等。其中，“贷款＋债券”成为市政资金的主要筹资方式。这种利用现代金融方式撬动更大规模社会资金参与市政建设的方式

表 0－4　2021 年按资金来源分西部地区市政公用设施建设

（单位：万元）

地区	本年实际到位资金合计	上年末结余资金	本年资金来源								各项应付款
			小计	国家预算资金	中央预算资金	国内贷款	债券	利用外资	自筹资金	其他资金	
全国	232 656 828	22 285 658	210 371 170	64 905 851	5 685 968	39 325 915	18 639 941	675 471	53 433 171	33 390 821	31 652 511
内蒙古	2 290 045	95 236	2 194 809	650 191	88 383	51 590	305 683	28 673	873 359	285 313	414 704
广西	6 318 533	397 639	5 920 894	1 525 396	328 844	1 514 341	178 955	20 273	1 712 301	969 628	1 139 705
重庆	10 431 287	368 785	10 062 502	3 904 897	163 802	2 834 637	1 824 911	1 491	1 007 058	489 508	1 862 948
四川	17 040 848	1 320 006	15 720 842	3 169 205	191 139	3 814 788	1 685 864	39 771	2 350 800	4 660 414	2 452 716
贵州	2 544 455	51 909	2 492 546	112 598	42 138	262 297	73 347	0	1 497 992	546 312	1 030 805
云南	3 361 965	171 570	3 190 395	429 450	179 728	929 052	304 281	4 000	1 153 649	369 963	814 578
西藏	276 254	2 416	273 838	16 506	14 147	0	44 000	0	158 333	55 000	0
陕西	11 127 304	945 031	10 182 273	2 597 684	495 378	1 982 398	161 395	20	4 431 485	1 009 290	1 040 119
甘肃	2 142 742	201 278	1 941 463	353 522	163 580	500 705	261 920	27 838	185 941	611 536	505 594
青海	565 778	71 946	493 832	344 728	123 072	7 467	96 641	0	16 639	28 357	25 657
宁夏	886 840	18 667	868 173	304 452	62 986	125 844	104 676	0	259 171	74 030	408 516
新疆	2 316 673	22 877	2 293 796	637 266	292 114	184 561	843 922	28 704	312 073	287 270	434 652
新疆生产建设兵团	665 159	48 214	616 945	261 089	235 793	12 254	271 451	0	40 354	31 797	79 103

资料来源：《2022 年城市建设统计年鉴》。

也成为加快推进市政建设的重要手段。国家预算资金对于我国西部少数民族地区以及边远贫困地区都有一定的倾斜和扶持。特别是上文提到的市政投资占本地GDP较高的广西和新疆两地，其中都有大量资金来自国家预算支持，这也体现了国家在西部大开发顶层设计之下扎实推进重点地区发展的战略部署。此外，西部地区的部分边境省份和开放前沿省份在利用外资投入市政建设上也有一定的成果。四川引入了高达3.9亿元的外来资本参与到市政建设上来，甘肃、内蒙古、新疆和广西等地也都吸引了超2亿元进行市政公用设施建设，这也吸引着例如重庆和陕西等地积极地进行相关尝试，相信未来西部地区能够通过吸引更多国外资金投入到我国的西部大开发战略和新型城镇化建设之中。

随着城市建成区面积的扩大和市政公用设施水平的提升，西部地区各省份的人口密度也呈现出截然不同的现状。如表0－5所示，地广人稀的新疆在城市建成区人口密度上却是西部第二，达到了4 036人/平方千米，这体现出在新疆干旱少雨的自然背景下人类活动的高度集聚性，同时也预示着新疆正朝着精致化城镇发展的趋势。而与新疆截然不同的是内蒙古和西藏两地，人口密度都不足2 000人/平方千米。此外，陕西和四川等不断推进产业现代化进程，不断推进集约化发展道路，吸引大量人口进入该地区发展，因而人口密度也都维持在每平方千米3 000～5 000人的高密度水平。

基于对市政的大量资金投入，西部地区的公用设施水平也得到了显著改善，新型城镇化建设成果丰硕。在基本资源保障上，西部地区的自来水普及率、污水处理率、燃气普及率以及生活垃圾处理率，除少数自然条件恶劣的省份外均达到供给全覆盖。在城市建成区内的惠民便民基础设施建设也有较大进步，城镇给排水管道密度、路网密度和道路面积率都有一定提升。此外，与人居环境改善息息相关的市政公园、城市绿地建设，西部地区部分省份也借助自身优越的自然气候条件实现了突破性进展，多项指标在全国范围内都处于头部水平。

在西部地区内部，市政基础设施上重庆表现突出，无论是建成区供水和排水管道密度，还是污水和生活垃圾处理水平都在西部地区处于领先水平，多项指标高于全国平均水平。而在城市人均环境改善上，重庆的绿化覆盖率也处于西部地区头部水平。这一方面也证明了重庆在市政建设资金上的巨大投入获得了充足现实成果，另一方面则凸显出重庆作为西南地区中心城市的底蕴实力。因而，重庆与成都所组成的成渝城市群也成为西部地区经济发展水平、公共服务水平、市政建设水平以及居民宜居程度等各维度的新型城镇化建设的标杆，本书也将在第六章选取成渝城市群作为深度解析西部地区新型城镇化发展的典型范例。

除了成渝城市群之外，陕西、宁夏和内蒙古地区也在市政建设方面取得了突

表 0-5　西部地区市政公用设施水平

地区	人口密度（人/平方千米）	人均日生活用水量（升）	供水普及率（%）	燃气普及率（%）	建成区供水管道密度（千米/平方千米）	人均道路面积（平方米）	建成区路网密度（千米/平方千米）	建成区道路面积率（%）	建成区排水管道密度（千米/平方千米）	污水处理率（%）	人均公园绿地面积（平方米）	建成区绿化覆盖率（%）	建成区绿地率（%）	生活垃圾处理率（%）
全国	2 778	179.40	98.99	97.87	14.02	18.04	7.07	14.19	11.11	97.53	14.78	42.06	38.24	99.92
内蒙古	1 850	101.25	99.50	97.26	9.50	23.93	7.65	17.09	10.11	97.80	19.20	40.45	37.39	99.92
重庆	2 070	179.80	94.69	96.16	15.83	14.65	6.56	14.22	13.94	98.17	16.50	43.05	39.62	99.46
四川	3 158	196.39	98.28	97.41	15.09	18.13	7.45	15.21	10.96	96.86	14.40	42.48	37.39	99.99
贵州	2 262	169.78	98.90	94.55	8.70	21.23	7.11	13.85	8.28	97.44	17.04	40.94	38.82	97.85
西藏	1 584	290.86	98.78	63.20	10.36	20.74	4.01	9.60	3.38	96.28	12.02	38.06	35.93	99.63
陕西	4 985	155.71	97.88	98.62	8.16	16.73	5.18	14.26	7.34	96.79	12.79	40.80	37.09	99.93
甘肃	3 235	139.98	98.15	94.80	6.88	20.25	6.42	13.72	7.97	97.18	15.15	36.28	32.48	100.00
青海	2 930	138.19	98.69	93.81	12.94	18.91	6.04	15.97	13.46	95.31	12.45	35.90	33.71	99.29
宁夏	3 153	162.57	98.87	97.52	5.96	26.78	5.66	15.21	4.38	96.74	21.02	41.95	39.65	99.96
云南	3 138	155.13	98.10	78.65	10.87	16.62	6.29	13.13	11.25	97.63	12.27	40.46	36.57	99.99
新疆	4 036	163.09	99.51	98.64	8.68	25.36	5.80	12.71	5.71	98.11	13.19	40.42	36.37	99.12
新疆生产建设兵团	2 063	169.75	99.61	96.55	9.52	24.84	6.82	11.84	6.10	99.44	20.18	43.68	40.87	99.63

资料来源：《2022 年城市建设统计年鉴》。

出成绩，宁夏的人均道路面积达到了西部地区最高的26.78平方米。道路建设与该地区的地理位置和产业结构有着重要关系。该地区所形成的内蒙古呼和浩特—内蒙古包头—宁夏银川—陕西榆林所形成的呼包银榆城市群是依托当地富饶的矿产资源所形成的重化工业集群，因而对于铁路和公路等基础设施需求较大。因而在市政公用设施建设中，城市群内更加注重推进道路建设来合理安排产业布局和城乡发展。此外，由于西北地区生态环境脆弱和产业基础相对滞后，呼包银榆城市群对于拉动本地发展、带动周边区域共同发展方面承担着重要使命。包头和银川等地作为国家新型城镇化的综合试点地区，也肩负着以下关键任务：协调推动新型城镇化和新农村、新牧区建设相统一；合理安排产业集聚、村落分布、生态涵养、农田保护等空间布局；打好精准脱贫攻坚战，统筹推进产业扶贫、易地搬迁、生态补偿、教育脱贫、社保兜底等各项扶贫工作，切实解决深度贫困地区脱贫攻坚等问题。

因而本书的第四章将以我国西部地区的公共服务水平作为专题研究对象，考察基本公共服务普及普惠成果，评估公共服务质量和效能水平，探究西部地区公共服务体系发展不平衡不充分的关键节点地区和突出问题，寻找缩小区域、城乡、群体间基本公共服务水平差距的政策抓手。同时对比分析出西部地区基本公共服务均等化方面的先进案例，梳理出针对西部地区新型城镇化建设进程中公共服务体系提升的政策建议。

（四）生态文明愈发重视，环境友好型城市建设目标确立

生态文明建设同样也是新型城镇化的重要要求之一。党的十八大将生态文明上升为国家战略，强调要把生态文明建设融入经济建设、政治建设、文化建设、社会建设各方面和全过程，并把经济、政治、文化、社会、生态“五位一体”作为中国特色社会主义现代化建设的总体布局。生态文明始终是党和国家关心的核心发展问题之一，党的二十大报告进一步提出要“推进美丽中国建设，坚持山水林田湖草沙一体化保护和系统治理，统筹产业结构调整、污染治理、生态保护、应对气候变化，协同推进降碳、减污、扩绿、增长，推进生态优先、节约集约、绿色低碳发展”。

为了响应党和国家生态文明建设的号召，为了满足人民群众日益增长的生态需求，新型城镇化建设也因此确立了绿色生态目标。这一目标明确了城市发展应遵循生产、生活、生态的有机统一，实现创建宜居、韧性、创新、智慧、绿色、人文城市的目标蓝图。这进而要求城市一方面坚持新发展理念，形成节约资源和保护环境的空间格局、产业结构和生产方式，推进传统产业的转型升级、培育环保产业和节能技术，推广清洁能源的应用范围，助力实现生产领域的碳达峰、碳中和；另一方面推动人民形成绿色低碳的生活方式，宣传和普及环保知识，创建

生态协调、可持续发展的市政建设理念。新型城镇化作为城市未来发展的总体规划，在生态建设中兼顾生产方式和生活方式的两个方面，在绿色低碳可持续的发展中体现了人民至上的新型城镇化发展的价值取向，也确立了宜居和环境友好型城市建设的阶段性发展目标。

西部地区作为我国生态相对脆弱，但生产方式和生活水平相对落后的地区，在新型城镇化进程中创建生态宜居和环境友好型城市的压力较大。三江源自然保护区、呼包银榆城市群煤炭开采区、黄土高原退耕还林区以及成都公园城市等关键区域是西部地区乃至全国生态文明建设的重点区域，时刻关系着“中国式现代化”中生态文明建设和高质量发展两大国家重大战略目标的实现。因而，本书的第五章将以“西部地区城镇化与生态文明”为专题，详细分析西部各省份生态环境的闪光点和薄弱点，系统性梳理西部大开发战略中生态文明建设的重要举措和落实成果，总结西部地区城镇生态治理的困境问题和经验教训，选取部分案例进行深入分析。

（五）梯级城市联动发展，城市群与都市圈协同深度不足

城市是现代社会高质量生产力的重要载体，也是实现“人民对美好生活的向往”的关键空间。城市能够通过集聚效应来吸引各种生产要素和各项社会资源，满足中心城市人们的生存、生产和生活需要；同时还会产生溢出效应，辐射城市周边配套区域，并逐步形成以该中心城市为核心的、由多个中小城镇基于各自比较优势而形成的空间网络，这种多层级城市协同联动发展的格局被称为城市群或都市圈发展模式。因此，我国在新型城镇化战略中也强调，要逐步形成核心城市群和都市圈的梯级城市格局。在国家和区域中心城市的带动下，区域发展差距将会逐渐缩小，形成大中小城市和小城镇协调发展、产业和城镇融合发展的区域协调发展新局面。

现代化城市群主要通过以下三个层面的优势为经济社会发展注入了强大动力：（1）城市聚集成群能够提高生产效率。城市拥有更高效的市场、更完善的基础设施、更广泛的共享服务以及更健全的制度环境。城镇化的深入推进所带来的产业集聚使得产业链内部协作更加密切，生产的规模效益不断凸显。（2）城市内部以及城市群之间所建立的高效的交通物流体系和电子信息体系提高了信息的流动效率，同时也降低了信息沟通的交易成本，加速了商品和服务的生产交易流程，更好地解决了信息不对称问题，从而间接提高了全要素生产率。（3）核心城市周边的中小城镇能够主动承接人口、产业、过度集中的公共服务资源等，特别是一般性制造业、区域性物流基地、专业市场的功能疏解转移，强化快速交通连接，发展成为与邻近大城市通勤便捷、功能互补、产业配套的卫星城市，切实分享了核心城市的发展红利，促进了周边区域的共同发展。因而，以城市群与都市圈模式实现区域高质量发展成为现代社会城镇化发展的关键方式，也是我国推进新型城镇化战略的重要要求。

而在我国西部地区，城镇化发展基础相对薄弱，城市群与都市圈发展战略实施有较大困难。就目前西部地区各城市发展现状来看，一方面，能够充当区域核心、集聚优质生产要素的核心城市相对较少；另一方面，能够为核心城市提供配套产业链和充足服务功能的卫星城镇发展不足。这使得西部地区相较于我国现有的长三角城市群、粤港澳大湾区城市群以及京津冀城市群而言，并没有成批量产生较多核心带动作用强、区域协同发展联系紧、同时能够在全国具有足够示范作用的城市群和都市圈。

即便如此，目前西部地区依据自身实际状况与发展水平，也产生了诸如成渝城市群、关中平原城市群、呼包银榆城市群以及天山北坡城市群等一系列区域性城市群。这些城市群依靠自身优质的资源禀赋、关键的区位条件以及深厚的产业基础为各自区域的协同发展带来了巨大动力。尤其是成渝城市群，作为我国西部地区发展状况最好、发展潜力最大、城市群内部协作最紧密的城市群，成为西部大开发战略的瞩目成果，也成为在我国西部地区推广学习的重要标杆。因而，本书的第六章将以成渝城市群为案例，分析研究成渝城市群的基本情况和长板弱项，同时深入探寻成渝双城合作态势的特点与亮点，寻找能够在西部地区乃至全国各城市群推广的典型经验。

（六）城乡差距拉大，城乡融合一体化发展亟待重视

城市能够集聚更优质的劳动力资源、获得更雄厚的资本支持，以及具备承载良好基础设施的土地，更好的自然禀赋和生产要素使得城市具有较高的生产效率。城镇化的快速发展是市场发挥决定性作用下的资本、劳动力和土地等要素在城乡间、区域间优化配置的结果，也为中国崛起和中华民族伟大复兴创造了经济基础。但高速城镇化在吸引了大量优质生产要素和青壮年劳动人口后，将农村地区沦为落后生产力的“保留地”，拖慢了农村地区的发展态势，也造成了城乡差距过大的问题。因而，国家在新型城镇化战略中提出要缩小城乡差距、统筹城乡发展、推进城乡一体化的战略要求。我国西部地区的城乡发展差距大的问题相对于东中部地区更为严重，亟待通过新型城镇化战略来改善西部地区城乡发展脱节问题。

首先，西部地区城乡发展动力失衡，城市对农村发展带动不足。西部地区农村居民中本就较少的受过教育和懂得技术的青壮年劳动力大多被吸引至东中部发达地区或本地城镇之中，农村常住居民以基本丧失劳动能力的老、病、残以及留守儿童为主。由此导致西部地区城乡之间的人均可支配收入水平与富裕程度差别较大，县域农村无论与县域内城镇相比，还是与县域外的大中城市相比，相对差距和绝对差距依然很大。这进一步造成了农村地区基础设施建设缓慢、大量农田和宅基地闲置荒废，农村整体功能虚化退化，农村空心化问题严重。

其次，城乡一体化水平也显著落后于东中部地区。西部地区由于其地域辽阔、人口分布稀疏，所以自然村分布较为分散，城镇难以充分辐射到其下属乡村，导致除了部分现代化程度较高区域之外，城乡一体化水平普遍较低，且难以在短时间内追赶东部地区的领先步伐。这种发展现状使得城乡之间人口和生产要素流动存在较大障碍，产业链在城乡之间的延伸互动困难，进而使得城市自身的工业化和现代化进程无法带动农村发展，城市服务能级提升和公共基础设施建设也难以覆盖至农村地区。《中国城乡发展报告 2017——水平评价与精准扶贫》就指出，西部地区中仅直辖市重庆的城乡一体化水平能够与东部地区省份相当，排在全国第八的位置；陕西省的城乡一体化水平是西部仅有的能够排入第二阵营的省级行政单位；其他西部地区省份都位列全国末位，城乡一体化建设进程都明显迟缓。

最后，西部地区城乡体系结构依然不够健全。相较于我国部分地区已经形成的多层级城乡一体化体系联动发展的新格局，我国西部地区还存在着城乡等级层次不明、职能分工不合理、内部沟通联系不密切、梯度整体布局不完善等一系列问题。目前部分东中部地区已经将更多农村人口和资源吸纳进城市周边县城或建制镇中，形成了梯级城镇化体系，为农业转移人口逐渐进入城镇定居提供了顺畅且多元化的选择通道；但西部地区仍是农村承载了最多的人口、容纳了最分散的生产要素，城乡之间依然呈现出悬浮状态和明显的“二元化”结构，城市与乡村之间缺失了承上启下的过渡地带，导致城乡融合一体化程度不足，也因此极大地阻碍了农业转移人口市民化的道路。

县域作为城乡体制中承上启下的关键环节，也是新型城镇化建设中城乡融合一体化发展的重要载体。因而，本书的第七章将关注西部地区县域发展与城镇化，基于西部地区县域发展的基本情况，深入分析县域城镇化发展的优势及弱项，并重点以西部地区百强县和多个典型案例为依托，探索西部地区县域城镇化建设的发展思路与典型经验。

五、西部地区新型城镇化发展的战略布局

城市是中国式现代化的重要空间载体和平台。从党的十八大提出“坚持走中国特色新型城镇化道路”，到党的二十大报告指出“推进以人为核心的新型城镇化”，以习近平同志为核心的党中央始终关心和关注着我国的新型城镇化建设工作。而西部地区作为我国发展相对滞后、现代化建设较为薄弱的地区，

也是当下西部大开发战略实施和新型城镇化建设工作的关键领域和重要任务。

党的二十大在深刻总结新中国成立以来特别是党的十八大以来我国现代化发展实践伟大成就的基础上，着眼到21世纪中叶全面建成社会主义现代化强国，做出了总的战略安排。在这一全面建设社会主义现代化国家的开局起步的关键时期，离不开西部地区的共同发展，也离不开新型城镇化建设的具体要求。西部地区的现代化，是西部经济的稳步提升、贫困地区的跨越式发展的过程，是西部区域和城乡新型城镇化高质量建设与追求共同富裕的过程，是西部基本公共服务普惠普及、社会保障全面落实的过程，是西部内陆地区走向开放前沿、深度融入新发展格局的过程，是多民族人口地区增进团结和谐、促进共同发展的过程，是文化底蕴深厚地区绽放多彩人文宝藏、推进文化自信自强的过程，是西部生态保护筑牢屏障、实现人与自然和谐共生的过程。

西部大开发战略与新型城镇化战略都是“中国式现代化”所特有的发展道路。不同于部分国家仅注重发达地区的城市建设和富裕阶级的收入水平与生活质量，我国的西部大开发战略体现出党和国家始终关心西部落后地区的发展状况与人民群众的生活水平，展现了国家战略谋划“全国一盘棋”的整体思维和统筹区域协调发展的高瞻远瞩，是我国全面建成社会主义现代化国家和实现共同富裕的必然选择。同样的，在新型城镇化建设中，对于城市高质量发展、农业转移人口市民化以及城乡融合等维度的考量代表了党和国家切实注重以人为核心进行新型城镇化建设的方方面面，体现出新型城镇化是现代化的必由之路的历史判断，是站在全面建成小康社会、开启全面建设社会主义现代化国家新征程崭新起点上的战略部署。

我国在实现“中国式现代化”的新征程中，依靠西部大开发和新型城镇化两大国家战略引领西部地区的现代化发展。以西部大开发支持政策为抓手，深入挖掘西部地区发展潜能，筑牢现代化产业发展基础，疏通西部内部以及与东中部地区的人口与资源的流动通道，提振西部地区各项要素活力和经济增长动力；以新型城镇化建设为机遇，促进西部地区城乡基础设施建设与人民生活水平的实质提升，推进农业转移人口市民化，建设深度协同的现代化城市群与都市圈，推动城乡融合一体化发展。两项国家战略协同并进，在西部大开发战略中为新型城镇化这个目标筑牢高质量发展的根基；在新型城镇化战略中依托西部大开发的政策机遇更加积极有为地实现西部地区的现代化建设。两项战略相互促进、互为补充，齐心协力满足西部地区人民“对美好生活的向往”，积极进取实现西部地区的高质量发展，最终助力为全国建成社会主义现代化强国而努力奋斗。

参考文献

[1] 金丽国，侯远志．西部地区城市化历史与现状分析［J］．城市问题，2001（5）：26－29.

[2] 鲁能．层级城乡体系与西部县域城乡一体化研究［D］．西安：西北大学，2018.

[3] 李善同，刘勇．西部大开发中城镇化道路的选择［J］．城市发展研究，2001（03）：1－7＋12.

[4] 李志刚，等．新时代城市治理前瞻：探索可持续的城镇化之路［J］．城乡规划，2021（10）.

[5] 赵常兴．西部地区城镇化研究［D］．咸阳：西北农林科技大学，2007.

[6] 曲峰庚，董宇鸿．城镇化健康发展协同创新理论与实践［M］．北京：社会科学文献出版社，2016.

[7] 王璐．西北地区城镇化转型发展与高质量发展浅议——以固原市西吉县为例［J/OL］．工程建设与设计，2022（18）：248－251.

[8] 徐维祥，李露，周建平，等．乡村振兴与新型城镇化耦合协调的动态演进及其驱动机制［J］．自然资源学报，2020，35（09）：2044－2062.

[9] 杨佩卿．西部地区新型城镇化发展目标、动力机制与绩效评价研究［D］．西安：西北大学，2017.

[10] 尹稚．二十大进一步理顺新型城镇化战略的思路［EB/OL］．新浪财经．2022－10－18.

[11] 朱鹏华，刘学侠．新型城镇化：基础、问题与路径［J］．中共中央党校学报，2017，21（01）：114－122.

第一章 西部人口发展现状

摘 要

人口是支撑和引领西部地区城镇化发展的重要因素。改革开放以来，我国大规模的人口迁移流动，使西部地区流失了大量青壮年劳动力，更流失了大量人才，这对西部地区人口的数量、结构、质量都产生了巨大的影响。随着西部大开发战略、“一带一路”倡议、新型城镇化战略的不断深入，在诸多机遇的叠加下，2010—2020年这十年间，西部地区人口开始回流，为西部大开发带来了新的机遇和挑战。未来，西部地区应在健全人口服务体系、因地制宜制定人口发展策略、优化人口空间布局、全面提高人口素质等人口议题上制定更加切实、科学的政策调整和战略规划。

Abstract

Population is an important factor supporting and leading the development of urbanization in western China. Since the reform and opening up policy, the large-scale population migration flow has made the western area drain a large number of young and middle-aged labor force, but also a large number of talents, which has produced a huge impact on the quantity, structure and quality of population in the western area. With the deepening of the Western Development Strategege, the Belt and Road Invitation and the New Urbanization Strategy, the population of the western region began to return in the decade from 2010 to 2020 under the superposition of many opportunities, bringing new opportunities and challenges for the western development. We should improve the population service system, specify population development strategies in light of local conditions, optimize the spatial distribution of the population, and improve the quality of the population comprehensively.

一、西部地区人口状况概述

（一）人口规模

根据第七次全国人口普查（以下简称“七普”）数据显示，2020 年，西部地区常住人口总数约为 3.83 亿人，较 2010 年第六次全国人口普查（以下简称“六普”）数据增长 2 249 万人（见表 1-1）。分省份看，西部 12 个省级行政单位中，人口在 5 000 万人至 1 亿人之间的有 2 个，在 1 000 万人至 5 000 万人之间的有 7 个，少于 1 000 万人的有 3 个。其中，四川省以 8 367.49 万人的人口总量位居西部第 1、全国第 5；广西壮族自治区以 5 012.68 万人的人口总量位居西部第 2、全国第 11；云南省以 4 720.93 万人的人口总量位居西部第 3、全国第 12。西藏自治区人口总量最少，为 364.81 万人；青海、宁夏人口总量分别为 592.40 万人和 720.27 万人；该三省份为全国仅有的人口总量低于 1 000 万人的省份。总体而言，西部地区人口规模不断增长，但西部各地人口规模在全国占比相对偏小。

表 1-1　“七普”和“六普”西部各地常住人口数　（单位：万人）

地区	“七普”人口总量	“六普”人口总量	十年增量
全国①	140 977.87	133 281.09	7 696.78
西部	38 285.23	36 035.78	2 249.45
内蒙古	2 404.92	2 470.63	−65.71
广西	5 012.68	4 602.38	410.30
重庆	3 205.42	2 884.62	320.80
四川	8 367.49	8 041.75	325.73
贵州	3 856.21	3 474.86	381.36
云南	4 720.93	4 596.68	124.25

① 全国人口是指除港澳台外的 31 个省、自治区、直辖市的人口，不包括居住在 31 个省、自治区、直辖市的港澳台居民、外籍人员和现役军人。

续表

地区	“七普”人口总量	“六普”人口总量	十年增量
西藏	364.81	300.22	64.59
陕西	3 952.90	3 732.74	220.16
甘肃	2 501.98	2 557.53	−55.54
青海	592.40	562.67	29.72
宁夏	720.27	630.14	90.13
新疆	2 585.23	2 181.58	403.65

资料来源：《第六次全国人口普查公报》《第七次全国人口普查公报》。

（二）人口结构

根据“六普”和“七普”的数据显示（见图1－1），西部地区少年儿童（0～14岁）人口占比由2010年的18.94%提升至2020年的19.17%，少年儿童占比一直高于全国平均水平；劳动力（15～64岁）人口占比由2010年的72.10%降至2020年的67.71%，占比始终低于全国平均水平。但在全国劳动力人口占比大幅下降的背景下，西部地区劳动力人口占比下降程度相对较低；65岁及以上人口占比由2010年的8.96%增长至2020年的13.13%。“六普”时，西部地区65岁及以上老年人口占比高于全国平均水平，但在“七普”时低于全国平均水平。尽管西部地区整体老龄化率有所提升，但在全国整体老龄化现象加剧的背景下，西部地区的老龄化程度相对较轻。从西部地区十年间人口结构的变化看，一方面西部地区人口自然增长率相对较高，2021年全国共有9个省份人口出生率超过了9‰，其中7个位于西部地区，分别是西藏、贵州、宁夏、青海、广西、甘肃和云南，若能留住本地人口将会带来巨大的人口红利；另一方面，西部地区劳动力仍持续外流但回流趋势较为明显。

（三）城镇化

如表1－2所示，2020年，西部地区城镇人口总量达21 924.51万人，常住人口平均城镇化率为57.27%，低于全国63.89%的平均水平。美国地理学家诺瑟姆把城镇化发展过程概括为一条拉平的S形曲线，划分为城镇化发展初期（城镇化水平＜30%）、发展中期（30%≤城镇化水平≤70%）和发展后期（城镇化水平＞70%）三大阶段，分别对应于工业化初期、中期和后期，这就是特定区域城镇化发展的经典三阶段论。当城市化率在30%～70%之间时，城镇化处于快速增长阶段，随后城镇化率增速放缓。目前，西部地区尚处于城镇化快速增长阶段，具有较大的发展潜力。

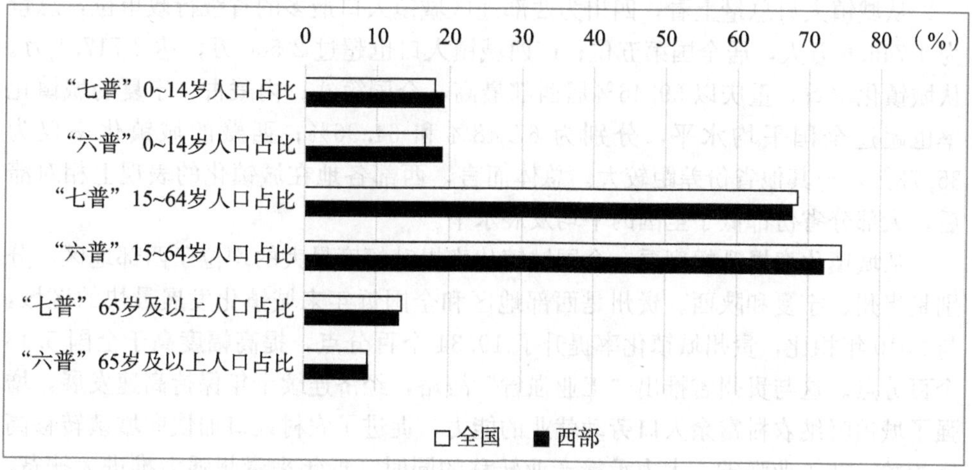

图 1-1　西部地区与全国人口结构对比表

资料来源：《第六次全国人口普查公报》《第七次全国人口普查公报》。

表 1-2　西部各地“七普”城镇化水平

地区	城镇人口总量（万人）	常住人口平均城镇化率（%）	城镇化率提升百分点
全国	90 199.12	63.89	14.21
西部	21 924.51	57.27	—
内蒙古	1 622.75	67.48	11.95
广西	2 717.10	54.20	14.18
重庆	2 226.40	69.46	16.43
四川	4 746.60	56.73	16.55
贵州	2 049.59	53.15	19.34
云南	2 362.86	50.05	14.85
西藏	130.34	35.73	13.06
陕西	2 476.97	62.66	16.96
甘肃	1 306.73	52.23	16.11
青海	355.94	60.08	15.36
宁夏	467.87	64.96	17.06
新疆	1 461.36	56.53	13.73

资料来源：《第七次全国人口普查公报》。

从城镇人口总量上看，四川为西部地区城镇人口最多的省级行政单位，总量为4 746.6万人，居全国第五位；广西城镇人口也超过2 500万，达2 717.1万。从城镇化率看，重庆以69.46%居西部最高，全国第八；内蒙古、宁夏的城镇化率也超过全国平均水平，分别为67.48%和64.96%；西藏的城镇化率仅为35.73%，与其他省份差距较大。总体而言，西部各地在城镇化的表现上相对滞后，大部分省份都低于全国的平均发展水平。

从城镇化率提升幅度看，全国城镇化率提升幅度最大的均位于西部地区，分别是贵州、宁夏和陕西。贵州是西部地区和全国近年来城镇化发展最快的区域，与2010年相比，贵州城镇化率提升了19.34个百分点，提高幅度高于全国5.13个百分点。这与贵州省推出“工业强省”战略，经济连续十年保持高速发展，增强了城镇吸纳农村富余人口劳动就业的能力，促进了农村人口加快向城镇转移高度相关。在工业强省、大力承接产业转移的同时，近年来贵州强力推进大扶贫、大数据、大生态三大战略行动，尤其是大数据产业发展相当突出。经济的快速发展也带动了城镇化进程。此外，四川、重庆和甘肃的提升幅度也位居前十。总体上，2010—2020年，西部地区是全国城镇化率提升幅度最大的地区。这是因为西部地区原有的城镇化率较低，这十年来大量承接产业转移落户，放开落户门槛，加速了城镇化的进程。

二、西部地区人口问题与挑战

（一）人口回流趋势明显

根据“六普”和“七普”的数据显示，2020年，西部地区常住人口数占全国总常住人口的比重为27.12%，较2010年上升了0.22个百分点；东部地区人口为5.64亿人，占39.93%；中部地区人口为3.65亿人，占25.83%；东北地区人口为9.85亿人，占6.98%。与“六普”时相比，东部地区人口所占比重上升2.15%，中部地区下降0.79%，东北地区下降1.20%。在人口持续向东部地区聚集的大趋势下，中部、东北地区人口占比都有所下滑，而西部地区人口比重实现逆袭，区域间发展更加均衡，意味着西部大开发战略的深入对于西部地区“留住人”起到了积极的作用。除甘肃与内蒙古外，其余西部省份在十年间都实现了人口的净增长。

人口增速也可以一定程度反映人口向西部回流的趋势。如表1-3所示，“七普”数据显示，2010—2020年，全国人口平均增长率为5.38%。与全国平均水平相比，十年间西部人口数量增速加快，从“六普”时的1.42%增长到“七普”时的6.24%，高于全国人口的平均增长率。从西部地区内部来看，西部12个省级行政单位中有7个十年人口增速高于全国平均水平。其中，西藏以21.51%的人口增速领跑全国；新疆以18.50%的人口增速位列全国第四；宁夏、重庆、贵州、广西、陕西的人口增速也超过全国的平均水平；仅甘肃、内蒙古两省份十年间人口增长率为负值。

表1-3　2010—2020年西部各地人口增长率表　（单位：%）

地区	"七普"人口增长率
全国	5.38
西部	6.24
西藏	21.51
新疆	18.50
宁夏	14.30
重庆	11.12
贵州	10.97
广西	8.92
陕西	5.90
青海	5.28
四川	4.05
云南	2.70
甘肃	−2.17
内蒙古	−2.66

资料来源：《第七次全国人口普查公报》。

（二）人口抚养负担较轻

当前，人口老龄化和少子化已成为全球普遍现象，中国老龄化进程不断加快。老龄化的深入加重了劳动年龄人口负担，给经济发展和社会保障带来挑战，尤其是未来一段时期我国将持续面临人口长期均衡发展的压力。在全国人口抚养负担不断加重的背景下，西部地区部分省份出现了"小孩多、老人少"的人口结构特征，可能会为西部地区带来新的机遇。从表1-4可以看出，2010—2020年，全国及西部人口抚养比均大幅提升，但西部地区整体提升幅度低于全国平均水平。"六普"时，西部地区仅有陕西和内蒙古两地的人口抚养比低于全国平均水平，但到"七普"时，除广西、重庆、四川、贵州、甘肃五地外，其余7个省份的人口抚养比均低于全国平均水平。总体来看，西部地区的人口负担相对较轻，人口结构不断改善。

表 1－4　西部各地人口抚养比

（单位：%）

地区	"七普"人口抚养比	"六普"人口抚养比
全国	45.97	34.17
西部	47.70	38.70
内蒙古	37.16	27.65
广西	55.83	44.82
重庆	49.22	39.94
四川	49.32	38.73
贵州	55.10	51.03
云南	43.51	39.59
西藏	43.27	41.77
陕西	44.20	30.28
甘肃	47.02	35.85
青海	41.82	37.40
宁夏	42.86	38.68
新疆	43.31	36.91

资料来源：《第六次全国人口普查公报》《第七次全国人口普查公报》。

在我国"少子化"社会到来的背景下，西部地区少年儿童的比例相对较高。"七普"数据显示，西部地区有 8 个省份 0～14 岁人口占比高于全国平均水平，分别是广西、贵州、云南、西藏、甘肃、青海、宁夏和新疆，这些地区的人口还将保持一段增长时期。由图 1－2 可知，广西、西藏、陕西、甘肃和新疆五省份"七普"0～14 岁人口占比高于第六次人口普查结果。其中，广西占比提升幅度最大，为 2.62%。"六普"时，贵州 0～14 岁人口占比最大，虽在"七普"中被西藏反超，但 20 年间两地少年人口占比在西部地区保持领先，广西在"七普"期间迎头赶上，接近贵州、西藏平均水平。

在全国劳动力人口占比大幅下降的背景下，西部地区劳动力仍持续外流但程度减弱。"七普"数据显示，内蒙古、云南、西藏、陕西、青海、宁夏、新疆七省份 15～64 岁年龄人口占比高于全国平均水平。由图 1－3 可知，西部各省份 15～64 岁人口"七普"结果的占比低于"六普"，但仅陕西的降幅高于全国平均水平。西部地区内部出现分化，除陕西外，同样位于北方的内蒙古劳动年龄人口流失现象极其明显。尽管 20 年间内蒙古 15～64 岁人口占比在西部地区最大，但其领先优势在逐步缩小。

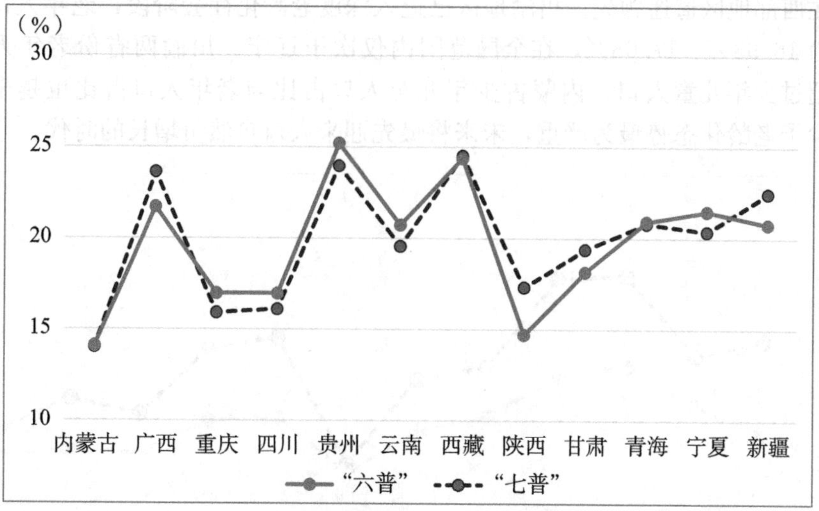

图 1-2　西部各地 0～14 岁人口占比

资料来源：《第六次全国人口普查公报》《第七次全国人口普查公报》。

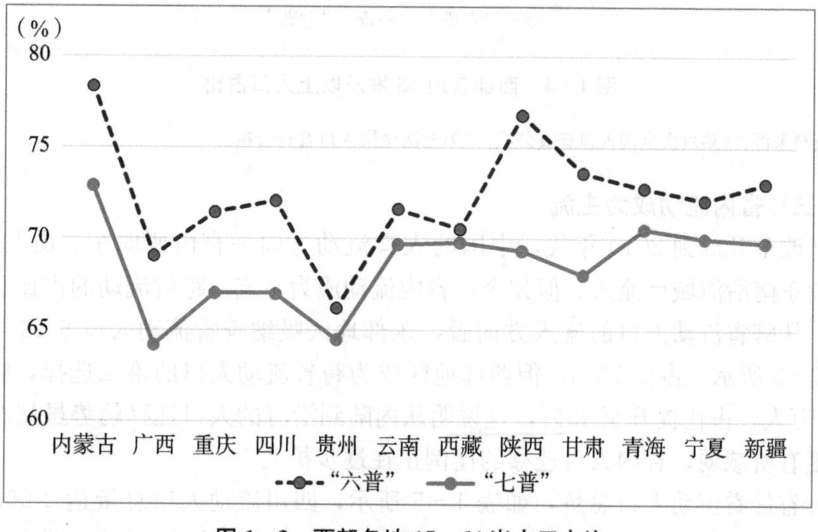

图 1-3　西部各地 15～64 岁人口占比

资料来源：《第六次全国人口普查公报》《第七次全国人口普查公报》。

在全国老龄化趋势下，西部地区老龄化程度相对较轻，但川渝地区和内蒙古的人口结构迥异。由图 1-4 可知，四川、重庆、内蒙古老年人口占比提升幅度最大，分别为5.98%、5.52%、5.49%，占比增幅高于全国4.65%的平均水平。两次普查数据中，重庆65岁及以上人口占比最大，其次是四川，两省份老龄化程度在西部地区遥遥领先。川渝地区已进入深度老龄化社会阶段，老年人口占比分别为16.93%、17.08%，在全国范围内仅次于辽宁。川渝两省份老年人口占比已超过少年儿童人口，内蒙古少年儿童人口占比与老年人口占比也越来越接近，少子老龄化态势最为严重，未来将最先迎来人口自然负增长的时代。

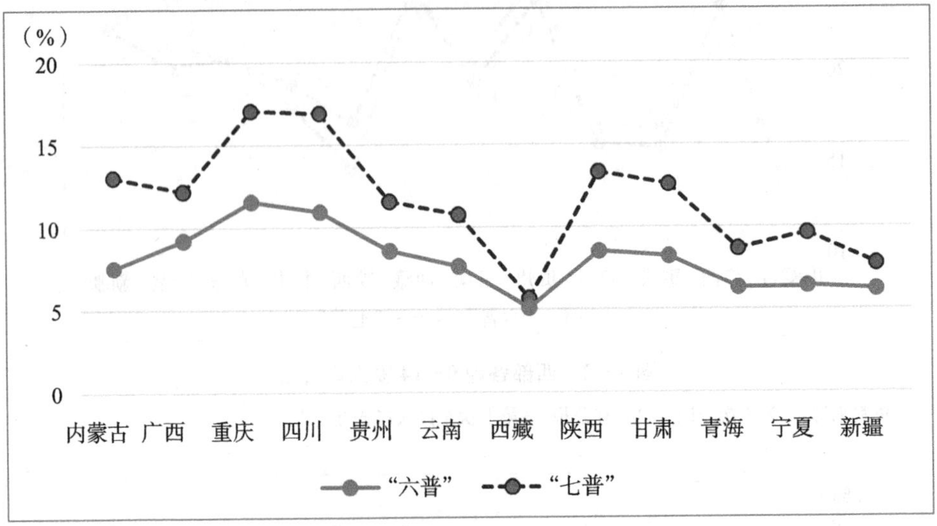

图1-4　西部各地65岁及以上人口占比

资料来源：《第六次全国人口普查公报》《第七次全国人口普查公报》。

（三）省内流动成为主流

从改革开放到2010年代，中国的人口流动方向一直由西向东、由北向南，持续向东南沿海城市流入。但如今，省内流动成为主流，跨省流动的占比呈下降趋势。从跨省流动人口的流入方向看，东部地区吸纳跨省流动人口9 181万人，如图1-5所示，占比73%，但西部地区成为跨省流动人口的第二选择，吸纳了1 880万人，占比提升至15%，这说明从内陆到沿海的人口迁移趋势虽然在延续但程度有所减弱，省内人口迁移的比例正在逐步扩大。

分省份看流动人口总量，如表1-5所示，四川流动人口总量达2 068.9万人，排名西部地区第一，全国第六；云南流动人口总量为1 059.91万人，排名西部地区第二，全国第11位；西部地区的西藏、青海、宁夏是全国流动人口总量最低的3个省级行政单位。从流动人口占比看，内蒙古流动人口占总人口比重为37.7%，排名西部地区第一，全国第五；宁夏流动人口占比为34.8%，排名西部地区第二，全国第六；重庆和广西是全国流动人口占比最低的省份，分别占15%和19%。从流动人口十年增长总量来看，四川“七普”流动人口较“六普”增加了1 030.12万人，增量居西部地区第一，全国第四位；贵州流动人口十年间增长了544.3万人，增量居西部地区第二，全国第九位。

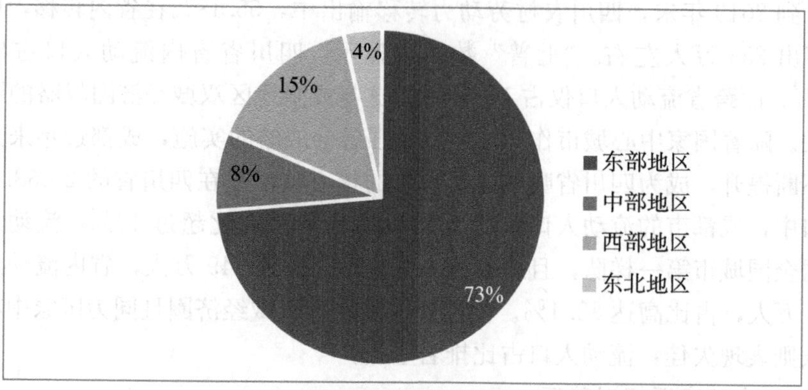

图1-5　“七普”全国跨省流动人口流向

资料来源：《第七次全国人口普查公报》。

表1-5　西部各地流动人口状况

省份	“七普”流动人口（万人）	流动人口占比（%）	“六普”流动人口（万人）	十年增长（万人）
内蒙古	906.84	37.7	612.87	293.97
广西	952.25	19	556.84	395.41
重庆	481.14	15	—	—
四川	2 068.9	24.7	1 038.78	1 030.12
贵州	959.01	24.9	414.71	544.3
云南	1 059.91	22.5	—	—
西藏	103.11	28.3	26.2	76.91
陕西	927.39	23.5	493.97	433.42
甘肃	534.16	21.3	259.86	274.3
青海	160.6	27.1	99.29	61.31
宁夏	250.7	34.8	129.27	121.43
新疆	805.14	31.1	399.03	406.11

资料来源：《第六次全国人口普查公报》《第七次全国人口普查公报》。

西部大开发实施之初，四川曾是外出人口最多的省份。近700万外出打工的四川人中，约有41%在广东闯荡。四川、贵州、重庆这3个省份的人口，在2000年到2010年间合计减少了540多万人。2012年，四川农民工外出务工路线出现“拐点”，省内务工人数首次超过省外务工人数。据四川省人社厅、统计局数据，到2019年末，四川农村劳动力转移输出中，55.13%在省内转移，比省外输出多出255万人左右。“七普”数据也显示，四川省省内流动人口占比高达87.48%，而跨省流动人口仅占12.52%。这与成渝地区双城经济圈战略的不断深入有关。随着国家中心城市作用增强以及强省会战略的实施，成都近年来人口吸引力不断提升，成为四川省吸纳流动人口的核心城市。在四川省的2 068.9万流动人口中，成都市的流动人口就高达845.96万人，占比超过40%，流动人口总量位居全国城市第一梯队，且跨省流入的流动人口仅149万人，省内流动人口则是696万人，占比高达82.4%。但同处成渝地区双城经济圈且同为国家中心城市的重庆则表现欠佳，流动人口占比排名垫底。

（四）人口素质相对落后

受教育程度是反映一个地区人口素质的重要参考。从每10万人口中拥有大学（大专及以上）学历人数占比这一指标看（见表1-6），“七普”数据显示，全国人口中，拥有大学（指大专及以上）学历的人口为2.18亿人，占总人口的比例为15.47%。从西部地区各省份公布的数据看，内蒙古在西部地区的人口受教育程度最高，其大专及以上学历人数占比为18.69%，仅次于北京、上海、天津3个直辖市，排名全国第四；陕西的大专以上学历人群比例也比较高，为18.40%，排名全国第六，超过了广东、浙江2个经济发达省份；此外，宁夏和新疆2个少数民族自治区的大专以上学历人群占比也高于全国平均水平，分别为17.34%和16.54%。但西部地区其他省份在该指标上表现相对落后，云南、西藏、贵州和广西四省份每10万人口中大专以上人数占比居全国末位。

表1-6 西部各地每10万人口中拥有大学（大专及以上）学历人数占比

地区	每10万人口中拥有大学（大专以上）学历人数占比（%）	全国排名
全国	15.47	—
内蒙古	18.69	4
广西	10.81	31
重庆	15.41	15
四川	13.27	23
贵州	10.95	30

续表

地区	每10万人口中拥有大学（大专以上）学历人数占比（%）	全国排名
云南	11.60	28
西藏	11.02	29
陕西	18.40	6
甘肃	14.51	18
青海	14.88	16
宁夏	17.34	9
新疆	16.54	12

资料来源：《第七次全国人口普查公报》。

从15岁及以上人口平均受教育年限这一指标看（见表1-7），“七普”数据显示，2020年全国31个省份15岁及以上人口平均受教育年限为9.91年，文盲率由4.08%下降为2.67%。分省份来看，陕西是西部地区平均受教育年限最长的省份，达到10.26年，超越了教育强省江苏，位列全国第七；新疆在该指标上表现也较为突出，平均受教育年限为10.11年，高于全国平均水平。但西部其他省份的平均受教育年限均低于全国平均水平，甘肃、青海、云南、贵州和西藏居全国最末位，甚至未达到9年义务教育的年限。从受教育年限增幅看，对比“六普”时的数据，西藏是西部地区和全国进步幅度最大的省级行政单位，平均受教育年限提升了1.5年；贵州紧随其后，进步幅度为全国第二，提升了1.1年；云南的平均受教育年限提升幅度也位列全国第五，提升了1.06年。可见，平均受教育年限提升幅度最大的省份大部分位于西部地区。

表1-7　西部各地15岁及以上人口平均受教育年限

地区	“七普”15岁及以上人口平均受教育年限（年）	全国排名	较“六普”提升（年）
全国	9.91	—	0.83
内蒙古	10.08	12	0.86
广西	9.54	24	0.78
重庆	9.80	18	1.05
四川	9.24	26	0.89
贵州	8.75	30	1.10
云南	8.82	29	1.06
西藏	6.75	31	1.50

续表

地区	“七普”15岁及以上人口平均受教育年限（年）	全国排名	较“六普”提升（年）
陕西	10.26	7	0.90
甘肃	9.13	27	0.94
青海	8.85	28	1.00
宁夏	9.81	17	0.99
新疆	10.11	10	0.84

资料来源：《第六次全国人口普查公报》《第七次全国人口普查公报》。

结合上述两个指标来看，陕西在整个西部地区的人口素质较高，这可能与西安是全国的科教重镇有关。根据各城市发布的统计数据，2020年西安在校本专科生人数达81.44万人，在校研究生人数为16.44万人，两者合计接近100万人。大力发展高等教育事业，特别是专科、职业教育，是西部地区提升人口综合素质，吸引人口流入的较为现实的选择。

三、西部地区人口发展战略措施

（一）健全人口服务体系，千方百计“留住人”

1.加大引人育人政策支持力度

加快研究出台地方性、区域性的人才流动管理、人才培养、人才交流等政策文件，鼓励西部各地因地制宜出台吸引人才的奖励办法，千方百计吸引人、留住人、培养人，提高西部地区人均人力资本投资总量和强度。考虑到西部地区现实基础，人才引进不应仅瞄准部分高层次人才，如“千人计划”“天赋高端引智计划人才”等特别拔尖人群，更重要的是可持续地稳固大中小人才队伍，提高中小人才队伍特别是产业技术人才的引进力度。此外，应强化西部地区本土人才的培养，充分提升西部地区人才自主培养能力。强化高质量、高能级育人平台、双创平台、培训平台建设，推进“人才飞地”建设，引进发达地区一流大学、科研院所在西部地区设立分支机构，提升西部地区智力供给内生能力。

2.提供充分的就业创业机会

经济和产业发展是人口发展的基础，应依托西部大开发、脱贫攻坚等政策机遇，加速承接东部地区产业转移，加快落地一批制造业、服务业项目，大力发展劳动密集型产业，为本地居民提供就近就地就业渠道。构建富有竞争力的现代化产业体系，推动农村一二三产业深度融合，促进农牧业全产业链、价值链转型升级；推动发展现代制造业和战略性新兴产业；推动“互联网＋教育”“互联网＋

医疗”“互联网+旅游”等新业态发展，重点吸引文化旅游、人工智能、数字媒体、物流系统等领域的专业人才来西部发展。提升西部地区工资待遇水平，充分发挥津贴奖金制度方面的灵活性，为本地农民、外来务工人员和返乡就业创业人口提供充足的就业机会和可观的待遇。建立发达地区优秀人才到西部地区创新创业的特殊激励机制。

3. 营造以人为本的体制环境

充分运用互联网等现代信息技术，建立人口流动大数据监测和分析服务体系，动态掌握人口流动趋势和人才供需状况，提高流动人口服务管理精准性有效性。以推进基本公共服务均等化为目标，建立覆盖常住人口的公共服务资源供给机制，面向全生命周期人口需求，构建以人为本的人口服务体系。以人口分布为导向，优化西部地区医疗、教育、养老等重点基本公共服务资源布局。建设服务型政府，发挥社会力量在社会治理中的重要作用，鼓励群团组织、社会组织等参与医疗健康、养老托幼等社会活动。增加对一流和骨干人才向西部地区流动和服务的奖励激励举措，建立人才对口支援和相应晋升常态化机制，设立西部地区人才服务支持专项计划。

（二）差异化制定人口策略，建设全龄友好社会

1. 构建生育友好社会环境

西部地区人口结构的重要特征是少年儿童占比相对较高，这可能会为西部地区带来巨大的人口潜力，应加速健全生育服务体系，引导生育水平提升并稳定在适度区间，为有能力和生育意愿的适龄人口提供充分保障。完善生育支持措施，根据西部各地实际情况，充分考虑城乡之间、不同民族的差异，因地制宜制定生育支持政策清单。提高生育保险待遇，落实支持婴幼儿照护相关税收政策，减轻生育负担。鼓励用人单位制定有利于照顾婴幼儿的灵活休假和弹性工作方式，建立健全产假、哺乳假等假期用工分担机制。合理规划配置婴幼儿托育、儿童照料等公共服务资源，动员社会力量参与公益性妇幼保健医院、普惠性托幼服务机构的建设和运营。

2. 支持建立青年友好型省份试点

西部地区青年劳动力外流问题较为严重，特别是广西、贵州两省份劳动年龄人口占比偏低，内蒙古和陕西近年来青年人口流失问题也较为严重。贵州提出“建设青年友好型成长型省份”，广西桂林市也提出了“打造青年友好型城市”的目标。应大力支持西部各省份探索青年友好型社会。围绕年轻人喜爱的新兴产业、弹性工作模式、新消费业态等领域，打造一批特色鲜明、活力强劲的众创社区、创新街区。营造公平就业环境，打造青年人的温暖之城。积极培育高质量就业新的增长点，支持吸纳就业能力强的制造业领域创造新空间、服务业领域拓展

新业态。依托城市更新，尽可能保留符合青年经济条件的低成本居住、出行、生活等设施，扩展青年社区的“朋友圈”和“生活圈”，为青年投入家庭生活、参与社会活动创造更多有利条件。

3.积极应对川渝等地老龄化问题

成渝双城经济圈是西部地区吸引人口的重地，也是国家经济的重要引擎，但老龄化问题可能成为川渝地区发展的重要挑战。随着人口持续向成都、重庆等中心城市流入，部分中小城市、县城和乡镇已经或即将面临“收缩”。对于一些人口减少的城镇，应探索“精明收缩”发展方式，减轻县级层面财政压力，加强现有老年人的养老服务的财政保障。推进乡村“人才振兴”，探索城乡融合体制机制改革创新。建立乡村人才培养体系、技术帮扶体系，扶持建立一批专业农业学校，为农业转型积累人力资源、技术资源。争取开展县级层面的财税体制改革，应对县镇层面劳动力收缩和土地财政之间的矛盾。加快农业改革探索，加强山地农业机械化的科技支撑，提升农业生产效率和经济回报，为新农民下乡后的现代农业发展做好准备。

（三）优化人口空间布局，推进人口城镇化

1.促进农业转移人口市民化

加大户籍制度改革力度，实现符合基本条件的人口“愿落尽落”，在成都、重庆、西安三大都市圈率先探索户籍准入年限同城化累计互认。实施以居住证为核心的基本公共服务供给制度，大力推广电子居住证，提升居住证含金量，保证持有居住证的未落户常住人口与户籍人口享有同等基本公共服务待遇。完善随迁子女入学政策，解决农业转移人口的后顾之忧。支持外来人口规模较大的城镇大力发展保障性租赁住房，稳妥发展共有产权住房，使农业转移人口享受“租售同权”的住房保障服务。完善财政转移支付与农业转移人口市民化挂钩机制，健全城镇化“人地钱”相挂钩政策。

2.引导人口适度集中集聚

遵循人口流动的客观规律，引导西部地区人口向都市圈、省会城市、区域中心城市和县城有序转移、适度集聚。合理调控成都、重庆、西安等中心城区人口数量。完善中心城市周边城市新区、产业新城、卫星县城的基础设施和公共服务配套，引导人口向小城市、县城、重点镇合理布局。加快都市圈内部城市的同城化发展，推动位于大城市周边的中小城市有效承接成都、重庆、西安等城市的功能疏解、产业转移和优质公共服务资源辐射，提升西部三大都市圈的人口吸纳能力。提升昆明、贵阳、南宁、兰州、乌鲁木齐、银川等省会城市和宝鸡、遵义、包头、鄂尔多斯、宜宾等区域中心城市的发展能级、功能品质，提高人口集聚度。推进以县城为重要载体的就地就近城镇化，提升县城和重点镇综合承载力，

促进人口向县城和重点镇集聚。

3.完善与主体功能区相协调的人口政策

参照资源环境承载力、现有人口密度和未来人口发展趋势，科学预测西部各省（自治区、直辖市）、市（州）、县（市、区）合理的人口规模，制定以主体功能为导向的差别化人口发展政策。在重点发展区，一方面要以产业集聚带动人口集聚，有序发展以产业集群为依托的城市新区、产业新城，持续吸引人口居住和就业，另一方面要完善基础设施配套和改善居住环境，增强资源环境综合承载力，提升居民的生活水平，提高城镇化质量。在农产品主产区和重点生态功能区，持续推动人口向县城和中心镇集聚。此外，位于重点生态功能区的县域应严守生态红线，有序推进生态移民，以远离自然的方式更好地保护自然。

（四）全面提高人口素质，促进人的全面发展

1.提高基础和高等教育水平

加强基础教育，促进基本公共教育服务均等化。推动义务教育优质均衡发展，大力发展远程教育，促进优质教育资源向乡村延伸。提升西部地区乡村教师质量，增加优秀大学毕业生到西部乡村学校任教比例。采取免费教育、定向培养等多种方式，为西部乡村学校输送更多高水平教师。提升高等教育发展水平，加强高层次人才创新能力培养。加快建设世界一流大学、一流学科，提升高层次人才培养能力。鼓励西部地区高校与全国高水平科研院所共同培养人才，提升创新型人才在课题研究、产学研转化等方面的支撑力度。

2.增强劳动力技能素质

大力发展职业教育，立足西部各地经济产业发展实际，提升职业学校办学水平，推进中高职教育有效衔接。改革人才培养模式，加强订单式、定制式人才培养，为个人发展提供支撑，为承接东部地区产业转移创造条件。全面推广学徒制，开展针对性的定向和定岗培训，增强劳动者技能与企业用工岗位的匹配度。重视农业从业者的培育与教育，培养适应农业现代化的高素质新型农业经营者，大力提升西部地区农业转移人口技能水平。健全创业培训、创业实践、咨询指导、跟踪帮扶等一体化创业培训体系，大力培育重点领域创业带头人，鼓励引导大学生、乡贤等重点群体开展创业，完善农民工返乡创业政策支持体系。

3.满足居民高层次的精神需求

增强公众科学文化素质，有效利用传统与新媒体相结合的方式，开展科技、历史、卫生、文化等科普活动，提升公民科学文化水平。增强公民生态环保意识。针对农业转移人口和外来人口等“新市民”，探索建立以“居住证＋积分”为核心的公共服务梯度供给制度。积分可根据“新市民”社保年限、工作贡献、参加志愿者服务、参与基层治理情况等指标设定，对有突出贡献的“新市民”给予医疗、教育、住房等优惠政策，并授予奖励荣誉。鼓励公民参与社区治理和加入各类社会组织，提出其合法诉求，保障依法行使选举权和被选举权，真正以“主人翁”姿态融入城市，保障西部地区公民全面发展的权利。

参考文献

［1］方创琳. 中国新型城镇化高质量发展的规律性与重点方向［J］. 地理研究，2019，38（01）：13-22.

［2］国务院办公厅. 加快中西部教育发展的指导意见［EB/OL］. 中国政府网，2016-06-15.

［3］吉差小明. 打造西部人才高地的策略选择［J］. 中国人才，2021（01）：36-38.

［4］倪好. 新时代西部地区高质量发展的人才支撑策略［J］. 宏观经济管理，2020（08）：61-65+77.

［5］四川省人民政府办公厅. 四川省人口发展中长期规划［EB/OL］. 四川省人民政府网，2022-02-15.

［6］孙锐，孙彦玲. 构建面向高质量发展的人才工作体系：问题与对策［J］. 科学学与科学技术管理，2021，42（02）：3-16.

［7］温瑞娜，冯睿吉，于欣妍，等. 西部地区人口结构比较研究［J］. 内蒙古科技与经济，2021（23）：15-17.

［8］吾丽娜·艾尔肯，吴碧波. 西部地区流入人口地方融入对区域经济发展的影响机理与提升路径［J］. 区域经济评论，2022（03）：66-74.

第二章　西部地区国土空间现状

摘　要

本章聚焦西部地区各省份的国土空间现状，就国土空间中的三类主要空间类型（城镇空间、农业空间、生态空间）分别阐述其特征、现存问题以及规划路径，从如何更充分把握新型城镇化导向下的建设、发展、保护等角度归纳总结了西部地区国土空间的策略。

Abstract

This chapter focuses on the current situation of territorial space of provinces in the western region, expounds the characteristics, existing problems and planning paths of the three main spatial types of territorial space (urban space, agricultural space, ecological space), and summarizes the strategies of territorial space in the western region from the perspective of how to grasp the construction, development and protection under the guidance of new urbanization fully.

一、西部地区国土空间概述

依据《全国主体功能区规划》，国土空间作为国家主权与主权权利管辖下的地域空间，是国民生存的场所和环境，包括陆地、陆上水域、内水、领海、领空等。

截至 2021 年底，西部地区土地面积 678.16 万平方千米，占全国总面积的

70.6%；位于我国地势的第一、二阶梯，与13个国家接壤，陆地边境线1.8万余千米，约占全国陆地边境线的91%；与东南亚许多国家隔海相望，有大陆海岸线1 595千米，约占全国海岸线的1/10；覆盖山地、丘陵、台地、盆地、平原和高原等各类山地地貌类型；气候差异显著，从南往北分布热带、亚热带、温带、寒带，自西向东分布干旱区、半干旱区、半湿润区、湿润区，冬冷夏热，年温差和日温差均较大；自然资源和生物多样性丰富，是亚洲许多大江大河的发源地和主要集水区。

从国土空间所承载的功能、所提供的产品类别以及空间形态肌理来分，国土空间包括城镇空间、农业空间、生态空间和其他空间四类。现行的西部各省份国土空间规划与建设也均按照城镇、农业、生态三类空间主体展开，并辅以当地的特色空间。其中，城镇空间是指以承载城镇经济、社会、政治、文化、生态等要素为主的功能空间；农业空间是指以农业生产、农村生活为主的功能空间；生态空间是指以提供生态系统服务或生态产品为主的功能空间。

二、西部地区国土空间机遇与挑战

（一）城镇空间

城镇空间是承载人类居住生活的物质主体，综合经济产业、社会文化、空间形态等方面，可划分为城市、县域和村庄三种类型。

1. 城市建设

城市作为人类的大型聚居地，人口稠密且具有行政界定的边界。如图2-1所示，自西部大开发战略实施二十余年来，西部城市建设用地总量显著增长，且整体增长速率平稳，未出现明显波动的年份。但和全国其他地区（不包括港澳台地区）的建设总量相比增长幅度较缓，两者之间的差值越来越大。

表2-1分别选取了2006、2013、2020年西部各省份城市建成区的用地情况。2020年西部大部分省份城市建成区面积较2006年翻了一番以上，其中，西藏增长1倍多，是西部12个省份中近14年来城市建成面积增长最快的省份；四川城市建成区面积增加了1 917.61平方千米，是西部地区城市建成区面积增加总量最多的省份。

大部分省份2006—2013年城市建城区面积增长率高于2013—2020年，例如重庆2006—2013年的城市建成区面积增长率高达76.59%，而2013—2020年的增长率为40.42%。也有省份（云南、陕西）的城市建成区面积增长率在2013—2020年较2006—2013年有所加快。

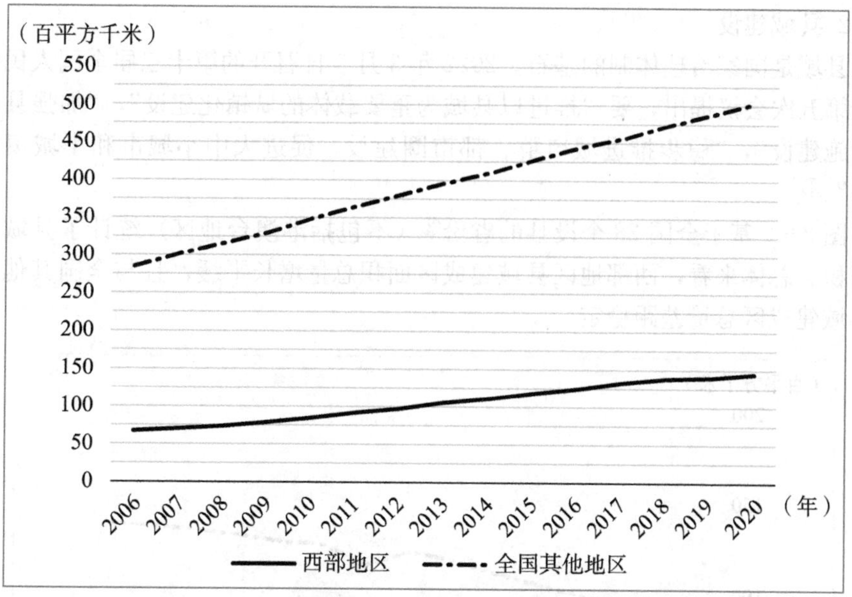

图 2－1　2006—2020 年西部地区与全国其他地区的城市建设面积总量

资料来源：2007—2021 年的《城市建设统计年鉴》。

表 2－1　西部地区城市建设用地面积（2006 年，2013 年，2020 年）

省份	建成区面积（平方千米）			建成区面积增长率（%）	
	2006 年	2013 年	2020 年	2006—2013 年	2013—2020 年
内蒙古	830.09	1 206.21	1 262.18	45.31	4.64
广西	738.32	1 153.64	1 617.61	56.25	40.21
重庆	631.35	1 114.92	1 565.61	76.59	40.42
四川	1 272.88	2 058.11	3 190.49	61.69	55.02
贵州	404.65	695.40	1 118.37	71.85	60.82
云南	542.26	935.77	1 266.24	72.57	35.32
西藏	78.00	120.29	168.39	54.22	39.99
陕西	628.56	915.02	1 372.20	45.57	49.96
甘肃	523.82	726.66	901.43	38.72	24.05
青海	109.45	157.36	235.20	43.77	49.47
宁夏	269.37	420.69	494.26	56.18	17.49
新疆	673.87	1 064.87	1 300.15	58.02	22.09

资料来源：2007 年、2014 年、2021 年的《城市建设统计年鉴》。

2.县域建设

县域是国家治理体制的基石。2022年3月5日召开的第十三届全国人民代表大会第五次会议提出，要“推进以县城为重要载体的城镇化建设”，“加强县城基础设施建设”，“稳步推进城市群、都市圈建设，促进大中小城市和小城镇协调发展”。①

图2-2基于全国28个设县的省份②（不包括港澳台地区）统计了县城建成区面积。总体来看，西部地区县域建成区面积总量增长平缓，且与全国其他地区的县域建成区总量差距稳定。

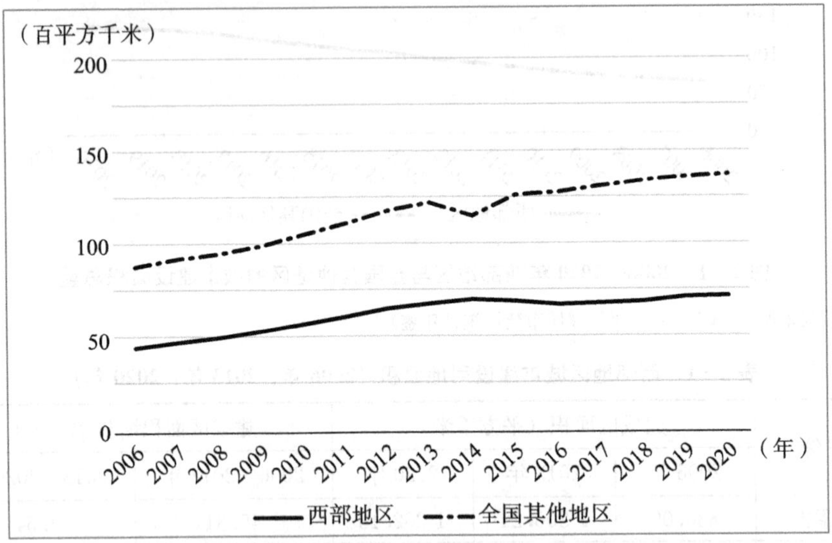

图2-2　2006—2020年西部地区与全国其他地区的县域建设面积总量

资料来源：2007—2021年的《城乡建设统计年鉴》。

表2-2分别选取了2006、2013、2020年各省份县域建设的用地情况。整体上，2006—2013年西部各省份县域建设面积增长率高于2013—2020年。例如，西藏县域建设面积由2006年的73.89平方千米增长至2013年的154.22平方千米，增长率为108.72%，而2020年为163.36平方千米，2013—2020年增长率为5.93%。大部分省份在2013—2020年期间的县域建设面积增长率较低，甚至出现负增长的情况（重庆、陕西、青海），仅有贵州的仍有43.77%的较高增长率。

① 中华人民共和国中央人民政府．政府工作报告——2022年3月5日在第十三届全国人民代表大会第五次会议上［EB/OL］．中国政府网，2022-03-13.

② 北京市、天津市、上海市未设县级行政建制。

表 2-2 西部地区县域建设面积（2006 年，2013 年，2020 年）

省份	建设面积（平方千米）			建设面积增长率（%）	
	2006 年	2013 年	2020 年	2006—2013 年	2013—2020 年
内蒙古	623.85	972.92	993.83	55.95	2.15
广西	477.88	651.84	703.08	36.40	7.86
重庆	179.36	280.94	181.86	56.63	−35.27
四川	671.24	1 164.46	1 326.9	73.48	13.95
贵州	387.79	620.46	892.01	60.00	43.77
云南	551.47	724.81	725.35	31.43	0.07
西藏	73.89	154.22	163.36	108.72	5.93
陕西	499.07	764.25	624.87	53.13	−18.24
甘肃	294.98	447.92	491.36	51.85	9.70
青海	167.53	187.09	185.09	11.68	−1.07
宁夏	54.32	166.83	187.92	207.12	12.64
新疆	413.42	610.4	680.93	47.65	11.55

资料来源：2007 年、2014 年、2021 年的《城乡建设统计年鉴》。

3. 村庄建设

实施乡村振兴战略，是党的十九大做出的重大决策部署，也是新时代搞好“三农”工作的总抓手，意义重大而深远。

图 2-3 基于全国 31 个省份①（不包括港澳台地区）统计了村庄建设用地面积。西部地区的村庄建设用地在 2007—2020 年之间基本稳定在 37 000～40 000 平方千米，在 2016 年之后开始出现略有下降的趋势。由表 2-3 可知，2013—2020 年村庄建设用地减少的省份主要为新疆、贵州和四川。

（二）农业空间

1. 农业资源

西部是我国生态脆弱区，水土配置错位，故应在立足资源环境禀赋和保护农业生产环境的条件下，走保护与发展并重之路，农业发展方向是生态农业和特色农产品。在综合农业区划②的分区依据和指标中，西部地区涉及的一级农业区有：内蒙古及长城沿线区、黄土高原区、西南区、甘新区和青藏区（见表 2-4）。

① 北京市、天津市、上海市未设县级行政建制。

② 全国农业区划委员会中国综合农业区划编写组. 中国综合农业区划［M］. 北京：中国农业出版社，1981.

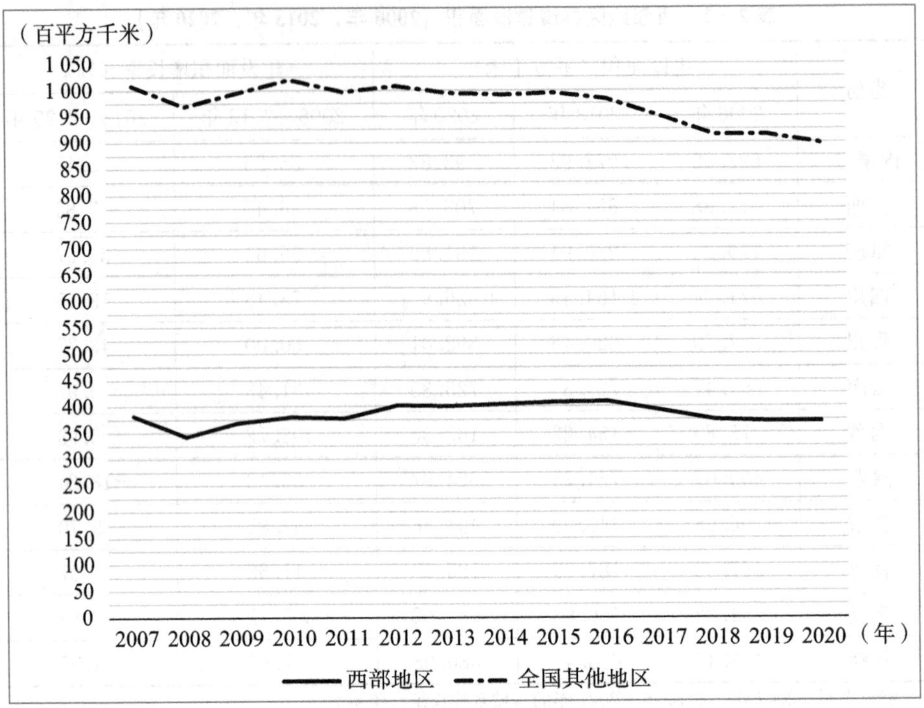

图 2-3　2007—2020 年西部地区与全国其他地区的村庄建设面积总量

资料来源：2008—2021 年的《城乡建设统计年鉴》。

表 2-3　西部地区村庄建设用地面积（2007 年，2013 年，2020 年）

省份	建设面积（百平方千米）			建设面积增长率（%）	
	2007 年	2013 年	2020 年	2007—2013 年	2013—2020 年
内蒙古	5 063.00	2 562.97	2 606.25	−49.38	1.69
广西	4 772.00	5 156.81	5 049.53	8.06	−2.08
重庆	2 002.00	2 189.95	2 038.96	9.39	−6.89
四川	5 443.00	8 416.44	7 561.76	54.63	−10.15
贵州	4 301.00	4 489.07	3 505.87	4.37	−21.90
云南	4 772.00	4 902.53	5 025.79	2.74	2.51
西藏	389.20	389.20	931.61	0.00	139.37
陕西	3 700.00	3 851.79	3 636.70	4.10	−5.58
甘肃	3 364.00	3 516.61	3 282.72	4.54	−6.65

续表

省份	建设面积（百平方千米）			建设面积增长率（%）	
	2007 年	2013 年	2020 年	2007—2013 年	2013—2020 年
青海	521.00	573.00	549.86	9.98	−4.04
宁夏	775.00	727.45	671.28	−6.14	−7.72
新疆	3 167.00	3 294.86	2 303.30	4.04	−30.09

资料来源：2008 年、2014 年、2021 年的《城乡建设统计年鉴》。

表 2－4　西部地区综合农业区划

一级区	概述	二级区	
内蒙古及长城沿线区	内蒙古自治区包头以东地区、辽宁省朝阳地区及河北、北京、山西、陕西、宁夏等省、自治区、直辖市沿长城地带；热量、水分（尤其是水分条件）不足，畜牧业发展条件优于种植业	内蒙古北部	牧区
		内蒙古中南部	牧农区
		长城沿线	农牧林区
黄土高原区	太行山以西、青海日月山以东、伏牛山及秦岭以北，长城以南；是一个大部分为黄土覆盖的丘陵和高原，水土流失严重，以旱杂粮为主	晋东豫西丘陵山地	农林牧区
		汾渭谷地	农业区
		晋陕甘黄土丘陵沟谷	牧林农区
		陇中青东丘陵	农牧区
西南区	秦岭以南，百色—新平—盈江一线以北，宜昌—溆浦一线以西，川西高原以东；是一个地处亚热带，地形复杂，山丘为主，自然条件和农业生产垂直分布差异显著的重要农林生产基地	秦岭大巴山	林农区
		四川盆地	农林区
		川鄂湘黔边境山地	林农区
		黔桂高原山地	林农牧区
		川滇高原山地	农林牧区
甘新区	包头—盐池—天祝一线以西，祁连山—阿尔泰山以北；是一个气候干旱、地广人稀、少数民族聚居、以农业和放牧业为主的农业区	蒙宁甘	农牧区
		北疆	农牧林区
		南疆	农牧区
青藏区	西藏自治区，青海省大部分，甘肃省甘南藏族自治州及天祝、肃南县，四川省西部及云南省西北角；是一个大部分为海拔 4 000 米以上的高原和山地，以放牧业为主和农、林、牧业生产都带有高原地区特点的农业区	藏南	农牧区
		川藏	林农牧区
		青甘	牧农区
		青藏高寒	牧区

2. 耕地质量

耕地资源是农业的基本生产资料，也是保障粮食安全、促进经济发展的资源基础。① 党的十九大报告指出，“耕地是粮食生产的命根子，必须站在历史和全局的高度，坚持实行最严格的耕地保护制度，坚决守住耕地保护红线和粮食安全底线”。

2019 年，农业农村部依据《耕地质量调查监测与评价办法》（农业部令 2016 年第 2 号）和《耕地质量等级》（GB/T 33469—2016）国家标准，组织完成全国耕地质量等级调查评价工作（见表 2-5）。其中，西部地区的耕地质量总体位于中下游等级。

表 2-5 全国耕地质量等级面积比例及主要分布区域

耕地质量等级	面积（亿亩）	比例（%）	主要分布区域
一等地	1.38	6.82	东北区、长江中下游区、西南区、黄淮海区
二等地	2.01	9.94	东北区、黄淮海区、长江中下游区、西南区
三等地	2.93	14.48	东北区、黄淮海区、长江中下游区、西南区
四等地	3.50	17.30	东北区、黄淮海区、长江中下游区、西南区
五等地	3.41	16.86	长江中下游区、东北区、西南区、黄淮海区
六等地	2.56	12.65	长江中下游区、西南区、东北区、黄淮海区、内蒙古及长城沿线区
七等地	1.82	9.00	西南区、长江中下游区、黄土高原区、内蒙古及长城沿线区、华南区、甘新区
八等地	1.31	6.48	黄土高原区、长江中下游区、内蒙古及长城沿线区、西南区、华南区
九等地	0.70	3.46	黄土高原区、内蒙古及长城沿线区、长江中下游区、西南区、华南区
十等地	0.61	3.01	黄土高原区、黄淮海区、内蒙古及长城沿线区、华南区、西南区

注：划线为西部农业区域。

（1）西南区：

总耕地面积 3.14 亿亩，从一等地至十等地均有分布。评价为一至三等的耕

① 孙侦，贾绍凤，严家宝，等. 中国水土资源本底匹配状况研究 [J]. 自然资源学报，2018，33 (12)：2057-2066.

地面积为 0.69 亿亩，占西南区耕地总面积的 22%，主要分布在成都平原、汉中平原、云贵高原山间坝子、四川盆地浅（缓）丘平坝等处，以水稻土为主，没有明显障碍因素。评价为四至六等的耕地面积为 1.77 亿亩，占该区耕地总面积的 56%，主要集中在四川盆地的丘陵区、金沙江与牛栏江流域的河谷地区、秦巴山与黔中的低山丘陵区等处，以紫色土、黄壤为主，基础地力中等，灌排条件一般，部分耕地质地偏黏，存在酸化、障碍层次等障碍因素。评价为七至十等的耕地面积为 0.68 亿亩，占该区耕地总面积的 22%，主要散布于滇东北黔西北的乌蒙山区、湘鄂渝黔的武陵山区以及陇南山地区等，以黄棕壤、石灰（岩）土为主，立地条件较差，土层浅薄，砾石含量高，存在酸化、瘠薄、潜育化、障碍层次等障碍因素。

(2) 内蒙古及长城沿线区：

总耕地面积为 1.33 亿亩，主要为六等地至十等地。评价为一至三等的耕地面积为 0.17 亿亩，占内蒙古及长城沿线区耕地总面积的 13%，主要分布在大兴安岭南麓、西辽河平原及土默川平原，这部分耕地海拔相对较低，整体地势较为平坦，以栗钙土、草甸土、褐土为主，土壤中没有明显的障碍因素。评价为四至六等的耕地面积为 0.52 亿亩，占该区耕地总面积的 39%，主要分布在阴山南、北麓及大兴安岭南麓区域，以栗钙土、褐土、黑钙土为主，这部分耕地立地条件一般，部分地区的农田灌溉设施较薄弱。随着近年来农田基础设施的大力投入，灌溉能力有所提升，耕地质量水平有所提高。评价为七至十等的耕地面积为 0.64 亿亩，占该区耕地总面积的 48%，主要分布在阴山南麓与北麓区域，以栗钙土及盐化或碱化的草甸土为主，耕地中土壤养分含量整体偏低，水土流失严重。

(3) 黄土高原区：

总耕地面积为 1.70 亩，主要为七等地到十等地。评价为一至三等的耕地面积为 0.22 亿亩，占黄土高原区耕地总面积的 13%，主要分布在黄河、渭河和汾河河谷的一、二级阶地，晋东南的长治、晋城河谷盆地和豫西的洛阳、汝州河谷盆地，地形平坦，水热条件好。土壤以褐土、潮土为主，剖面发育完整，养分含量较高，障碍因素不明显，农田基础设施完善。评价为四至六等的耕地面积为 0.55 亿亩，占该区耕地总面积的 32%，主要分布在黄河、渭河和汾河河谷的高阶地，黄土高原东南部的高原沟壑区和陕西无定河、宁夏清水河、青海河湟和甘肃景泰川谷地，以及太行山和豫西山地的低山丘陵。土壤以黄绵土、黑垆土为主，土层深厚、养分含量中等，灌溉水源缺乏，部分耕地水土流失严重。评价为七至十等的耕地面积为 0.93 亿亩，占该区耕地总面积的 55%，主要分布在黄土高原西北部的丘陵沟壑区和长城沿线风蚀滩地区，前者地表起伏破碎、坡度大、侵蚀非常严重，后者气候干旱、土层浅薄，立地条件很差。土壤以灰钙土、灰褐土和风沙土为主，质地较粗，结构松散，土壤养分极度贫乏，农田基础设施缺乏。

（4）甘新区：

总耕地面积为1.16亿亩，主要为七等地。评价为一至三等的耕地面积为0.26亿亩，占甘新区耕地总面积的22%，主要分布在河套平原、河西走廊中西部、鄂尔多斯盆地及塔里木盆地西南部、准噶尔盆地南部、伊犁河谷等平原低阶、平原中阶、山间盆地及宁夏平原引黄灌区上游。这部分耕地有稳定的灌溉水源和充足的光热，有机质含量高，以灌淤土、潮土、灌漠土为主，没有明显的障碍因素。评价为四至六等的耕地面积为0.63亿亩，占该区耕地总面积的54%，主要分布于平原中阶、平原低阶、山地坡中、平原高阶等地形区域，其中，北疆农牧林区、南疆农牧林区及宁夏引黄灌区占比较大。这部分耕地以具有一定灌溉条件的灌淤土、潮土、灰漠土为主，部分耕地水利设施不配套，生产力水平不高，存在障碍层次、盐碱、瘠薄等障碍因素。评价为七至十等的耕地面积为0.27亿亩，占该区耕地总面积的23%，主要分布在准噶尔盆地北部及西南、东南部，塔里木盆地西北部、河西走廊东部及宁夏平原引黄灌区下游地区。以棕钙土、灰漠土、棕漠土为主，这部分耕地水资源缺乏、盐分含量高，沙化、荒漠化严重、有效灌溉程度低、土壤养分贫瘠、生产力水平较低。

（5）青藏区：

总耕地面积为0.16亿亩。评价为一至三等的耕地面积为0.003亿亩，占该区耕地总面积的2%，零星分布于柴达木盆地、共和盆地洪积扇前缘或河谷阶地，金沙江、雅砻江、大渡河、怒江流域及岷江上游河流低谷阶地等处，以水稻土、灰棕漠土、棕钙土为主。这部分耕地基础地力较高，没有明显障碍因素。评价为四至六等的耕地面积为0.052亿亩，占该区耕地总面积的33%，散布于滇西北、川西北高原山地坡下及河流低谷阶地，藏东南低海拔地区及藏南河流宽谷阶地，及柴达木盆地、海南台地洪积扇中部、河流高阶地及山地坡下，甘南高原东部山地坡下、祁连山山地，以栗钙土、灰褐土、褐土为主，存在砂砾层等障碍层次，这部分耕地地块较为破碎，土壤肥力差，土层浅薄，灌溉能力差。评价为七至十等的耕地面积为0.105亿亩，占该区耕地总面积的66%，主要集中在横断山区、青藏高寒地区山地中上部、甘南高原西部及祁连山山地中上部，以及环青海湖区、青南高寒地区山地中上部，以亚高山草甸土、黑钙土、栗钙土为主，这部分耕地海拔高、积温低，且土层较薄、土壤养分贫瘠，灌溉能力差，耕地生产能力较低。

耕地资源承载力是指一个地区在保证农业生态向良性循环演变的条件下，其耕地在一定的生产能力和消费水平下所能承载的最大人口数量。① 据测算，西部地区各省份耕地资源承载力指数低于 0.9（见图 2-4），这说明西部地区的整体耕地能满足当前人口需求。但 2005—2018 年，除青海外的 11 个省份的耕地资源承载力呈下降趋势。

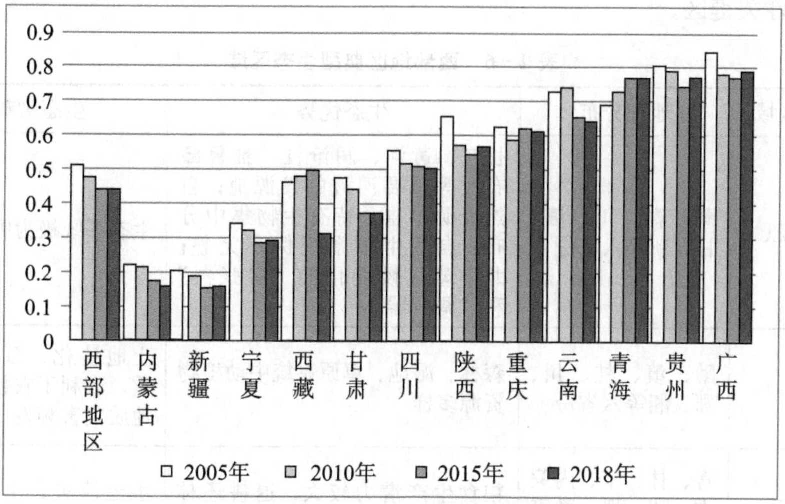

图 2-4 西部地区耕地资源承载力测算结果②

3. 农牧区域

西部农牧区既是我国西部生态屏障建设的前沿阵地，也是当前我国经济社会发展最落后的区，属于西部农牧区系统的人口，大致在 1 亿～1.5 亿。③

在《全国主体功能区规划》划分的四类开发区中，限制开发区是指资源承载能力较弱、大规模集聚经济和人口条件不够好并关系到全国或较大区域范围生态安全的区域；禁止开发区是指依法设立的各类自然文化资源保护区域。西部农牧区几乎都属于限制开发区域或禁止开发区域。

（三）生态空间

西部地区是我国乃至亚洲的重要生态屏障，集聚了中国“两屏三带”生态战略中的“两屏一带”，即“青藏高原生态屏障”“黄土高原-川滇生态屏障”和“北方防沙带”④，在我国和国际的生态安全格局中发挥着重要的作用。

① 高岩. 山东省 2000 年耕地承载力研究 [J]. 地域研究与开发，1997，4：67-70.

② 周伟，沈镭，钟帅. 面向可持续发展目标的西部水土资源评估 [J]. 地理研究，2022，41：917-930.

③ 文兴吾. 中国西部农牧区现代化发展道路思考 [J]. 学术论坛，2021，44（2）：70-83.

④ 杨开忠. 全面建设现代化国家的西部大开发战略 [J]. China Economist，2021，16（03）：62-83.

1.生态区域

在地理学定义中，生态区域是指一些外貌结构相似，受相同气候、土壤条件影响的生态系统所构成的区域性单元。西部地区包括青藏高原、云贵高原、黄土高原和沙漠脆弱区等典型生态区域（见表2-6），分布着我国60%以上的陆地生物多样性关键区。

表2-6　西部地区典型生态区域

生态区域	地理分布	生态优势	生态劣势
青藏高原	藏、青、川、滇、甘、新等六省份	长江、黄河、澜沧江、雅鲁藏布江等重要河流的发源地；自然资源丰富，特有生物集中分布，自然生态系统保存完整；北半球气候变化的“启张器”和“调节器”	生态系统极为脆弱
云贵高原	黔、滇、桂、川、鄂、湘等六省份	森林、湿地、草原系统中动植物资源多样	土地沙化、石漠化严重，不利于农牧耕种；地质灾害频发
黄土高原	青、甘、宁、内蒙古、陕、晋、豫等七省份	粮食生产潜力较大；退耕还林（草）等生态建设起效	水土流失、土壤侵蚀问题严重
沙漠脆弱区	新、青、甘等三省份		生态系统最脆弱；沙漠化

2.河流水资源

西部地区是全球最重要的上游水道地区、亚洲水源涵养区。以西部地区为上游的长江、以西部地区为中上游的黄河等国内大江大河和以西部地区为源头的亚洲主要国际河流（见表2-7）滋养了亚洲绝大部分人口，也是我国开展国际河流水外交的桥头堡。

表2-7　我国西部地区主要国际河流①

河流名称	流域范围	流域面积（万平方千米）
黑龙江	中国（黑龙江省、内蒙古自治区），蒙古，俄罗斯	185.5

① 杨开忠.全面建设现代化国家的西部大开发战略［J］. China Economist，2021，16（03）：62-83.

续表

河流名称	流域范围	流域面积（万平方千米）
额尔齐斯河-鄂毕河	中国（新疆维吾尔自治区），哈萨克斯坦，俄罗斯	164.3
伊犁河	中国（新疆维吾尔自治区），哈萨克斯坦	15.1
伊洛瓦底江	中国（云南省），缅甸	43.0
怒江-萨尔温江	中国（青海省、西藏自治区、云南省），泰国，缅甸	32.5
澜沧江-湄公河	中国（青海省、西藏自治区、云南省），泰国，缅甸	81.0
珠江	中国（云南省、贵州省、广西壮族自治区、广东省、湖南省、江西省），越南	45.4
雅鲁藏布江-布拉马普特拉河	中国（西藏自治区），印度，孟加拉国	62.0
巴吉拉提河（恒河）	中国（西藏自治区），印度，孟加拉国	108.0
森格藏布河（印度河）	中国（西藏自治区），巴基斯坦，阿富汗，印度	103.4
元江-红河	中国（云南省），越南	15.8

西部地区整体水资源承载力较小（见图 2-5），其中宁夏承载力最大，西藏最小。近 20 年来，西部地区各省份水资源承载力指数没有明显的波动。

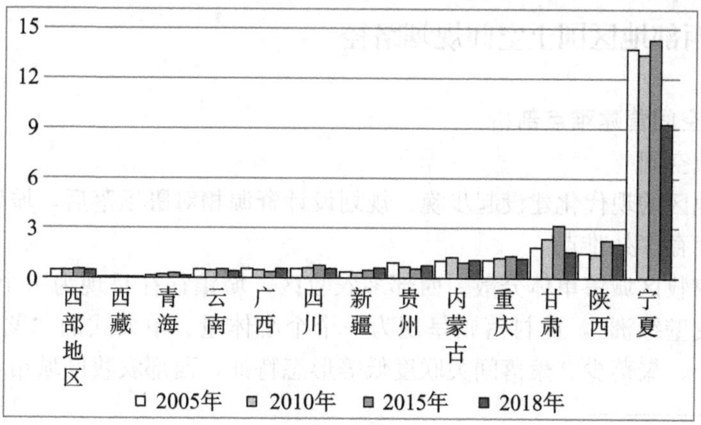

图 2-5　西部地区水资源承载力测算结果①

① 周伟，沈镭，钟帅. 面向可持续发展目标的西部水土资源评估 [J]. 地理研究，2022，41：917-930.

3. 生态承载力

生态承载力是指一定条件下生态系统为人类活动和生物生存所能持续提供的最大生态服务能力，特别是资源与环境的最大供容能力。传统的评价方法是以人口为尺度，来衡量一个地区的生态承载力，它是指在不使用自然环境生产力的情况下，可以满足多少人的需要。①

由图2-6可知，西部地区整体生态状况较好，其中重庆的生态用地资源承载力最大，而西藏、青海、内蒙古、新疆的生态用地资源承载力极小，尤其是西藏和青海。但自2005年以来，西部地区各省份生态用地资源承载力皆呈上升趋势。

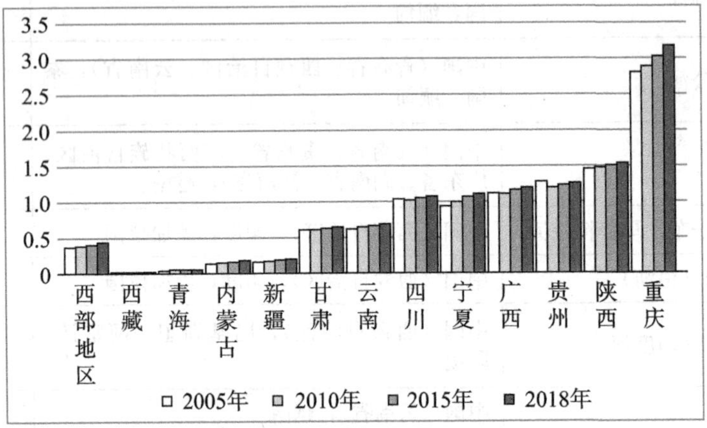

图2-6 西部地区生态用地资源承载力测算结果②

三、西部地区国土空间规划路径

（一）空间营建难点剖析

1. 城镇空间

西部地区的现代化建设起步晚、规划设计资源相对匮乏落后，城镇空间的在地性建设尚存多处难点：

一是农牧区城镇单体分散。西部多农牧区，城镇往往呈现为一个个大体量、点状的“戈壁绿洲”，而村落则呈现为一个个小体量、单元式的“戈壁绿洲”。③鉴于规模小、聚落少、聚落间关联度低等形态特征，西部农牧区城市难以适用于

① 叶静. 我国西部地区生态足迹时空演变及驱动因素研究［D］. 内蒙古财经大学，2022.

② 周伟，沈镭，钟帅. 面向可持续发展目标的西部水土资源评估［J］. 地理研究，2022，41：917-930.

③ 文兴吾. 中国西部农牧区现代化发展道路思考［J］. 学术论坛，2021，44（02）：70-83.

区域经济发展理论中常规的“联点成轴”“依托城市系统带动区域”发展的路径。

二是城镇建设缺乏精细规划设计引导。大部分偏远地区的县域、村镇还未经过规划，空间格局的形成及人居建设多源于自发意识。这导致村镇建设杂乱无章，形成大量路边店、独家院，浪费土地现象严重。

三是公共设施配置不足。一方面，虽然近年来西部各地设施条件均有不同程度的改善，但各地在公共服务设施和基础设施的配置上存在城乡、县域甚至村际的差异巨大。另一方面，居住聚落分布松散，导致公共设施建设成本高而利用率低。

2.农业空间

在西部地区农业现代化发展过程中，农村产业化尚处于较低水平，基础设施和经济基础薄弱，且受到传统谋生手段和小农思想的约束，具有以下特征：

一是农业生产力水平低。长期建立在直接经验和手工工具基础上的传统耕作技术，使得西部地区农业生产力水平较东部地区相差甚远，导致农村生态环境破坏、资源耗费，不利于农业农村经济的可持续发展。

二是农产品市场竞争力弱。当前农产品结构和产业链结构简单，未注重产品价值的深入开发。同时，产品供应和市场需求之间由于信息的时空传递渠道不畅、敏锐度不高，导致产销脱节、供求错配等问题。

三是耕地质量等级普遍较低。西部地区多受气候水热资源影响的不稳定耕地，且土地基底差，为了提高产量而大量依赖于化肥，导致耕地风蚀和污染。

3.生态空间

西部地区虽然地域广阔，不同地区间差异较大，但整体生态系统存在一些共性的特征：

一是生态脆弱敏感。在山地丘陵向平原过渡地带、西北黄土高原地带、西部沙漠区及青藏高寒地区的生态脆弱性问题尤为突出，生态承载能力相对较弱。

二是地灾隐患较大。水土流失、地震、泥石流、滑坡、崩塌等地质灾害频发，对于生物而言是不可控且无力抵抗的威胁。

三是物种重要性突出。因其生态系统特殊性，西部地区拥有许多珍稀和濒危生物物种，对维护国家重要物种安全具有重要意义，如雅安的大熊猫，海南州三江源保护区的金钱豹、雪豹、棕熊、猞猁等珍稀物种。

四是人地矛盾趋紧。在快速推进城镇化过程中，过度放牧、盲目扩张等，导致农业开发、城镇建设与生态保护之间的冲突等问题日益显著。

五是资源特色显著。西部地区矿产、能源和水利资源丰富，如青海海南州清洁能源富集，塔里木、柴达木、鄂尔多斯盆地富含天然气资源。

（二）国土空间规划实施路径

2022年10月，自然资源部在《关于进一步加强国土空间规划编制和实施管理的通知》中强调“将主体功能区规划、土地利用规划、城乡规划等空间规划融合为统一的国土空间规划，实现‘多规合一’，是党中央、国务院做出的重大决策部署”。国土空间规划的要求和目标即为发挥战略性、科学性、协调性、权威性的作用，健全用途管制，并对各专项规划起到指导和约束的作用。

1. 各省份国土空间总体规划概览

省级国土空间规划是从空间上落实国家区域发展战略和主体功能区战略的重要载体。截至2022年11月，西部地区各省份出台的最新一轮总体规划如表2-8所示。

表2-8　西部地区各省份国土空间总体规划

省份	公示版文件（征求意见稿）名称	公示时间	来源
重庆市	《重庆市国土空间总体规划（2021—2035年）》	2021年5月27日	重庆市规划和自然资源局
四川省	《四川省国土空间规划（2020—2035年）》	2021年6月10日	四川省自然资源厅
贵州省	《贵州省国土空间总体规划（2021—2035年）》	2021年7月14日	贵州省自然资源厅
云南省	《云南省国土空间规划（2021—2035年）》	2021年5月25日	云南省自然资源厅
西藏自治区	《西藏自治区国土空间规划（2021—2035年）》	2022年11月9日	西藏自治区自然资源厅
陕西省	《陕西省国土空间规划（2021—2035年）》	2021年11月30日	陕西省自然资源厅
甘肃省	《甘肃省国土空间规划（2021—2035年）》	2022年8月2日	甘肃省自然资源厅
青海省	《青海省国土空间规划（2021—2035年）》	2021年5月17日	青海省自然资源厅
宁夏回族自治区	《宁夏回族自治区国土空间规划（2021—2035年）》	2021年11月15日	宁夏回族自治区自然资源厅
新疆维吾尔自治区	《新疆维吾尔自治区国土空间规划（2021—2035年）》	2021年7月21日	新疆维吾尔自治区自然资源厅

续表

省份	公示版文件（征求意见稿）名称	公示时间	来源
内蒙古自治区	《内蒙古自治区国土空间规划（2021—2035年）》	2021年5月16日	内蒙古自治区自然资源厅
广西壮族自治区	《广西壮族自治区国土空间规划（2021—2035年）》	2021年12月14日	广西壮族自治区自然资源厅

2.各省份空间战略格局

西部地区各省份国土空间规划在落实国家规划的重大战略、目标任务和约束性指标的基础上，提出省域国土空间组织的空间竞争战略、战略性区位、空间结构优化战略、空间可持续发展战略和解决空间问题的"一揽子"战略方案（见表2-9）。

表2-9 西部地区各省份国土空间规划战略

省份	战略要点	具体内容
重庆市	"两点定位"	● 西部大开发的重要战略支点； ●"一带一路"和长江经济带的联结点。
	"两地""两高"目标	● 内陆开放高地； ● 山清水秀美丽之地； ● 高质量发展； ● 高品质生活。
	发挥"三个作用"	● 在推进新时代西部大开发中发挥支撑作用； ● 在推进共建"一带一路"中发挥带动作用； ● 在推进长江经济带绿色发展中发挥示范作用。
	推动成渝地区双城经济圈建设	● 重庆、成都两个中心城市协同带动。
四川省	西部保育培育，东部优化提升	● 西部面上保育点上培育； ● 东部保护重点集聚发展。
	形成主题功能明确、空间联动发展的五大片区	● 极核强化，一圈带动； ● 南翼跨越，协同一体； ● 北翼振兴，集聚推进； ● 攀西转型，特色升级； ● 西北示范，"两山"转化。
贵州省		● 筑牢两江上游生态屏障，优化山地特色高效农业立体空间，推动以人为核心的新型城镇化，彰显多彩贵州魅力特色； ● 构建"一群引领、两圈带动、多点支撑、四屏环绕、多彩富美"的生态、农业和城镇空间，构筑宜居、宜业、宜游、宜学、宜养的国土空间新格局。

续表

省份	战略要点	具体内容
云南省	保护优先	● 共抓大保护，不搞大开发； ● 筑牢国家西南生态安全屏障； ● 保障国家粮食、水和能源总体安全； ● 守护生态之美，促进人与自然和谐共生。
	绿色集约	● 落实绿色发展理念，打造“三张牌”； ● 资源全面节约和循环利用； ● 健全生态产品价值转换机制； ● 形成绿色生产和生活方式。
	品质魅力	● 坚持以人民为中心，优化空间资源配置； ● 营造健康、舒适、便利的高品质城镇空间； ● 建设生态优美、宜居宜业的美丽乡村； ● 彰显“七彩云南”的民族文化和自然山水之美。
	集聚协调	● 发挥比较优势，落实主体功能区战略和制度； ● 促进要素向都市圈、城市群等地区高效集聚； ● 提升对周边地区的辐射带动作用，发挥沿边平台作用； ● 促进边境地区繁荣稳固。
西藏自治区	边境稳固	● 引导区内区外人口向边境地区转移； ● 加强边境地区特色产业、公共服务、基础设施支撑； ● 培育中心城镇，完善边境城乡居民点体系建设。
	永续保护	● 体现西藏作为我国重要的水源涵养地和生物多样性保护区的重要价值； ● 探索其效能发挥的系统策略； ● 打造成为全国乃至国际生态文明高地。
	适度集聚	● 强化中心城市的集聚发展； ● 沿交通走廊培育重点城镇； ● 保障建设用地； ● 预留发展空间； ● 因地制宜促进镇村定居。
	分区差异	● 明确腹心地区、藏东地区、藏西北地区以及边境地区差异化发展策略； ● 通过互动、互促、互补，扭转区域发展不平衡的局面。
	魅力彰显	● 结合资源本底与支撑条件，构建魅力空间体系，优化区域旅游空间组织； ● 策划旅游主题片区，加强区域魅力廊道建设，培育服务节点。

续表

省份	战略要点	具体内容
陕西省		● 构建“一群两屏三轴四区五带”的国土空间总体格局：关中平原城市群，秦巴山区生态屏障、黄土高原生态屏障，包茂高速发展轴、陕北长城沿线发展轴、陕南十天高速发展轴，陕北长城沿线旱作区、渭北台塬旱作区、关中灌区、陕南低山平坝区，陕北能源化工产业带、黄土高原果畜产业带、关中现代农业产业带、陇海铁路先进装备制造产业带、陕南绿色循环产业带； ● 生态筑底、集聚增效、开放联通、保护传统、品质提升、精细治理。
甘肃省	“一核三带”区域发展格局	● 以兰州和兰州新区为中心，以兰白一体化为重点、辐射带动定西临夏的一小时核心经济圈，河西走廊经济带（以清洁能源及新材料和特色高效农业为重点）、陇东南经济带（以综合能源和先进装备制造为重点）、黄河上游生态功能带（以水源涵养和水土保持为重点）。
	实施强科技、强工业、强省会、强县域“四强”行动	● 以重点地区和关键领域为突破口，推动综合实力和发展质量整体跃升。
青海省	生态稳固	● 构建祁连山和三江源地两大生态安全屏障、稳固江河源区水资源涵养功能； ● 构建以国家公园为主体的自然保护地体系； ● 推进山水林田湖草沙冰生态治理和生态修复； ● 完善生物多样性保护网络； ● 推进轮牧、休牧、禁牧，实现草畜平衡。
	开放联通	● 强化“丝路通道、黄河沿线”轴带建设； ● 推进向西（新疆）向南（西藏）多通道建设； ● 建设西宁、格尔木国家物流枢纽城市和保障基地； ● 协同兰西城市群及黄河沿线城镇发展。
	绿色高效	● 建设海西和海南千万千瓦级清洁能源基地； ● 打造世界级盐湖产业基地； ● 建设国家战略矿产资源保障基地； ● 促进水资源和土地资源集约节约利用。
	中心集聚	● 推进建设西宁海东都市圈； ● 提升格尔木、共和、玉树等中心城市承载能力； ● 提升“三区”资源匹配度和承载力； ● 以县域为单元统筹乡镇村布局，优化城乡格局，完善城镇社区生活圈和农牧社区生活圈。

续表

省份	战略要点	具体内容
青海省	美丽提升	● 历史文化资源全系统的保护与传承； ● 塑造生态魅力休闲区和人文魅力廊道； ● 建设高品质风景道与自驾游服务体系； ● 推进高原美丽乡村建设与农牧区旅游发展。
宁夏回族自治区	构建“一带三区”国土空间开发保护总体格局	● 以“一带”辐射带动“三区”高质量发展； ● 以“三区”护卫支撑“一带”生态保护建设。
	改善生态，筑牢屏障	● 立足“一河三山”自然地理格局，严守三条控制线，强化全域全要素国土空间用途管制，提升生态系统碳汇能力，不断增强生态系统的平衡性、安全性和稳定性。
	建设“五区”夯实根基	● 着眼黄河流域生态保护的协同性，立足宁夏全域生态系统整体性，正确处理生态环境保护与经济社会发展的关系； ● 全面推进河段堤防安全标准区、生态保护修复示范区、环境污染防治率先区、经济转型发展创新区、黄河文化传承彰显区建设，持续夯实高质量发展根基。
	发挥优势，融入大局	● 发挥建设先行区的战略定位优势、黄河“几”字弯都市圈枢纽的区位发展优势、融入共建“一带一路”的对外开放优势、风光热能组合最佳的资源禀赋优势； ● 加强与东中部产业链互补合作、黄河“几”字弯地区协同合作、西部陆海新通道省际合作，提升宁夏作为全国向西开放重要窗口地位。
	改革“四权”，激活引擎	● 坚持以市场化改革为方向，深化用水权、土地权、排污权、山林权“四权”改革； ● 调整优化资源要素供给结构和配置方式，引导各类资源要素向先进产能聚集、向优势产业汇集、向重点地区流动，实现效益最大、效率最优。
新疆维吾尔自治区		● 以安全和开放为重点，严守生态底线，优化资源要素配置，形成“三屏两环、四区多片”的国土空间开发保护总体格局，统筹“三区三线”的划定工作； ● 围绕落实国家使命、坚守安全底线、保障地方发展的总体思路，通过“双优先”“双循环”“双统筹”“双集聚”“双提升”五大空间战略，构建新疆高质量、高品质国土空间格局。

续表

省份	战略要点	具体内容
内蒙古自治区	优化主体功能分区	● 按照生态保护优先的原则，将全区国土空间划分为重点生态功能区、农产品主产区、城市化发展区。
	实施全域保护	● 统筹山水林田湖草沙系统治理，维护生态系统整体性、稳定性、安全性，筑牢我国北方重要生态安全屏障。
	实施集聚开发	● 引导资源、人口产业、文化在城镇集聚，走集中集聚集约发展的路子。
	实施绿色高效利用	● 加快转变能源工业发展方式，推动煤炭清洁高效利用在国内领先； ● 推动农畜产品生产加工向标准化、品牌化、生态化、安全化、高端化发展。
	实施魅力草原建设	● 加强草原保护与修复，保护和传承草原文化，依托大草原等自然景观和特色地域文化等历史资源，打造人文生态旅游区，塑造世界级的自然、人文、乡村魅力风光，建设祖国北疆亮丽风景线，守好这方碧绿、这片蔚蓝、这份纯净。
	实施品质提升措施	● 围绕推动高质量发展加快高品质国土建设，将草原引入城市、让城市社入草原，完善新型基础设施配套建设，健全公用设施体系，提升公共服务水平，打造宜居、宜业、宜学、宜养、宜游的魅力草原城市。
	实施固边强堡行动	● 深度融入“一带一路”倡议，推动城镇口岸融合、军民融合、跨境融合深度发展，推动形成口岸带动、腹地支撑、边腹互动的空间格局； ● 守好祖国的北大门，为巩固发展民族团结、社会稳定、边疆安宁、口岸繁荣的局面提供空间保障。
广西壮族自治区	构建“八五六三”的国土空间总体格局	● 立足资源环境承载能力和国土空间开发适宜性评价，形成重点片区集聚、整体网络连通、“南向、北联、东融、西合”四大方向协同发展、主体功能明显的空间布局。
	八桂山水优生态 1＋6＋1	● 一个生态屏障； ● 六大生态功能区； ● 一条生态廊道。
	五片主导促集聚	●“一群三带一片”五大经济发展优势地区。
	六区集群强农业	● 六大农业主产区。
	三大网络助开放	● 综合交通网＋魅力游道网＋活力碧道网。

西部地区各省份城镇空间以集聚协同发展，城镇空间规划主题多围绕“高品质宜居”进行建设，并在区域层面深化“城-镇-乡”统筹融合（见表 2-10）。

表 2-10 西部地区各省份城镇空间规划策略

省份	城镇空间规划目标	具体内容
重庆市	建设集约高效的城镇空间	● 构建“一区两群”协调发展格局：做大做强“一区（主都市区）”，做特做优“两群（渝东北三峡库区城镇群、渝东南武陵山区城镇群）”。 ● 构建区域协同发展的城镇体系：引导人口由渝东北、渝东南向主城都市区集聚，形成由超大城市引领发展、大中小城市和小城镇协调联动的网络城镇群格局。 ● 网络化城镇群格局：中心城区是千万城市人口的超大城市；万州、江津、涪陵、永川、合川、綦江-万盛建成百万城市人口的大城市；规划璧山、长寿、开州、云阳、黔江等 24 个中小城市和 500 个左右富有特色的小城镇。 ● 推进以人为核心的新型城镇化：城市发展不摊大饼，不搞大填大挖、大拆大建，科学划定城镇开发边界，加强战略“留白”；实施城市更新行动，盘活存量空间，做优增量空间，创造更加集约紧凑、宜居适度的城镇空间。
四川省	强化成渝地区双城经济圈的城镇支撑	● 构建“一圈一轴、两翼三带”城镇格局：成都都市圈，成渝城镇主轴，城镇组群，城镇发展带。 ● 构建以城市群为主体、国家中心城市为引领、区域中心城市和重要节点城市为支撑、县城和中心镇为基础的城镇体系。 ● 促进产城协同布局融合发展，塑造高品质城乡人居环境：完善“5＋1”现代工业体系、推动现代制造业与城镇协调布局，加快建设“4＋6”现代服务业体系，促进现代服务业与城镇融合发展，完善公共服务配套，补齐市政设施短板，优化城镇空间景观。
贵州省	宜居宜业城乡空间	● 推动形成“一群两圈多组”的组团式新型城镇化空间结构。 ● 分级引导城市集聚：壮大黔中城市群和都市圈，做大贵阳，做强遵义，做优做特市州、区域中心城市，强化以县城为载体的新型城镇化建设。 ● 山水城市、特色小镇、美丽乡村。 ● 分类推进乡村振兴：坚持试点示范，精准施策，重点突破，分类推进乡村振兴引领示范县、乡村振兴重点推进县和乡村振兴务实基础县。

续表

省份	城镇空间规划目标	具体内容
云南省	打造集约高效的城镇空间	● 构筑“一圈一核，两群一带”城镇空间。 ● 走好云南特色城镇化路子：群组做强、节点做精、村寨做美，加快昆明都市圈建设，发挥滇中城市群的核心支撑作用，积极培育滇东北城镇群，积极培育滇西城镇群，全面推进沿边开放城镇带建设。 ● 产城融合推进产业聚集发展：优化产业园区布局。 ● 分级营造高品质城镇生活圈：完善县城作为重要载体的设施配套，聚力提升都市圈、城镇圈的设施配套水平，推进城市（镇）群国际化配套设施建设。 ● 全面实施城市更新：系统诊疗“城市病”，优化城镇空间布局、完善综合功能、提升人居环境、突出风貌特色，融合产城，全面显现具有时代特征、民族特色、云南特色的城镇之美。
西藏自治区	优化城镇空间格局，塑造高效宜居幸福家园	● 塑造城镇空间新格局：突出分区差异化发展，因地制宜形成聚散结合的区域城镇空间格局，塑造“一核一圈，两带多点”城镇空间格局。 ● 推进新型城镇化发展：引导城镇分区差异化发展，形成多元城镇发展动力。 ● 构建兴边富民边境发展链：按照“小、散、精”原则，加密城镇、小康村布局；完善沿边“市—县—镇/乡—村”四级建设体系，巩固“一链多纵，三带多簇”边境安全格局。 ● 打造拉萨-山南核心城镇群：突出拉萨引领辐射作用，加快拉萨山南一体化区域功能协调。
陕西省	打造魅力品质的城镇空间	● 构建“一圈四极六城多镇”的城镇发展格局。 ● 保障产业发展空间：关中先进制造业走廊、陕北-渭北高端能化产业带、陕南绿色循环产业带、“一核多极”现代服务业集聚区。 ● 打造和谐宜居的生活空间：构建城镇生活圈，塑造高品质公共开敞空间，合理引导城市更新，合理利用地下空间。
甘肃省	强化城镇开发格局	● 构建开发开放格局：“一带一廊多通道、一主三副多节点”城镇开发格局。 ● 有序培育城镇体系。 ● 促进产业集聚发展：“一核七极”产业空间布局。 ● 合理划定开发边界。

续表

省份	城镇空间规划目标	具体内容
青海省	完善城镇格局建设高原美丽宜居家园	● 优化空间体系和城镇格局。 ● 构建“一群两区多点”城镇空间格局。 ● 推进城乡建设用地提质增效：严格控制新增建设用地规模，提高建设用地节约集约利用水平，提升开发区土地利用效率，推进城乡建设用地增减挂钩。 ● 推动高原宜居城镇建设：建设美丽高原城镇，创建特色小城（镇），建设数字城镇，建设韧性城镇，推进城镇老旧小区改造。 ● 提升城乡公共服务设施水平。 ● 构建多层次的现代化综合交通体系。
宁夏回族自治区	塑造更加集约宜居的城镇空间	● 构建“一主一带一副”城镇空间格局。 ● 划定并严守城镇开发边界。 ● 优化产业园区空间布局。 ● 推动城乡融合发展。 ● 提升城镇生活品质。 ● 加强城镇空间改造提升。
新疆维吾尔自治区	营造宜居适度的城镇空间	● 优化城镇体系：优化城镇空间结构，完善中心城市体系，优化城镇规模等级。 ● 提升人居环境品质：补齐公共服务和市政设施短板，提升城市空间品质，强化城镇特色风貌塑造。
内蒙古自治区	塑造多元宜居城镇空间	● 构建“一核双星多节点”城镇空间格局：坚持集中集聚集约发展原则，立足地广人稀、生产要素分散实际，优化城镇空间结构和布局，引导人口和产业集聚，促进国土空间有序开发与均衡发展，构建以人为核心的新型城镇化格局，塑造多元宜居城镇空间。 ● 建设高品质生活圈。 ● 完善15分钟社区生活圈建设。 ● 保障口岸建设空间。
广西壮族自治区	打造集约高效的城镇空间	● 引导形成“一群三带一片”的城镇开发格局。 ● 构建大中小城市协调发展的城镇体系。 ● 推进城乡建设用地提质增效。 ● 提升城镇品质和宜居度。

西部地区各省份农业特色突出，农业空间规划主题多围绕“乡村振兴”的保护和开发并进，聚焦农业空间的精细化治理（见表2-11）。

表 2-11　西部地区各省份农业空间规划策略

省份	农业空间规划目标	具体内容
重庆市	优质高效的农业空间	● 保障粮食安全和重要农产品有效供给。 ● 着力加强耕地数量、质量、生态"三位一体"保护。 ● 因地制宜布局粮食生产功能区、重要农产品生产保护区和特色农产品优势区。 ● 做优做强"多品种、小规模、高品质、好价钱"的现代山地特色高效农业。
四川省	夯实农业强省的空间基础	● 构建"两区五片"农业空间格局。 ● 提高农业空间综合效能：分区推进农地质量提升，提升农业空间生态功能，全面实施农用地综合整治。 ● 塑造美丽宜居乡村：提升乡村居民点风貌特色，完善乡村设施配套。
贵州省	山地特色农业空间	● 山地特色农业格局逐步完善：构建以"两片多点"农业关键保障区为重点、坝区耕地为支撑、零星分布农林复合空间为基础的山地特色农业格局。 ● 耕地和永久基本农田严格保护：坚持最严格的耕地保护制度，切实加强优质、连片、稳定耕地保护，落实国家下达贵州的耕地保有量和永久基本农田保护任务，划定永久基本农田保护范围。 ● 山地特色农业分类发展：严格管控500亩以上种植坝区、粮食生产功能区、重要农产品生产保护区及特色农产品主产区等农业关键保障区，以复合农业生产区为重点，农林草混合发展，优先发展生态农业，加快推进林下经济高质量发展。
云南省	营造高原特色农业空间	● 塑造"五区四带"立体农业空间。 ● 守住粮食安全底线：永久基本农田实施特殊保护，严守耕地保护红线。 ● 打造世界一流"绿色食品牌"：打造精品，做优云茶云花云果云药。 ● 全力打造乡村振兴云南样板：加强农村建设用地管控，优化村寨居民点布局。 ● 绘好云南"坝子"山水画卷：协调坝区耕地和居民点布局，营造坝区农业大地景。
西藏自治区	完善高原农牧格局，统筹特色农牧空间发展	● 优化高原特色农牧空间格局：按照宜农则农、宜牧则牧、宜林则林的总体原则，结合西藏农牧业发展基本空间格局和生产资料分布情况，遵循不同生产环节空间分布的差异化特点，形成"一区两片"农牧业生产空间格局。 ● 加强耕地与牧草地保护：加强耕地保护与质量提升，加强牧草地保护与治理。 ● 全面推进乡村振兴：引导村庄合理布局，改善农村人居环境品质，合理保障农村发展空间。

续表

省份	农业空间规划目标	具体内容
陕西省	建设美丽祥和的乡村空间	● 构建“四区五带多园多点”的乡村空间格局。 ● 保护耕地和永久基本农田：确保耕地总量、提高耕地质量，优化基本农田布局，建设高标准农田。 ● 打造特色现代农业生产空间。 ● 建设美丽宜居的乡村生活空间。
甘肃省	助推农业农村发展	● 优化农业产业布局：“三带五区多基底”的农业产业布局。 ● 切实保障粮食安全：耕地资源保护目标，耕地保护和管控要求，永久基本农田保护。 ● 提振县域经济发展：持续提升县域经济支撑带动作用，以主体功能区定位为基础，结合城镇职能分工，将全省 86 个县级单元划分为“城市服务型、工业主导型、文旅赋能型、生态功能型”五种类型。 ● 引导全域乡村振兴：划分乡村发展指引分区，引导全域村庄分类施策。
青海省	优化农牧空间，支撑高原生态农牧业发展	● 构建现代生态农牧业发展新格局：“四区一带”现代生态农牧业。 ● 推进耕地与牧草地保护：加强耕地保护与提质，加强牧草地保护和治理。 ● 助推乡村全面振兴：优化乡村空间布局，推动乡村产业融合，推进高原美丽乡村建设。
宁夏回族自治区	打造更加优质高效的农业空间	● 构建“三区一廊”农业空间格局。 ● 划定并严守永久基本农田，强化耕地保护与利用。 ● 支撑农业特色优势产业发展。 ● 推进乡村振兴战略实施。 ● 实施农业空间综合整治。
新疆维吾尔自治区	保障安全稳定的农业空间	● 保障粮食安全：加强耕地保护，保障粮食和重要农产品生产空间。 ● 推进乡村振兴：优化农业发展布局，建设美丽乡村。 ● 实施农用地整治：大规模推进高标准农田建设，深入开展低效农用地整理，推进退化土地综合整治，加强污染土地综合整治。
内蒙古自治区	构建绿色高效农牧空间	● 构建“六牧四农”农牧空间格局：坚持农牧业农村牧区优先发展的方针，围绕建设国家农畜产品生产基地，推进绿色兴农兴牧。 ● 永久基本农田：严格保护永久基本农田，全区规划布局沿黄干流平原、西辽河平原、嫩江右岸平原永久基本农田集中区，优先保护优质耕地，严格落实耕地保护任务。 ● 推动落实美丽乡村建设：划分村庄类型，优化村庄布局，保障新产业新业态用地，提升乡村品质。

续表

省份	农业空间规划目标	具体内容
广西壮族自治区	优化稳定和谐的农业空间	● 严守耕地红线，保障粮食安全。 ● 构建优势农业区域布局和专业化生产格局。 ● 因地制宜推进美丽乡村建设。 ● 促进形成“六主多区”的农业发展格局。

西部地区各省份生态资源优越，生态空间规划主题多围绕“生态屏障”进行保护修复，充分发挥生态空间的优势和功能（见表 2-12）。

表 2-12　西部地区各省份生态空间规划策略

省份	生态空间规划目标	具体内容
重庆市	山清水秀的生态空间	● 规划构建“三带四屏多廊多点”的生态安全格局，筑牢长江上游重要生态屏障，推动城乡自然资本加快增值，使重庆成为山清水秀美丽之地。 ●“三带”：长江、嘉陵江、乌江组成的生态涵养带，发挥生态涵养功能。 ●“四屏”：大巴山、巫山、武陵山、大娄山组成的生态屏障，发挥水土保持、水源涵养和生物多样性功能。 ●“多廊”：缙云山、中梁山、铜锣山、明月山、云雾山等 23 条平行山岭，大宁河、涪江、阿蓬江等 37 条次级河流，发挥生态廊道作用。 ●“多点”：樵坪山、云篆山等独立山体，长寿湖、龙水湖等大中型水库以及各类自然保护地，发挥生态斑块作用。
四川省	筑牢长江—黄河上游生态屏障	● 锚固“两廊四区、八带多点”的生态安全格局。 ● 加强重点生态系统保护修复：以提升生态质量和碳汇功能为重点，加强森林生态系统保护；以促进草畜平衡为重点，加强草原生态系统保护；以恢复自然连通性为重点，加强水生态系统保护。 ● 建立以国家公园为主体的自然保护地体系：建立大熊猫国家公园、若尔盖国家公园，加强自然保护区生物多样性保护，完善各类自然公园生态保育功能。 ● 实施山水林田湖草保护修复：加强水源涵养综合治理，推进石漠化、沙化综合治理，重点开展珍稀生物栖息地恢复治理，加大水土流失综合治理力度，加强重要河湖湿地保护与生态修复，加强天然林保护修复。

续表

省份	生态空间规划目标	具体内容
贵州省	山清水秀生态空间	● 构建“四屏八水”生态安全格局。 ● 生态保护红线格局稳定：涵盖武陵山—月亮山区、乌蒙山—苗岭、大娄山—赤水河中上游生态带、南盘江—红水河流域生态带和多处生态节点。 ● 自然保护地特色彰显：积极申报梵净山、大苗岭等国家公园，建立以国家公园为主体，自然保护区、自然公园为支撑，统一设置、分级管理、分区管控的自然保护地体系。 ● 重要生态区域功能提升：管控保护好生态红线外的其他生态重要地区。 ● 生物多样性保护格局完善：连通自然保护地、重要自然生态节点、濒危动植物栖息地，形成覆盖全省的180余条陆域和水域生态廊道，加强跨省廊道共保，协同完善区域生物多样性网络格局。 ● 生态修复整治持续推进。 ● 植被碳汇能力显著提升：开展分区陆域植被系统固碳绩效评价，有针对性地加强植树造林、树种搭配、合理间伐，分区巩固提升陆域植被系统固碳能力。
云南省	守护大山大水生态空间	● 构建“三屏两带多点”生态安全格局。 ● 守护自然生态安全底线：严守生态保护红线，构建自然保护地体系。 ● 保护全球生态多样性热点地区：守护世界物种基因库，构建生物多样性保护网络。 ● 提升重点生态系统功能：提升碳汇能力，提升水源涵养功能。 ● 全面实施生态保护与修复。
西藏自治区	筑牢生态安全屏障，支撑生态文明高地建设	● 保护生态安全格局：保护“三山多廊七分区”的生态安全格局，筑牢青藏高原生态安全屏障。 ● 优化生态保护红线与自然保护地：划定生态保护红线占自治区面积的50%以上；完善自然保护地体系。 ● 提供人与自然和谐共生的生物多样性环境：构建生态廊道和生物多样性保护网络；加强生物生境保护。 ● 实施自然恢复主导的生态修复：山水林田湖草沙冰系统修复；促进河谷峡谷地区人与自然和谐共生。
陕西省	筑牢山清水秀的生态屏障	● 构建“一山两河、四区六带”的生态安全格局。 ● 严守生态保护红线。 ● 保护秦巴山地、黄土高原、长城沿线生态环境。 ● 保护流域水生态环境：改善重点流域水生态功能，保护湿地生态功能，保护饮用水水源地。

续表

省份	生态空间规划目标	具体内容
甘肃省	筑牢生态保护底线	● 巩固生态保护格局：构建"四屏一廊、两主三辅"的全域生态保护格局。 ● 划定生态保护红线。 ● 建立自然保护地体系。 ● 开展山林田湖草生态修复。
青海省	守护"中华水塔"筑牢国家生态安全屏障	● 巩固优化生态保护格局：构建"两屏、三区、多廊"生态安全格局。 ● 构建生态保护红线和自然保护地体系。 ● 稳固江河源区水资源涵养功能。 ● 构建生物多样性保护网络。 ● 持续推进生态修复和综合治理。
宁夏回族自治区	构筑更加安全多样的生态空间	● 构建"一河三山"生态空间格局。 ● 划定并严守生态保护红线。 ● 建立以国家公园为主体的自然保护地体系。 ● 完善分级分类的生物多样性保护网络。 ● 生态空间系统修复。 ● 提高生态系统碳汇能力。
新疆维吾尔自治区	塑造绿色永续的生态空间	● 加强生态空间保护和管控：筑牢山体安全屏障，维护稳定的绿洲空间，合理管控河湖湿地。 ● 优化自然保护地体系：整合优化自然保护地，强化自然保护地管控。 ● 统筹自然资源保护利用：保障水资源永续利用，加强林草资源保护与利用。 ● 实施生态保护修复：系统谋划山水林田湖草沙系统修复，开展矿山生态修复，开展流域水生态修复治理，开展荒漠化防治，加强荒漠生态保护，开展天然林和草原保护和修复工程。
内蒙古自治区	筑牢安全韧性生态空间	● 构筑"三山两带一弯多廊多点"生态空间格局：以"绿水青山就是金山银山"理念为引领，立足森林、草原、湿地、河流、湖泊、沙漠等自然本底，按照"守护好内蒙古这片碧绿、这方蔚蓝、这份纯净"要求，统筹山水林田湖草沙系统保护治理，构筑山清水秀、林茂草丰的安全韧性生态空间。 ● 保护自然生态空间：严格生态空间用途管控，严守生态保护红线，强化其他生态空间管控，加强农牧空间和城镇空间生态建设，健全生态补偿机制。

续表

省份	生态空间规划目标	具体内容
广西壮族自治区	保护系统完整的生态空间	●构建"一屏六区一廊十一片海"的国土生态安全格局。 ●划定生态保护红线，构建自然保护地体系，划定关键生态区。 ●持续推进生态修复和国土综合整治：以山水林田湖草沙系统治理为核心，推进全地域、全流域、全要素的综合整治与生态修复。

参考文献

［1］高岩．山东省2000年耕地承载力研究［J］．地域研究与开发，1997，4：67－70.

［2］周伟，沈镭，钟帅．面向可持续发展目标的西部水土资源评估［J］．地理研究，2022，41：917－930.

［3］文兴吾．中国西部农牧区现代化发展道路思考［J］．学术论坛，2021，44（2）：70－83.

［4］杨永春，张薇，曹宛鹏，等．国家安全视角下的我国西部国土空间规划：体系完善与基本导向［J］．自然资源学报，2021，36（9）：2264－2280.

［5］杨开忠．全面建设现代化国家的西部大开发战略［J］．China Economist，2021，16（03）：62－83.

［6］叶静．我国西部地区生态足迹时空演变及驱动因素研究［D］．呼和浩特：内蒙古财经大学，2022.

［7］郝庆，梁鹤年，杨开忠，等．生态文明时代国土空间规划理论与技术方法创新［J］．自然资源学报，2022，37（11）：2763－2773.

［8］田莉，夏菁，于江浩．国土空间规划体系中的土地发展权：理论溯源、国际经验与本土思考［J］．经济纵横，2022（10）：35－42.

［9］冯晓娟，雷国平，马泉来，等．1990—2020年河南省黄淮海平原国土空间"三生"功能时空演变［J］．水土保持通报，2022，42（04）：357－364.

［10］黄成，吴传清．主体功能区制度与西部地区生态文明建设研究［J］．中国软科学，2019（11）：166－175.

第三章　西部地区城镇化与产业发展

摘　要

中国东中西部地区的发展由于自然、社会和历史等原因存在较大差距，而长期的地区发展失衡影响了全国的经济增长与社会稳定。截至2021年底，西部地区土地面积678.16万平方千米，占全国总面积的70.6%，人口为3.8亿人，占全国总人口的27.1%。所以，西部地区的产业结构发展水平不仅会影响西部地区各省份发展，而且还会对东部地区乃至全国的产业结构调整产生影响。党的十八大以来，西部地区在国家区域重大战略和西部大开发政策体系支持下，积极承接东部地区的产业转移，加快发展战略性新兴产业、高技术产业及特色优势产业，不断推动深化改革，形成了调整结构与转变方式并举、转型升级与动能转换并举、增量扩面与提质增效并举的显著成效。党的十九大报告中明确指出："中国特色社会主义进入新时代，我国社会主要矛盾已经转化为人民日益增长的美好生活需要和不平衡不充分的发展之间的矛盾。"针对我国存在发展不平衡的突出问题，党和政府强调了"实施区域协调发展战略""建立更加有效的区域协调发展新机制"，而区域产业结构作为区域经济结构中的核心内容，体现了区域经济的比较优势和竞争力水平，决定了区域经济增长模式，直接影响区域经济产出、收入分配、需求结构、社会环境等方面。加快推进各区域产业结构升级、促进区域产业协调发展是实现区域经济高质量协调发展的重要抓手。

Abstract

The development of China's eastern, central and western regions is characterised by large disparities for natural, social and historical reasons, while the long-term regional development imbalance affects the country's economic growth and social stability. By the end of 2021, the western region had a land area of 6,781,600 square kilometres, accounting for 70.6% of the country's total area, and a population of 380 million, accounting for 27.1% of the country's total population. Therefore, the level of development of the industrial structure in the western region will not only affect the development of the provinces in the western region, but will also have an impact on the industrial restructuring of the eastern region and even the whole country. Since 2012, the western region has been actively undertaking the industrial transfer from the eastern region, accelerating the development of strategic emerging industries, high-tech industries and industries with special advantages, with the support of major national regional strategies and the policy system for the development of the west. It has continuously promoted reforms, resulting in remarkable results in adjusting the structure and transforming the way, transforming and upgrading and transforming the dynamic energy, increasing the quantity and expanding the surface and improving the quality and efficiency. The report of the 19th National Congress of the Communist Party of China clearly points out that the main contradiction in Chinese society has been transformed into the contradiction between the people's growing need for a better life and the unbalanced and insufficient development. In response to the problem of unbalanced development, the Party and the government have emphasized "implementing a coordinated regional development strategy" and "establishing a new mechanism for more effective coordinated regional development", while the regional industrial structure, as the core element of the regional economic structure, reflects the comparative advantage and competitiveness level of the regional economy and determines the regional industrial structure. The regional industrial structure, as the core component of the regional economic structure, reflects the comparative advantage and competitiveness level of the regional economy, determines the regional economic growth pattern, and directly affects regional economic output, income distribution, demand structure, social environment and other aspects. Accelerating the upgrading of the industrial structure of each region and promoting the coordinated development of regional industries is an important way to achieve high-quality and coordinated development of the regional economy.

一、西部地区产业发展现状与成效

自我国开始实施西部大开发战略以来，西部地区的经济和社会得到了显著的提升。不过，由于经济基础相对较弱，西部地区的社会和经济发展与我国中、东部地区相比仍存在着较大的差距。因此，调整产业结构是增加经济总量、提高经济质量的必要途径，是各产业经济部门协调发展的要求。在经济发展过程中，经济资源在各个产业的合理配置，是扩大经济规模和提高经济效益的前提。

（一）产业结构发展现状

1. 我国产业结构发展现状

自1978年改革开放以来，我国产业结构呈现出深刻变化。整体来看，我国的产业结构发展过程，在理论上，符合著名经济学家、诺贝尔经济学奖得主库兹涅茨提出的产业结构发展规律；在实践上，也符合全球产业结构演进的特征事实。如图3-1所示，1978—2020年，第一产业的比重持续降低，第二产业的比重波动下降，第三产业的比重则持续上升，分别由1978年的27.7%、47.7%和24.6%下降（上升）至2020年的7.6%、37.8%和54.5%。我国产业结构的发展过程呈现出显著的阶段性特征。如图3-1所示，从产业增加值来看，第一阶段为1978—1984年，呈现出工业为主、农业次之、服务业最低的“二一三”型结构；第二阶段为1985—2012年，呈现出工业为主、服务业次之、农业最低的“二三一”型结构；第三阶段为2013年至今，形成以服务业为主、工业次之、农业最低的“三二一”型结构。实际上，不仅在产值结构方面，而且在三次产业的就业结构、增长率结构、贡献率结构、对GDP的拉动作用等方面，都在2013年前后同步转变为“三二一”型结构。

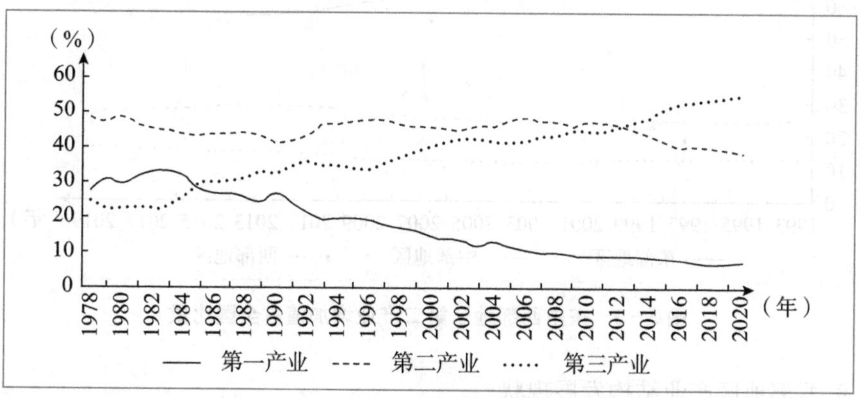

图3-1　三次产业增加值占GDP比重

通过将我国划分为东、中、西部三大经济地带和南、北方地区，我们可以发现，在产业结构发展过程中，三次产业均一致地呈现出从东部向中西部转移、从北方向南方转移的趋势。如图 3-2、图 3-3、图 3-4 所示，我国三次产业的东中西部区域结构呈现出三个典型特征。第一，各地区三次产业占全国 GDP 的比重均一致呈现出东部地区最高、中部地区次之、西部地区最低，客观上存在由东向西梯度递减的空间特征。第二，三次产业均在不同程度地从东部地区向中西部地区转移，区域间产业结构布局持续优化。第三，产业结构的空间布局仍然存在较为明显的区域不均衡特征，中西部地区与东部地区之间仍然存在较大的差距，尤其是 2012 年以来，第二产业和第三产业从东向西转移的速度开始减慢。

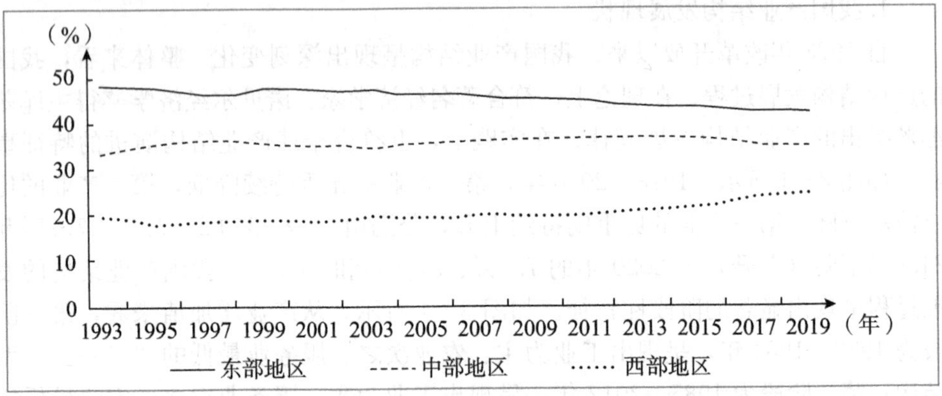

图 3-2 东中西部地区第一产业增加值占全国比重

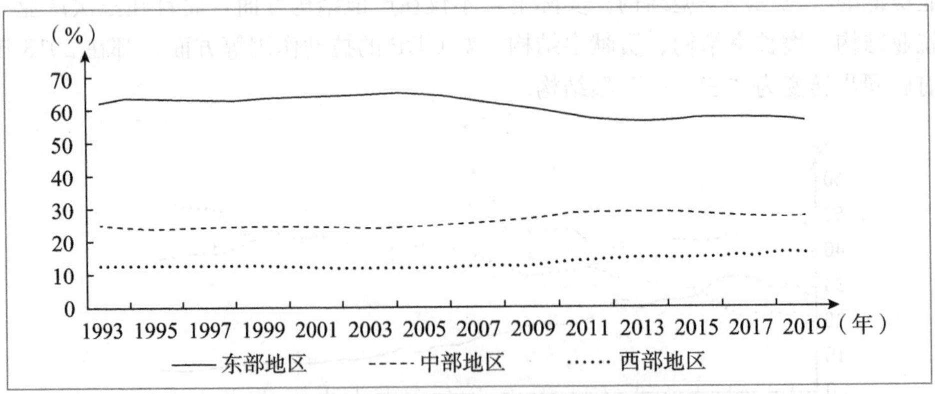

图 3-3 东中西部地区第二产业增加值占全国比重

2. 西部地区产业结构发展现状

自西部大开发战略实施以来，西部地区充分发挥自身优势，加大产业结构调

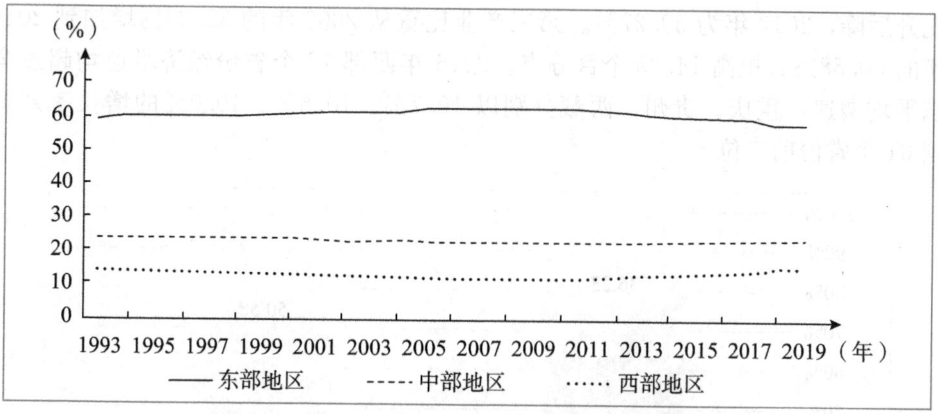

图 3-4 东中西部地区第三产业增加值占全国比重

整力度，全力促进经济增长方式向质量和效益型转变。由图 3-5 可知，2000 年到 2020 年，西部地区 GDP 从 1.7 万亿元增加到 21.3 万亿元，年均增长 12.8%，占全国的比重从 17.1%提高到 20.0%。与此同时，城镇化水平也不断提高。随着基础设施的日益完善和产业结构的不断升级，西部城市对农村人口的吸引力不断增强，农民市民化步伐进一步加快，西部地区城镇化率从 2000 年的 28.96%提升至 2019 年的 54.08%，年均提升 2.79 个百分点，高于全国的增长幅度。

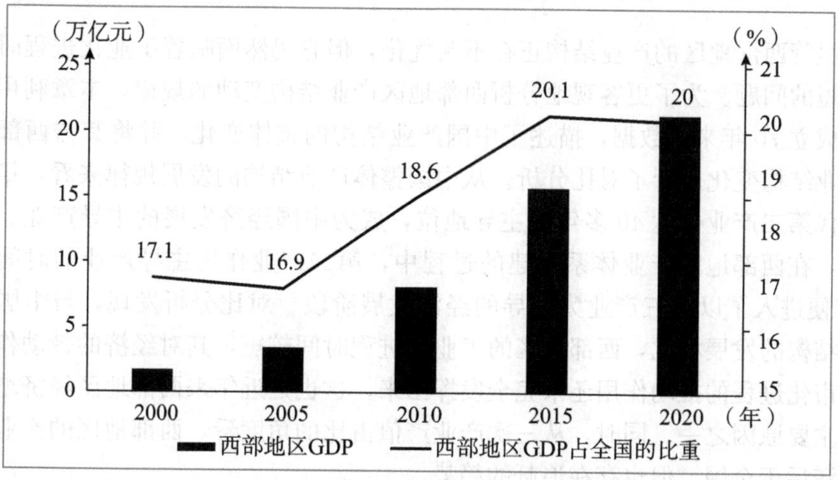

图 3-5 西部地区 GDP 及其占全国比重

产业结构不断趋向合理，第一产业比重不断降低，如图 3-6 所示，由 2000 年的 22.26%下降到 2019 年的 10.15%，减少了 12.11 个百分点。第二产业比重先升后降，2019 年为 39.27%。第三产业比重从 2000 年的 36.23%增加到 2019 年的 50.58%，提高 14.35 个百分点。2016 年西部 12 个省份经济增速均超过全国平均增速，重庆、贵州、西藏分别以 10.7%、10.5%、10.0%的增长率列全国 31 个省份前三位。

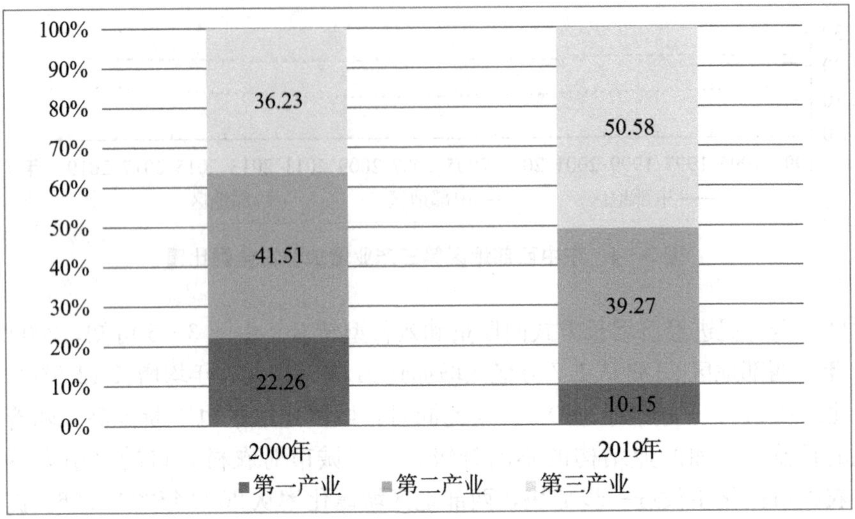

图 3-6　西部地区三次产业结构变化

尽管西部地区的产业结构正在不断优化，但它仍然面临着工业化进程时间相对较短的问题。为了更客观地分析西部地区产业结构变动的规律，本章利用了新中国成立 70 年来的数据，描述了中国产业结构的整体变化，并将其与西部地区的产业结构变化进行了对比分析。从中国整体产业结构的发展规律来看，第三产业取代第二产业长达 40 多年的主导地位，成为中国经济发展的主导产业。与此不同，在西部地区产业体系构建的过程中，第二产业作为主导产业的时间不足 20 年便进入了以第三产业为主导的经济发展阶段。对比分析发现，与中国整体产业结构的发展相比，西部地区的工业化进程时间较短，其对经济的带动作用及对城市化进程的推动作用还未完全发挥出来，这也是近年来西部地区经济增速放缓的主要原因之一。同时，从三次产业产值占比的角度看，西部地区的产业结构整体滞后于全国，但也存在追赶的趋势。

3. 产业结构比较分析

(1) 东中西部地区区域间比较。

自 20 世纪 90 年代以来，中国三大区域产业结构呈现加速变动的趋势，这种变动推动了中国区域经济乃至国民经济的迅速增长。但是，由于地区产业结构演进的条件不同，特别是工业化进程和水平的差距，造成了东部、中部和西部地区在产业结构和经济增长绩效方面的明显差异。

2020 年四大经济区域第三产业占 GDP 比重均超 50%，如图 3-7 所示，东部地区占比最高达 56.5%，中部地区最低仅 50.0%。东北地区、西部地区第一产业占 GDP 比重超 10%，分别为 13.2%、11.0%。东部地区第一产业占 GDP 比重最低，仅 4.6%。中部地区第二产业占 GDP 比重最高达 41.8%，东北地区最低仅 34.4%。

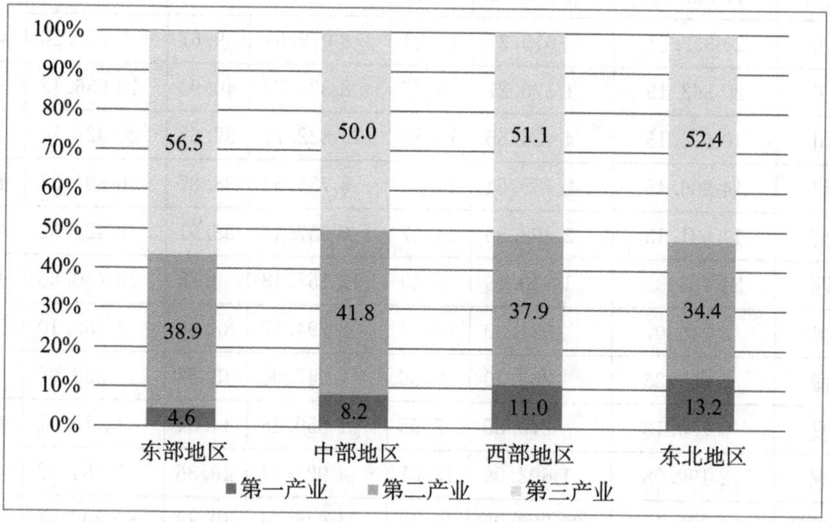

图 3-7 中国四大经济区域三次产业结构

(2) 西部地区内部比较。

2016—2019 年统计数据显示，西部地区三大产业增加值构成由 2016 年的 11.8：43：45.2 调整为 2019 年的 11：37.9：51.1，第一、二产业增加值比重分别下降 0.8 和 5.1 个百分点，第三产业增加值比重稳步提升 5.9 个百分点。与同期全国平均水平相比，第二产业增加值比重 2016 年比全国平均水平 39.8%高 3.2 个百分点，2019 年比全国平均水平 39%低 1.1 个百分点；第三产业增加值比重 2016 年比全国平均水平 51.6%低 6.4 个百分点，2019 年比全国平均水平 53.9%低 2.8 个百分点。

如表 3-1 所示，按各省份分析，陕西在第二产业增加值占比方面以 49.75% 的成绩位居西部地区前列，高于全国平均水平。而在第三产业增加值方面，甘肃以 54.94%的占比领先，其次是重庆和四川，分别为 52.33%和 51.45%。这些数据表明，在“十三五”期间，西部地区在第三产业增加值占比方面实现了显著提升，特别是甘肃和重庆的服务业增长突出，这反映了西部地区产业结构的优化和经济发展重心向第三产业的转移。

表 3-1　2018 年西部地区省份三次产业增加值及占比变化

地区	地区 GDP（亿元）	第一产业		第二产业		第三产业	
		增加值（亿元）	占比（%）	增加值（亿元）	占比（%）	增加值（亿元）	占比（%）
内蒙古	17 289.22	1 753.82	10.14	6 807.30	39.37	8 728.10	50.48
广西	20 352.51	3 019.37	14.84	8 072.94	39.67	9 260.20	45.50
重庆	20 363.19	1 378.27	6.77	8 328.79	40.90	10 656.13	52.33
四川	40 678.13	4 426.66	10.88	15 322.72	37.67	20 928.70	51.45
贵州	14 806.45	2 159.54	14.59	5 755.54	38.87	6 891.37	46.54
云南	17 881.12	2 498.86	13.97	6 957.44	38.91	8 424.82	47.12
陕西	24 438.32	1 830.19	7.49	12 157.48	49.75	10 450.65	42.76
甘肃	8 246.07	921.30	11.17	2 794.67	33.89	4 530.10	54.94
青海	2 865.23	268.10	9.36	1 247.06	43.52	1 350.07	47.12
宁夏	3 705.18	279.85	7.55	1 650.26	44.54	1 775.07	47.91
新疆	12 199.08	1 692.09	13.87	4 922.97	40.36	5 584.02	45.77
西部地区	184 302.13	20 228.05	10.79	74 645.54	40.83	89 298.24	48.45
东部地区	506 311.19	24 037.69	4.75	206 474.58	40.78	275 798.92	54.47
中部地区	224 094.14	20 338.17	9.08	95 200.60	42.48	108 555.37	48.44

资料来源：《中国统计年鉴 2019》。

（二）西部地区产业集群与现代化产业体系发展成效

近年来，西部地区在产业集群和现代化产业体系的发展上取得显著成效，如表 3-2 所示为西部地区主要省份产业集群现状及布局。许多地区利用其丰富的自然资源和区域优势，成功构建了一系列特色鲜明的产业集群。例如：丰富的能源、矿产资源使得西部地区成为重要的能源基地，同时包括风能、太阳能等在内的新能源产业如也在此迅速发展。此外，西部地区积极发展现代农业，形成了以特色农产品为主的农业产业链，有效促进了农村经济的增长。在高新技术产业方面，西部多个城市逐渐形成了以电子信息、生物技术为主的高科技产业集群，这些产业集群不仅推动了地区经济的转型升级，也为区域发展注入了新的活力。同时，随着“一带一路”倡议的实施，西部地区在国际贸易和区域合作中扮演着越来越重要的角色，为其经济的进一步开放和发展提供了新的契机。

表 3－2　西部地区主要省份产业集群现状及布局

省份	产业集群现状与布局
重庆市	重庆是我国老工业基地之一，产业集群主要分布在汽车摩托车行业、装备制造业、天然气（石油）化工及医药行业、新材料行业、轻工行业、高新技术行业，其中汽车是重庆市的支柱产业之一。近年来，重庆市大力推进石油化工、天然气化工、煤化工、芯片、软件、信息、家电、装备制造等新兴工业集群。重庆市一方面努力做强自身的传统优势产业，如汽车、摩托车，另一方面在西部大开发的政策指引下，积极利用自身直辖市的地位，吸引国内外产业转移，如吸引浙江著名企业红蜻蜓在该市璧山区投资发展形成了“西部鞋都”。
四川省	四川省产业集群主要通过三种途径或方式承接国际、国内产业转移，一是以 OEM（Original Equipment Manufacturer，定点代工生产）订单方式，如成都武侯鞋业集群中，近年大力承接国际知名品牌派诺蒙、皮尔卡丹的 OEM 制鞋订单形成产业集群。二是通过引入外来投资实现产能转移。一些东部及港资企业通过直接投资、并购方式进入四川产业集群。三是东部产业集群以“整嵌入”方式实现转移。近年广东、浙江纺织服装产业集群向四川转移趋势明显，一些服装企业及配套企业纷纷到四川投资建厂，在成都周边的新都、彭州等县区形成了一些新兴服装集群。
陕西省	陕西省区域科研力较强，装备制造业等传统产业发展较好。该省产业分布主要集中在高新技术产业、能源化工业、装备制造业、有色金属冶炼加工业、医药化工业、农副产品加工业等行业。陕北地区形成了能源化工产业集群及相关配套的装备制造产业集群，关中“一线两带”地区以高新技术产业、装备制造业、农副产品加工业为龙头的工业经济进一步扩 大，陕南的装备制造、绿色食品、生物医药、有色金属冶炼等产业集群也呈现良好发展势头。

案例

新疆维吾尔自治区棉花产业集群

新疆维吾尔自治区是我国面积最大的省级行政区，地处北温带干旱半干旱气候带。新疆现有耕地 402.53 万公顷，人均耕地面积 0.208 公顷，为全国的 2.1 倍。新疆具有得天独厚的水土光热资源。日照时间长，积温多，昼夜温差大，无霜降期，年太阳辐射量仅次于西藏，对农作物生长十分有利。

新疆发展植棉业的历史略晚于内地，但也有着悠久的历史。在公元 3 世纪以前，新疆已从印度引入棉花在吐鲁番、喀什地区种植。现在，新疆棉区可分为南疆、北疆和东疆三大棉区，其中以南疆的农业生产条件最好，也是植棉面积最大的区域。北疆次之，东疆最差。现在，新疆地区已成为我国最大的棉花种植区，棉花产量居全国之首。棉花是我国种植业生产中产业链最长的大田经济作物，也是仅次于粮食的第二位大宗农产品，且棉花是大田经济作物中商品率最高的，达

95%以上。棉花种植业的发展不仅关乎棉农的经济利益，也影响着纺织业、服装业、种植棉花的生产资料产业、棉花加工业、棉机生产业等相关行业的发展，进而影响国计民生和国民经济的发展。

新中国成立以来，尤其是改革开放以来，伴随着我国纺织业的快速发展及农业经济结构的不断调整，新疆棉区在自治区优势资源转换战略的实施过程中得到了中央对新疆棉花基地建设的大力投资和政策支持，新疆棉花的种植、加工、纺织、内销、出口等均得以迅速增长。2011 年的棉花种植面积、单产量及总产量分别比新中国成立初期增长了 48.9 倍、11 倍和 590 倍，比 1979 年分别增长了 9.3 倍、3.8 倍和 55.9 倍；棉花加工能力与棉纺织业也获得了快速发展。从 1993 年起，新疆棉花的总产量、单产量、国内销售量、出口量已连续 15 年位居全国第一。目前，新疆棉区已成为我国具有世界影响力的棉花主产区。如图 3－8 所示，2011 年新疆棉花产量已超过 300 万吨，国内销售量约占全国销售量的 75%，为国内棉花市场、纺织业及纺织品出口创汇均起到重要的原料保障与供求平衡作用，同时对国内外市场棉价也具有一定的影响力。

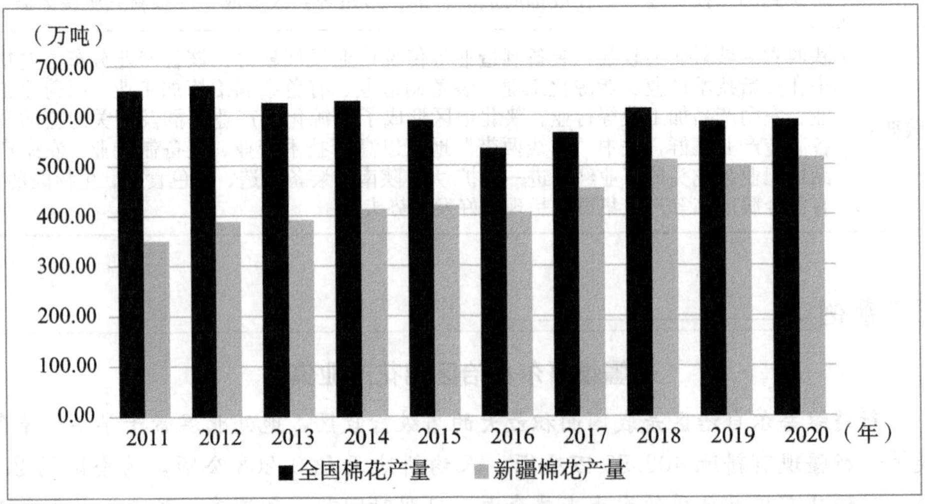

图 3－8　2011—2020 年棉花产量

新疆是我国最古老的棉区之一，经过长时间发展，新疆已经成为我国最重要的棉花生产区，棉花播种面积连续 26 年全国排名第一，2021 年新疆棉花播种面积达 2 506.07 千公顷，较 2020 年增加了 417 千公顷。近年来新疆棉花播种面积占据全国棉花播种总面积五成以上，且该比例逐年攀升，2021 年新疆棉花播种面积占全国棉花播种总面积的 82.8%，较 2014 年的 52.0%增加了 30.8 个百分点。新疆棉花主要分布在新疆生产建设兵团、阿克苏地区、喀什地区、塔城地区、巴音郭楞蒙古自治州等地区，2020 年新疆生产建设兵团棉花播种面积完成 865.3 千公顷，占新疆棉花播种总面积的 34.6%，占比最大；阿克苏地区棉花播种面积完成 503.59 千公顷，占新疆棉花播种总面积的 20.1%；喀什地区棉花播种面积完成 367.99 千公顷，占新疆棉花播种总面积的 14.7%；塔城地区棉花播种面积完成 243.97 千公顷，占新疆棉花播种总面积的 9.8%。

新疆棉花产业经过多年发展，其棉花种植生产、收购加工、公证检验、仓储物流、纺织服装等已经形成完整的产业链，在我国棉花产业中的地位至关重要，2020 年新疆棉花产量达 516.1 万吨，较 2019 年增加了 15.90 万吨，同比增长 3.18%，2021 年较上年小幅下滑，2021 年新疆棉花产量完成 512.85 万吨，较 2020 年减少了 3.25 万吨，同比减少 0.63%。分地区来看，2020 年新疆生产建设兵团棉花产量完成 213.4 万吨，占新疆棉花总产量的 41%，占比最大；阿克苏地区棉花产量完成 93.4 万吨，占新疆棉花总产量的 18%；喀什地区棉花产量完成 63.3 万吨，占新疆棉花总产量的 12%；塔城地区棉花产量完成 44.2 万吨，占新疆棉花总产量的 9%；巴音郭楞蒙古自治州棉花产量完成 42.0 万吨，占新疆棉花总产量的 8%。

二、西部地区产业发展的问题与挑战

党的二十大报告指出，“未来五年是全面建设社会主义现代化国家开局起步的关键时期”。在这一阶段，高质量发展是全面建设社会主义现代化国家的首要任务，是我国向全面现代化迈进的核心主题。高质量的发展离不开重点区、深水区的改革广度与深度，既要坚持社会主义市场经济的改革方向，加强改革顶层设计；也要坚持一切从实际出发，敢于突进深水区，啃硬骨头，冲破思想观念束缚，破除各方面体制机制弊端。建立并完善基础性制度框架对于西部高质量发展具有重大现实意义。

（一）西部地区产业结构升级面临的主要问题

1. 产业基础薄弱，难以承接产业转移

首先，西部地区经济转型起步晚、速度慢，产业基础薄弱，精细化社会分工还不成熟。因此，西部地区还不具备与东、中部地区开展高端产业合作，以及边境省份与周边国家优势产业资源互补的硬件条件。其次，西部地区经济社会发展相对落后，人、财、物等生产要素流动缓慢，市场配置经济资源的高效率无法体现，对东中部地区和海外的优质资金、人才、企业难以形成吸引力，缺乏产业对接的实际驱动因素。最后，西部地区的产业结构升级普遍依靠自然资源、地理位置等因素转化为社会生产力的独特路径，与东南沿海地区依托信息技术和现代服务业的发展模式有较大差异，两者之间的产业链和供应链连接存在诸多摩擦。

2. 产业分布不合理，产业趋同现象严重

西部省份产业发展基础不均衡，培育优质产业的能力和效率参差不齐，且相对发达地区对欠发达地区没有形成有效的辐射拉动作用。产业集聚区与周边城市的互动性不强，未能实现人流、物流、资金流、信息流的畅通。西部各省份产业间的互补性和产业间的协调性不足，导致产业的特色优势难以发挥，因此产业趋同现象比较严重。西部各地区不仅产业结构趋同，而且大多数的支柱性产业难以集中，因而很难达到规模经济的水平，使产业结构转变和升级的难度系数进一步加大。

3. 基础设施和营商环境有待改善

基础设施是一个地区经济发展的重要支撑和起点。自我国的西部大开发战略实施以来，西部各省份的交通条件虽然有了很大的改观，但受自然条件的限制，形成网络化的基础设施体系尚需时日。2020 年发布的《中共中央 国务院关于新时代推进西部大开发形成新格局的指导意见》，要求因地制宜优化城镇化布局与形态，提升并发挥国家和区域中心城市功能作用，推动城市群高质量发展和大中小城市网络化建设，培育发展一批特色小城镇。加大对西部地区资源枯竭等特殊类型地区振兴发展的支持力度。有序推进农业转移人口市民化。统筹城乡市政公用设施建设，促进城镇公共基础设施向周边农村地区延伸。

（二）西部地区产业高质量发展面临的新挑战

1. 高质量发展的内生动力不足

一是投资政策依赖性较强，制造业和民营经济投资增速相对不足。其较高的投资增速主要来自以“铁公基”为代表的基建投资，以市场力量为主体的制造业投资、民营投资增长动力支撑不足，近年来受多种因素影响，固定资产投资增速较以前明显放缓。

二是经济发展效率相对较低。西部绝大多数省份的全社会劳动生产率低于全国同期值，且西部的工业企业利润率相对偏低，半数的西部省份的规模以上工业企业成本费用利润率和单位产值利润率低于同期全国性均值。

三是新兴产业发展相对不足。新兴产业是未来支撑区域发展的主导产业和自主产业，在全球经济进入深度调整的背景下，数字经济、共享经济、产业科技正在加速重塑传统产业形态，推动产业区域结构、产业链、价值链重新组合。近年来，尽管西部新兴产业发展取得较大突破，但受制于多重因素，西部地区的新兴产业规模相对较小、数字经济发展相对不足，难以承担起保持经济高质量发展的重担。

2. 创新驱动的支撑力不强

一是从科研经费投入看，西部各省份的科研经费投入总额和投入强度均相对较低，全国研究与试验发展（R&D）经费投入超过 1 000 亿元的 6 个省份（广东、江苏、北京、浙江、上海、山东）均在东部地区，西部地区的四川进入全国排名前 10 位，陕西、重庆和云南等进入前 20 位，有 7 个西部省份在全国排在后 10 位。科研经费投入强度高于全国平均值的 7 个省份中，只有陕西属于西部。

二是从企业科研经费投入看，西部地区各省份企业的科研经费投入强度总体上偏低，相互之间差距大。全国排名后 10 位中有 6 个省份在西部，多数西部省份不到江苏、浙江和广东等全国排名前 3 位的一半。企业科研经费投入不足与西部企业的创始人、高层管理人员的开拓创新意识，以及企业经济实力、企业类型与创新型人力资源缺乏、创新制度环境建设相对滞后等紧密相关。

三是从创新要素和劳动力结构来看，受区位条件、科技研发平台、经济基础、基础设施、公共服务、营商环境等方面的差距，与东部和中部地区相比，西部的科技创新资源要素相对不足。同时，由于经济发展程度或者产业结构的提升程度相对滞后于劳动力素质结构的提升速度，或者说是经济制度并未能为劳动力提供足够的激励，高层次人才和高素质劳动力总体数量和占全部劳动力比例均相对较低。

3. 产业链与产业升级难度较大

近年来，尽管西部地区各省份主动承接国内外的产业转移，实现了产业链和产业结构的优化升级，但是高附加值产品竞争力不强的问题依然存在。除四川、陕西、重庆等省份外，西部大部分地区产业配套并不完善，资源基础、产业基础、区位条件各不相同，培育优质产业的能力和成效参差不齐，难以形成规模化承接中高端产业合作的条件。同时，以资源型产业或劳动密集型产业为主的产业结构，在国内国际正面因素与负面因素相互交织的影响下，进一步弱化了产业政策对培育产业新动能的有效性。这种转型的坎坷、调整的阵痛可能会持续性地叠加存在。

三、西部地区产业结构升级与新型城镇化发展的路径与方法

（一）西部地区构建现代化产业体系的原则

基于西部大开发的现状，建设现代化产业体系，既要依据中央的顶层设计，又要着眼于西部地区自身的禀赋特点，充分发挥比较优势，构建具有西部特色的现代化产业体系。按照产业体系现代化的基本思路和西部地区的禀赋特点，结合西部大开发的战略设计，科学规划西部地区现代化产业体系建设，形成新的格局，从而推动西部地区产业体系的现代化转型，实现经济高质量发

展。西部地区现代化产业体系建设的基本原则是贯彻党的精神。结合西部特点，同时根据西部地区经济发展的现状，我们提出西部地区现代化产业体系建设应遵循以下具体原则。

1. 着力发展实体经济

根据西部地区的发展现状，其现代化产业体系的建设应以发展实体经济为基础，最终实现以实体产业为主体的多元化产业体系。从现代化产业体系的顶层设计来看，实体经济作为创造社会财富的活动是现代化产业体系的核心，是中国经济高质量发展的基础。从西部地区产业发展的角度来看，鉴于西部地区工业化进程较短，更应该注重对以制造业为主体的实体经济的培育。以实体经济为主体的现代化产业体系，不仅是推动西部地区城市化和经济增长的必然需要，也是中国建立全面独立的产业体系的关键路径。

2. 以现代能源产业体系作为现代化产业体系的重要支撑

新中国成立 70 多年来，能源产业的发展对西部经济发展起到了重要的推动作用，但这也导致西部地区动能转换的动力不足。新旧动能转换是传统产业体系向现代化产业体系转变的核心，因此，在西部地区构建现代化产业体系的过程中，有必要将现代能源产业体系作为重要支撑。从资源利用效率的角度看，可以发现传统的能源化工产业受到资源禀赋的制约，也存在着资源利用效率低的问题；从可持续发展的角度看，可以发现传统的能源开发利用也对环境产生了较大的压力。因此，能源化工产业的转型升级应成为西部地区现代化产业体系的重要支撑，通过对太阳能等清洁能源的利用和传统能源利用过程的技术升级，促进西部地区的可持续发展和高端发展。

3. 构建具有文化内涵的现代化产业体系

就其自身的发展特点而言，西部地区有着深厚的文化底蕴和历史内涵。在建设西部地区现代化产业体系的过程中，也要发挥西部地区的文化优势，建设具有西部特色的现代化产业体系。一方面，西部地区的企业可以通过赋予产品文化内涵来提升产品的附加值，进一步强化品牌意识，通过塑造国际优质品牌来提升企业在国际产业价值链中的地位，最终形成具有国际竞争力的现代化产业体系。另一方面，随着“一带一路”倡议的实施，西部地区国际交流路径日益多样化，拓宽了西部地区对外交流的平台。西部地区也应抓住这一发展机遇，充分发挥区位优势，通过高水平的对外开放，促进西部文化旅游的发展，实现人才、技术、资金等方面的有效国际交流。这将促进现代化产业体系的建设和西部地区经济的高质量发展。

（二）西部地区的产业结构升级的具体路径

本章在对西部地区现代化产业体系建设进行统计分析的基础上，立足于西部地区的历史发展路径，围绕西部地区现代化产业体系面临的发展问题，进一步构建了西部地区现代化产业体系的发展路径，并为完善西部地区现代化产业体系提出了相应的政策建议。基于现代化产业体系的基本框架，梳理了西部地区现代化产业体系的基本建设思路，可以归纳为四个方面，即以创新为动力源泉、以区域协同为关键路径、以再工业化为基本逻辑、以产业结构高级化为战略方向。

1. 以创新引领产业发展，推动产业优化升级

围绕现代化产业体系与传统产业体系的区别，关键在于发展动能的转换，现代化产业体系需要创新作为支撑产业优化升级的主导力量。创新具有丰富的内涵，包括科技创新、产业创新、企业创新、市场创新、产品创新、行业创新和管理创新。创新不足也是导致部分省份现代化工业体系评价指标偏低的关键因素，而创新指标是现代化工业体系评价的核心指标。因此，面对创新发展道路的要求，一方面，西部地区应抓住战略机遇，利用“一带一路”的倡议，建立一个新的国际合作平台，通过市场创新和合作模式创新实现高水平的对外开放，促进技术的自由流动；通过深化国内交流和国际交流，促进技术、资本等要素的自由流动，从而提升西部地区的创新活力，最终实现经济的高质量发展。另一方面，创新的主体是人才，但西部地区在创新发展过程中普遍存在着人才流失的问题。为推动西部地区现代化产业体系的建设和完善，各省份应通过人才培养和引进机制的创新，逐步满足创新发展的人才需求，实现西部地区的高质量发展。

2. 发挥比较优势，促进各个地区协同发展

从西部地区各省份现代化工业体系建设的指数变化趋势来看，2014 年至 2018 年期间，各省份现代化工业体系建设的指数不断提高，有持续上升的发展趋势。但从西部地区整体来看，各省份的现代化产业体系建设进度存在明显差异，其中西北地区的现代化产业体系建设滞后较为明显。产业体系现代化是由各省份、各行业、各部门组成的有机整体，产业体系现代化需要各省份通力合作，以西部地区高质量发展为战略目标，以各省份的比较优势分工合作，促进区域协调发展。为适应协同发展的要求，各省份应从西部现代化产业体系的全局出发，根据区域资源特点、人口结构、创新水平和市场活力等基本情况，科学规划现代化产业体系建设，促进产业体系的高级化、合理化发展。各省份应从本地区的现状出发，借鉴基础条件相近省份的发展经验，在培育新兴产业时考虑当地产业链的薄弱环节，针对产业发展现状，构建高效的现代化产业体系路径，实现区域内协调发展。此外，各省份在发展过程中，也要考虑相邻省份的区域发展，发挥产业体系现代化的辐射作用，通过产业转移、技术传递和

先进理念的传播，推动相邻省份现代化产业体系的建设，最终实现西部地区乃至全国的高质量发展。

案例

广西壮族自治区蚕桑特色产业集群

广西壮族自治区地处中、南亚热带季风气候区，在太阳辐射、大气环流和地理环境的共同作用下，形成了适合蚕桑生产的特殊气候条件，天气温暖、热量丰富，降水丰沛、干湿分明，日照适中、冬少夏多，植物生长期长，一年可以养十几批蚕，相较于中国北方以及四川、云南等其他省份，有明显的气候优势。新中国成立后，广西的桑蚕业发展最快，也取得了最大的成效。2008 年，广西成为全国桑蚕业生产的第一大地区。蚕桑产业在广西有着悠久的历史和灿烂的文化，是广西重要的民生支柱产业和具有市场竞争力的特色优势产业。

1. 发展现状

广西蚕桑产业集群区域涵盖河池市的宜州、金城江、东兰、都安、环江、罗城，以及百色市凌云县共 7 个县（区），境内交通“五纵七横”，是西南出海大通道的咽喉要塞，是“南贵昆经济区”“泛珠三角经济圈”和“东盟自由贸易区”人、物、资金、信息流聚集交汇的枢纽，形成高速公路、铁路、航空、航运、口岸“五位一体”的立体交通格局，成为中国与东盟双向开放的前沿。2021 年，广西桑园面积 300.63 万亩，蚕茧产量 40.74 万吨，分别占全国的 25%、55%，蚕茧产量超过世界第二大蚕茧生产国印度，占世界总量的近 40%。其中河池市是全国蚕桑生产第一大市，桑园面积 93.14 万亩，蚕茧产量 13.98 万吨，分别占广西的 31.23%、37.13%，近年来先后荣获“中国蚕桑之乡”“中国丝绸新都”等称号，已形成了“桑—蚕—茧—丝—绸”的全产业链条，蚕桑产业链比较完善成熟。

2. 主要成就与发展经验

产业规模优势更加突出。2020 年，广西桑园面积、蚕种饲养量、蚕茧产量、每亩桑园产茧量、蚕农售茧收入、生丝产量均创历史新高，继续位居全国第一。2020 年，广西桑园面积 298.21 万亩，蚕茧产量 37.65 万吨，分别比 2016 年增长 5.827%、10.964%；占全国的比例分别从 2016 年的 23.13%、48.08% 变为 24.61%、54.79%。2020 年，广西生丝产量 1.915 万吨，占全国生丝总产量 5.335 8 万吨的 35.89%；坯绸产量 1 797 万米，占全国绸缎总产量 38 350 万米的 4.69%。

产业布局趋于优化。通过不断优化调整产业布局，蚕桑生产更加向优势区域集中，蚕桑产业逐步走上了区域化布局、专业化生产的良性发展之路。目前，广西蚕茧生产主要集中在桂西北、桂中、桂南三大蚕区。2016—2020 年，河池市、南宁市、柳州市、来宾市、百色市五个市桑园面积总量占广西蚕区总面积的比例从89.40%上升至93.70%，蚕茧产量占全区总产量的比例从89.00%上升至91.84%。

产业体系渐趋完善。如图3-9所示，“十三五”期间，广西不仅壮大了蚕桑生产规模，稳固了缫丝加工地位，而且不断延伸至捻丝、织绸、绢纺、针织、家纺等深加工环节，在全区初步形成了“桑—蚕—茧—丝—绸”的产业链条。同时，不断推进全区蚕桑茧丝资源综合开发应用和蚕桑产业多元转型发展，桑枝食用菌、蚕丝被、桑果食品、桑叶茶、桑芽菜、生物医药等产品得到较好开发应用，特色小镇、田园综合体、蚕业示范园等不断涌现，拓展延伸出多个新兴产业分支，初步构建了一二三产业融合，纵向、横向同步发展的现代蚕桑产业体系。

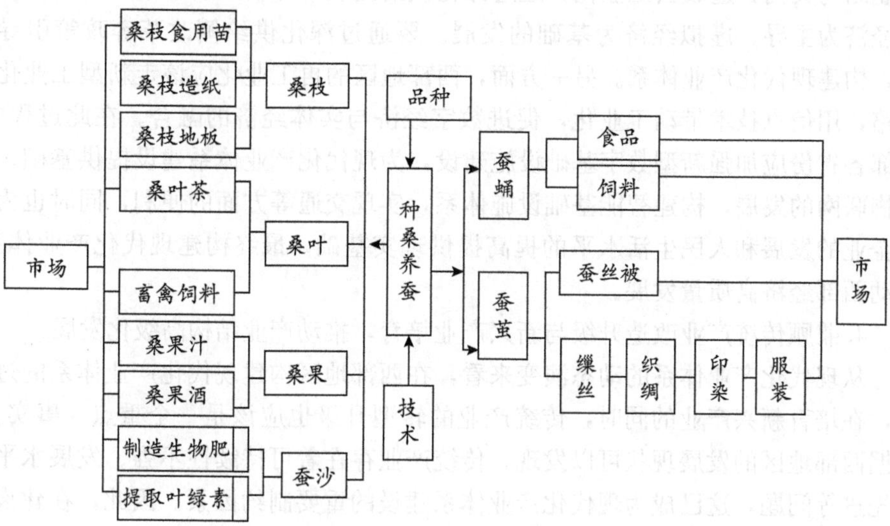

图3-9　广西桑蚕产业链条

产业化经营卓有成效。通过优化投资环境，增强服务意识，广西加大招商引资力度，吸引了一批东部的茧丝绸深加工和蚕桑资源开发应用企业到广西投资，并陆续建成投产，如中国保利集团有限公司（中国中丝集团有限公司）、浙江丝绸之路集团公司等国内颇具实力的茧丝绸生产贸易企业。一些地区的龙头企业通过“公司＋基地＋蚕农”“公司＋合作社＋蚕农”“公司＋基地＋合作社＋蚕农”等产业化经营模式带动县（市、区）、乡（镇）、村（屯）发展种桑养蚕，建立起长期合作、相对紧密的利益联结机制，确保了蚕桑基地坚固和产业发展稳定。

产业效益大幅提升。2020年，广西蚕桑生产覆盖71个县（市、区）、591个乡（镇）、4 731个村（屯）、69.65万农户，涉及从业人员约370万人，蚕农售茧收入 128.35 亿元，连续 10 年超百亿元。养蚕户均收入约 1.84 万元，人均 4 079 元，涌现出一批蚕桑新村和种养大户，对脱贫攻坚、助农增收成效显著。

3. 推动再工业化，以工业化的逻辑推动经济发展

从西部地区产业结构变化的整体来看，西部地区的工业化进程较短，而现代化的产业体系是以实体经济为主体的产业体系，制造业是新时期中国经济增长的引擎，也是推动西部地区城镇化的重要途径。因此，在后期建设西部地区现代化产业体系的过程中，应以工业化的逻辑来推动西部地区的高质量发展。在具体措施上，一方面，西部省份应脱虚向实，强调实体经济的基础性作用，鼓励金融支持实体经济，特别是对战略性新兴企业的支持，避免因虚拟经济过度扩张而导致产业结构失衡，造成去工业化，通过深化供给侧改革等政策引导措施，构建以实体经济为主导、虚拟经济为基础的发展。要通过深化供给侧改革等政策引导措施，构建现代化产业体系。另一方面，西部地区的再工业化应该走新型工业化的道路，用信息技术带动工业化，促进数字经济与实体经济的融合。在此过程中，西部各省份应加强新型数字基础设施建设，为现代化产业体系建设提供基础，通过物联网的发展，构建智能基础设施体系，实现交通等方面的便利，同时也为当地企业的发展和人民生活水平的提高提供现实基础，最终构建现代化产业体系，推动西部经济高质量发展。

4. 兼顾传统产业改造升级与新兴产业培育，推动产业结构高级化发展

从现代化产业体系的动态演变来看，在西部地区构建现代化产业体系的过程中，在培育新兴产业的同时，传统产业的转型升级也应该是一个重点。事实上，根据西部地区的发展现状可以发现，传统产业存在着可持续性不强、发展水平不够先进等问题，这已成为现代化产业体系建设的重要制约因素。因此，在建设西部地区现代化产业体系的过程中，既要兼顾传统产业的转型升级和新兴产业的培育，又要利用西部地区的禀赋，建设具有西部特色的现代化产业体系。在这个过程中，要利用新技术、新能源、新材料来推动传统产业的转型升级，传统产业要在转型发展过程中发挥其资本和品牌优势，实现产业的高级化发展。与新兴产业相比，传统产业具有强大的资本和人力资本优势，为企业的研发活动提供了强有力的支持。另外，传统产业具有较高的民族品牌形象、成熟的发展经验和多元化的销售渠道，这些都是传统产业转型发展的关键支撑。在建设西部地区现代化产业体系的过程中，应发挥西部地区传统产业的优势，以创新为核心带动传统产业的优化升级，同时以严格限制污染的政策为传统产业的转型发展提供创新动力。其次，从培育新兴产业的角度看，西部各省份也应落实顶层设计和国家战略导向，通过培育战略性新兴产业，推动现代化产业体系建设。在此过程中，应结合

当地实际，从市场角度进行适当的政策引导，避免产能过剩，以新兴产业的发展带动西部地区产业结构的优化和升级。最后，还应该根据自身的禀赋特点，构建具有西部特色的现代化产业体系。

案例

重庆市汽车制造特色产业集群

重庆市以工业立市，是一座典型的重工业城市。其中，汽车产业是重庆工业的重中之重，是重庆经济的支柱之一。从2009年开始，乘着中国汽车产业飞跃式增长的势头，重庆汽车产业快速发展。目前重庆已经形成长安系为龙头、十多家整车企业为骨干、千余家零部件企业为支撑的“1＋10＋1 000”产业集群，整体发展水平处于全国先进行列，新能源汽车产业已有较好基础，智能网联汽车发展处于国内先进水平。

1.发展历程

重庆制造汽车的历史可以追溯到20世纪50年代，第一辆车由长安机器制造厂生产。新中国成立后，长安机器制造厂按照中央指示和上级部门安排，从1957年9月起开始组织对美国威利斯（Willys）汽车公司生产的M38A1车型进行测绘设计，经过大半年的准备，于1958年5月试制出了第一辆样车，命名为长江牌46型吉普车。1978年十一届三中全会后，我国开始实行对内改革、对外开放的政策，长安厂开始了对民品领域的探索。直到1992年，国家正式批准长安为开发生产经济型轿车生产基地之一。为了加快奥拓轿车的发展和生产基地的形成，1993年5月，长安与日本铃木、日商岩井签订合资协议（长安持50%股份），成立了重庆长安铃木汽车有限公司，合同期30年。1995年3月，长安铃木总装线试制出第一辆奥拓SC7080型轿车。

1997年重庆被划为直辖市，汽车制造业凭借之前的发展基础毫无悬念地成为重庆支柱产业。自1999年起，长安开始与通用、福特等国际知名车企接洽，寻求合资合作的机会。在合资汽车品牌蓬勃发展的同时，重庆长安铃木、长安福特、力帆、长安汽车等本土品牌也在轿车领域的集体发力。在重庆汽车产业持续高速增长的同时，轿车生产的比重从2003年不足30%，提高到2008年超过50%。改革开放40多年来，经过长期不懈的努力，汽车工业作为重庆的经济支柱形成了涵盖十多家整车企业和千余家规模以上配套企业的产业集群。2017年，重庆汽车产量299.82万辆，全国占比高达10.33%。

2.发展现状

作为西南地区汽车产业的中坚力量，从全国汽车产业定位方向而言，重庆是全国乘用车主要生产基地之一，被誉为“东方底特律”，拥有先进的研发制造技术以及广阔的市场空间。重庆目前拥有全国最多的汽车制造商，包括长安汽车、长安福特、东风小康、吉利、比亚迪等 20 多家整车生产企业，分布在两江新区、高新区、万州区、合川等十几个区县，其总产能目前已超过 300 万辆（见图 3－10）。2012 年，重庆汽车产业工业总产值为 2 390.73 亿元，规模逐年扩大，2016 年突破 5 000 亿元；随后步入三年产业调整期，促使汽车企业加快转型升级，2020 年工业总产值恢复到 3 711.52 亿元；2021 年实现 4 049.39 亿元；汽车产业工业总产值年均增长 6.0%。2021 年，重庆汽车产业工业增加值比上年增长 12.6%，占全市规模以上工业增加值比重为 15.2%，对全市规模以上工业增加值增长的贡献率达 18.1%。

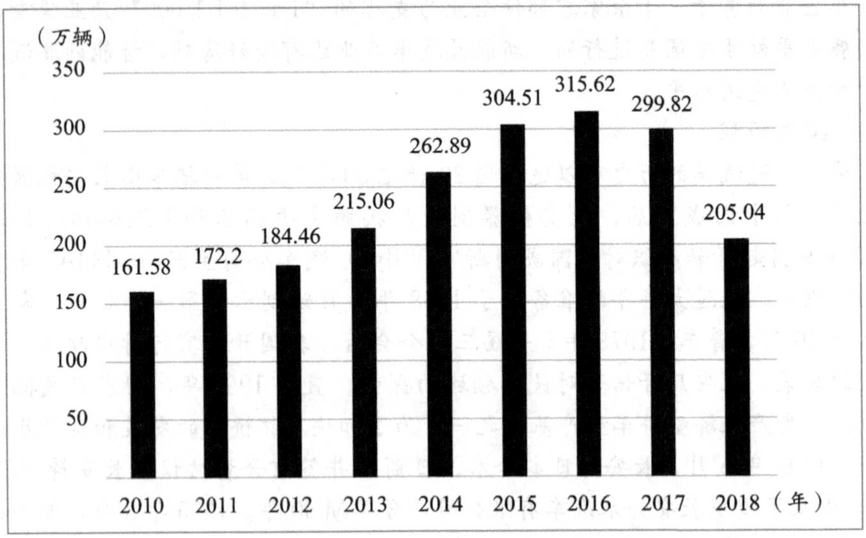

图 3－10　2010—2018 年重庆市汽车产量

3. 发展经验

第一，两江新区是全国汽车产业链最完整的生产基地之一。重庆现有整车企业（包括特种车）41 家。有高品质一级汽车零部件配套企业 400 多家，二三级配套企业 1 500 多家，如韩泰轮胎、康明斯发动机等。目前重庆拥有非常完善的本地化配套资源，本地配套率高达 75%。第二，两江新区汽车产业发展的相关配套服务比较完善。相关配套服务包括融资平台、基础设施提供、科研机构、信息科技服务、现代物流等方面。

重庆汽车产业的智能化、新能源转型升级，虽然还存在一些问题，但总体来说，已经具备了坚实的基础。从数据来看，2021 年，重庆的新能源汽车渗透率为 14.1%，略高于 13.4%的全国平均水平。从硬件上，重庆已建成工信部智能网联汽车示范区，以及全国首个5G自动驾驶开放道路场景示范运营基地。从软件上，重庆集聚长安汽车、赛力斯、中车恒通、小康股份等新能源汽车企业，长安汽车已建成全国领先、全球先进的长安汽车全球研发中心，小康股份在重庆及美国硅谷设立研发机构积极开发新能源汽车；长安、赛力斯等主体企业在新能源智能化领域具有全价值链的研发创新能力，而不只是生产基地，保证了稳定和可持续的发展。

参考文献

[1] 钟方雷，杨艺丹，张娜. 中国西部城市群产业结构升级水平空间差异及影响因素研究——以兰西城市群为例 [J]. 工业技术经济，2022，41 (09)：79-87.

[2] 李晓龙. 西部大开发20年：西南地区内部比较 [J]. 经济研究导刊，2022，(18)：35-37.

[3] 杨莎莎，王俊俊. 中国城市群产业结构优化测度及影响因素分析 [J]. 统计与决策，2022，38 (12)：106-111.

[4] 马长发，夏利平. 西部地区产业结构对城乡收入差距的影响——基于面板门限模型的分析 [J]. 内蒙古农业大学学报（社会科学版），2022，24 (03)：76-84.

[5] 温瑞娜，刘昀逸，冯睿吉. 西部地区产业结构研究 [J]. 内蒙古科技与经济，2022，(04)：44-45.

[6] 宋靖宜. 西部大开发对西部地区产业结构的影响 [D]. 成都：西南财经大学，2021.

[7] 王善善. 中国西部地区产业结构评价及影响因素研究 [D]. 大连：大连海事大学，2020.

[8] 任保平，张倩. 西部地区高质量发展中现代化产业体系的评价及其构建路径 [J]. 中国经济报告，2020，(02)：40-53.

[9] 袁航，朱承亮. 西部大开发推动产业结构转型升级了吗：基于PSM-DID方法的检验 [J]. 中国软科学，2018，(06)：67-81.

[10] 马丽. 新环境下我国西部产业集群发展路径研究 [D]. 北京：北京化工大学，2011.

[11] 李文清. 西部产业集群发展因素及模式研究 [D]. 成都：西南交通大学，2007.

第四章　西部地区城镇化与公共服务

摘　要

公共服务事关民生改善和民生保障，公共服务的高质量普惠性发展是适应新时代我国社会主要矛盾发生根本性转变的必然要求，是推动发展成果更多更公平惠及全体人民的重要路径。随着西部大开发的深入推进和城镇化发展水平不断提高，我国西部地区公共服务普及普惠水平进步明显，公共服务质量和效能逐步提升。但我们也应意识到，近年来，西部地区公共服务体系发展不平衡不充分的问题日益显著。缩小城乡、区域、群体间基本公共服务差距，提高公共服务供给水平和配置效率，着力推进基本公共服务均等化，是西部地区高质量发展和实现共同富裕的着力点。本章梳理了西部地区公共服务政策沿革及发展现状，诊断了当前所面临的痛点问题，并对新型城镇化背景下的公共服务体系建设提出了政策建议。

Abstract

Public services ensure and improve people's well-being. The high-quality and inclusive development of public services is an essential requirement to adapt to the fundamental changes in major social contradictions in China in the new era, as well as an important way to promote fair development results that benefit all people. With the deepening implementation of the Western Development Strategy, the inclusiveness and equalization of public services in the western region of China has steadily improved, and the quality and efficiency of public services have gradually lifted. However, it should also be noted that the insufficiency and imbalance in the development of public service system in the western region still hold true and even has become increasingly obvious in recent years. Promoting the equalization in basic public services' supply and allocation between urban and rural areas, between different social groups, and between varied geographic regions becomes one of the key focuses in the promotion of high-quality development and common prosperity. This chapter reviews the history and state of development of public service policy in the western region of China, diagnoses the current concerns, and makes policy recommendations for building public service systems in the context of urbanization.

一、西部地区公共服务发展现状及成效

(一) 西部地区公共服务政策沿革

健全完善公共服务制度体系、推动公共服务发展，是落实以人民为中心的发展思想、改善人民生活品质的重大举措，是促进社会公平正义、扎实推进共同富裕的应有之义，是促进形成强大国内市场、构建新发展格局的重要内容，对增强人民群众获得感、幸福感、安全感，促进人的全面发展和社会全面进步，具有重要意义。西部地区作为全国占地面积最大、贫困人口最多和经济发展水平相对较低的地区，既是我国重要生态屏障和能源接续地，也是打赢脱贫攻坚战后有效衔接乡村振兴、推进共同富裕建设的重点难点区域。推进西部地区基本公共服务均等化的政策探索贯穿了西部大开发二十余年的实践。

早在2006年，十六届六中全会就提出要逐步形成惠及全民的基本公共服务体系。同年12月，国务院常务会议通过的《西部大开发“十一五”规划》将坚持推进基本公共服务均等化、突出解决好关系人民群众切身利益的实际问题作为六大主要目标之一，提出把公共财政配置重点转到为全体人民提供均等化基本公共服务，并对西部地区基本公共服务重点工程做出部署。

2010年7月举行的西部大开发工作会议将公共服务均等化列为新十年大开发的重点工作。2012年4月17日，《中共中央 国务院关于深入实施西部大开发战略的若干意见》将大力发展社会事业、着力保障和改善民生列为九大战略任务之一，并提出中央有关投入向西部地区倾斜，加快推进以民生改善为重点的社会建设，建立覆盖城乡居民的基本公共服务体系，着力促进基本公共服务均等化。此后，国家先后印发了《国家基本公共服务体系“十二五”规划》《“十三五”推进基本公共服务均等化规划》《关于建立健全基本公共服务标准体系的指导意见》等文件，敦促各地区、各有关部门持续推动落实。

2020 年 5 月 17 日，《中共中央 国务院关于新时代推进西部大开发形成新格局的指导意见》明确指出，要坚持以人民为中心，把增强人民群众获得感、幸福感、安全感放到突出位置。具体包括着力强化公共就业创业服务，支持教育高质量发展，提升医疗服务能力水平，完善多层次广覆盖的社会保障体系，健全养老服务体系，强化公共文化体育服务，改善住房保障条件，以及增强防灾减灾与应急管理能力八大方面。

2022 年 1 月，经国务院批复同意，国家发改委等部门联合印发《“十四五”公共服务规划》，明确我国公共服务体系包括基本公共服务和惠普性非基本公共服务两大类，并为未来五年乃至更长期限内我国公共服务体系的发展思路、原则目标、服务分类、供给权责、实施保障等方面做出全面指导发展。其中，在“加快提升基本公共服务均等化水平”一节中，重点强调要开展发达地区和欠发达地区基本公共服务在线对接，支持发展东西部线上对口帮扶、优质资源“1 带 N”、人才对口支援等方式，扩大优质服务资源辐射覆盖范围，加快城乡基本公共服务制度统筹，推动区域基本公共服务缩小差距。

进入新发展阶段，西部地区公共服务发展基础更加坚实，发展条件深刻变化，也迎来新的机遇与挑战。受制于发展阶段等客观原因，西部地区公共服务供给总体上仍然不足，服务供给主体单一，尚无法充分满足“人口规模巨大的现代化”进程中人民群众个性化、差异化、多样化的需求。基本公共服务仍存短板，一体化布局尚未形成。区域间、城乡间、人群间的基本公共服务仍有一定差距，均等化、普惠性水平有待提高。

（二）西部地区公共服务体系建设成效

自 20 世纪初开始，党中央和国务院开始重视西部大开发问题，并先后制定了一系列相关政策推动基本公共服务体系的建设。随着西部大开发战略的有序推进和不断深入，中央政府为发展西部地区基本公共服务事业提供了有力保障。随着西部地区经济发展加快，基本公共服务供给能力、覆盖范围和保障水平均得到了显著提升，并在体系建设、民生改善、社会保障、社会事业发展等方面取得了一定成效。

第一，西部地区人民生活水平改善。中央通过财政转移支付、中央预算内投资、区域协作、“组团式”帮扶等方式，不断加强对欠发达地区的支持力度。西部各省、自治区、直辖市城乡居民最低生活保障标准及覆盖率逐步提高，贫困地区的公共设施持续改善，服务供给能力不断增强。在幼有所育、学有所教、劳有所得、病有所医、老有所养、住有所居、弱有所扶上不断取得新进展，人民生活水平显著提高，民生状况持续改善。

第二，西部各省份政策意识逐渐提高。2022 年 1 月 10 日《“十四五”公共服务规划》发布后，西部各个地区迅速响应，围绕幼有所育、学有所教、病有所医、老有所养、住有所居、弱有所扶、文体服务有保障等民生保障目标，结合省情提出具体目标和评价指标。多地就医疗、养老、教育、社会保障等重点领域制定了专项规划，政策引领公共服务均等化意识显著提高，如表 4-1 所示。

表 4-1　西部地区各省份“十四五”公共服务规划梳理

省份	公共服务总体规划名称及发布时间	重点/特色专项规划（部分）
陕西	陕西省“十四五”公共服务规划（2022 年 7 月）	《陕西省教育事业发展“十四五”规划》 《陕西省“十四五”医疗保障事业发展规划》 《陕西省“十四五”养老服务体系专项规划》
广西	广西公共服务“十四五”规划（2022 年 5 月）	《广西教育事业发展“十四五”规划》 《广西医疗保障“十四五”规划》
云南	云南省“十四五”公共服务发展规划（2022 年 9 月）	《云南省“十四五”全民医疗保障规划》 《云南省“十四五”教育事业发展规划》 《云南省人力资源和社会保障事业发展“十四五”规划》
甘肃	甘肃省“十四五”公共服务规划（2022 年 1 月）	《甘肃省“十四五”城乡社区服务体系建设规划》 《甘肃省“十四五”老龄事业发展和养老服务体系规划》
贵州	贵州省“十四五”公共服务规划（2022 年 11 月批复同意）	《贵州省“十四五”学前教育发展提升行动计划》 《贵州省“十四五”社会保障事业发展规划》 《贵州省“十四五”健康服务体系建设规划》
四川	四川省“十四五”公共服务规划（2022 年 2 月）	《四川省“十四五”全民医疗保障规划》 《四川省“十四五”城乡人居环境规划》
重庆	重庆市“十四五”公共服务规划（2022 年 4 月）	《重庆市城乡社区服务体系建设“十四五”规划》 《重庆市医疗卫生服务体系“十四五”规划》
宁夏	宁夏回族自治区公共服务发展“十四五”规划（2022 年 3 月）	《宁夏回族自治区教育事业发展“十四五”规划》 《宁夏回族自治区全民医疗保障“十四五”规划》
内蒙古	内蒙古自治区“十四五”保障和改善公共服务规划（2021 年 11 月）	《内蒙古自治区“十四五”医疗保障事业发展规划》 《内蒙古自治区城镇住房“十四五”发展规划》 《内蒙古自治区“十四五”教育事业发展规划》
青海	青海省“十四五”公共服务规划（2022 年 3 月）	《青海省“十四五”老龄事业和养老服务发展规划》 《青海省“十四五”医疗卫生服务体系规划》

续表

省份	公共服务总体规划名称及发布时间	重点/特色专项规划（部分）
西藏		《西藏自治区“十四五”教育发展规划》 《西藏自治区“十四五”就业促进规划》
新疆		《新疆维吾尔自治区“十四五”老龄事业发展和养老服务体系规划》

资料来源：各省（自治区、直辖市）政府公告。

案例

基本公共服务全省统筹

陕西省发展改革委等31个省级部门共同编制印发《陕西省“十四五”公共服务规划》及《陕西省基本公共服务标准（2021年版）》，坚持“基本公共服务均等化、标准化，非基本公共服务普惠化、丰富化，生活服务高品质、多样化”的目标导向，制定了22项目标任务，覆盖9大民生领域，并以“11个专栏、49类工程”的形式细化设施建设任务，同时明确了现阶段本省必须予以保障的基本公共服务项目范围和底线标准。

与此同时，陕西省积极提高各类公共服务统筹管理层级，将基本公共服务全省统筹管理作为实现城乡区域一体化的重要举措。教育方面，陕西省目前已初步实现全省城乡义务教育学校建设标准统一、学校基本装备配置标准统一、教师编制标准统一、生均公用经费基准定额标准统一，“两免一补”政策城乡全覆盖，县域义务教育优质均衡发展和城乡基本公共教育服务均等化基本实现；医疗和社会保障方面，陕西省不断探索建立健全全省医疗保障制度改革统筹协调机制，从2022年起开始实行医疗保险省级统筹，现已全面建立职工医保普通门诊统筹制度；全省企业职工基本养老保险已接入全国统筹信息系统。

第三，城乡重点工程有序推进。大力推进西部地区城乡公共服务整合衔接，促进农村基本公共服务制度向城市制度靠拢、转变，力求缩小城乡之间的制度性差异，并采取有效措施推动基本公共服务常住人口全覆盖。乡村振兴工程扎实推进，西部新型农村合作医疗工作全面提速，覆盖城乡的社会保障体系初步建立，文化惠民工程广泛推进，社会保障覆盖面不断扩大。在教育、卫生健康等重点领域深度推进“组团式”帮扶国家乡村振兴重点帮扶县，把握“精准、可实现、可持续、有成效”的帮扶要求，强化组织保障、健全工作机制、创新协作方式、确保帮扶成效切实可见。

第四，公共服务供给方式试点创新。近年来，西部地区政府在学前教育、养老等领域探索通过政府购买服务等形式，将社会组织、公民引入公共服务体系，逐步建立公共服务多元化的制度与协调机制。部分省份亦探索运用“互联网＋”等新模式新业态使边远贫困地区享有更多优质教育、医疗资源，提高西部就业、养老等公共服务水平。其中宁夏获批全国首个“互联网＋教育”示范区和全国首个“互联网＋医疗健康”示范区，石嘴山市成为首批人工智能助推教师队伍建设行动试点城市之一，探索以科技手段助力跨区域协作，为西部地区教育事业发展和医疗改革提供新动能。

（三）西部地区公共服务体系特点

1.公共服务供给结构单一

长期以来，西部地区公共服务的供给主要以政府为单一主体，缺乏灵活、多元的社会参与机制，服务质量和效率不高、供给总量不足，服务价格难以降低，导致西部地区公共服务的供需矛盾较东部等经济发达地区更为显著。

西部地方政府对市场信心不足，普遍因传统治理思维而倾向以公益性的偏好选择公共服务供给主体，因而对能够承接公共服务供给的市场主体或社会组织起到消极筛选的作用。此外，西部地区市场主体普遍发育不完善，尚未形成有效的竞争格局，难以承接政府对公共服务的购买。少量有能力的供给主体缺乏有效的渠道证明其具有足够实力提供高品质的公共服务，因此难以承接到政府的委托，引发恶性循环，阻碍市场主体的成长。最后，部分西部地区行政垄断现象严重，尤其是农村地区政府权责划分不明确。社会组织和政府之间难以形成平等的合作关系。在政府的强势主导下，社会组织的组织架构和工作方式都受制于政府偏好，进一步巩固政府在公共服务供给方面的主导性。

2.对国家财政依赖程度高

分析2021年我国财政预算支出中与公共服务相关的数据可知（见图4－1），区域财政支出在总量上基本和人口数成正比，西部地区人均支出较其他地区更高，各类公共服务财政预算总量及人均值都在各地区间排名前两位。西部地区公共服务体系建设资金大量依赖转移支付，抛去地广人稀等客观因素影响，亦反映出西部地区自我“造血”功能欠佳。

分类目看，西部地区社会保障和就业支出、卫生健康支出两项的人均财政预算支出在所有地区中排名第一，具体可体现在西部地区社会养老保险试点全额补助等区域利好政策上。各省级行政单位间公共服务类预算支出情况存在较大差异，如表4－2所示，西藏一般公共服务支出较其他类目预算高，贵州教育支出预算比例相对较高，重庆、四川、内蒙古、宁夏、青海等省份则把相对更多的公共服务类支出预算用于社会保障和就业支出。

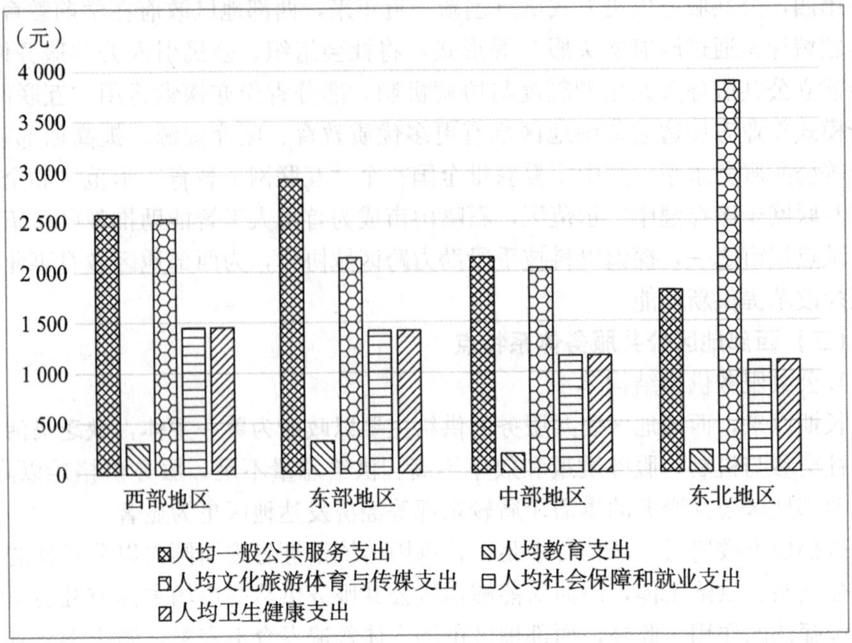

图 4-1　2021 年我国财政预算支出中部分类目区域间对比

注：除特殊标注外，本章所涉及的东部、中部、西部和东北地区的具体划分均以国家统计局方式为准，即东部 10 省（市）包括北京、天津、河北、上海、江苏、浙江、福建、山东、广东和海南；中部6 省包括山西、安徽、江西、河南、湖北和湖南；西部 12 省（区、市）包括内蒙古、广西、重庆、四川、贵州、云南、西藏、陕西、甘肃、青海、宁夏和新疆；东北 3 省包括辽宁、吉林和黑龙江。此划分和西部大开发对东中西的划分有所不同，但在两种划分中，西部地区所包含的 12 个省（区、市）是一致的。

表 4-2　2021 年西部地区各省份公共服务财政预算支出　（单位：亿元）

省份	一般公共服务支出	教育支出	文化旅游体育与传媒支出	社会保障和就业支出	卫生健康支出
重庆	357.61	794.95	64.23	1 019.58	427.72
云南	563.76	1 143.3	77.57	997.63	725.99
新疆	491.9	927.96	87.44	678.48	445.02
西藏	283.72	259.13	46.56	194.02	115.26
四川	976.81	1 733.04	210.47	2 165.82	1 044.14
陕西	543.87	1 025	161.76	957.51	565.72
青海	140.41	221.21	36.99	312.6	176.33
宁夏	90.23	200.01	24.39	229.33	110.72

续表

省份	一般公共服务支出	教育支出	文化旅游体育与传媒支出	社会保障和就业支出	卫生健康支出
内蒙古	396.1	641.29	107.33	874.77	362.73
贵州	485.12	1 129.35	117.08	688.64	542.07
广西	501.24	1 094.08	88.51	923.05	613.75
甘肃	359.63	661.92	82.71	590.11	390.38

资料来源：《中国统计年鉴 2022》。

3. 区域内少数民族聚居区多

我国80%以上的少数民族分布聚居于西部地区，少数民族聚居区在社会、文化、习俗等方面具有一定特殊性。公共服务体系根植基层、服务于广大群众，与居民生活息息相关。因此，应正确把握共同性和差异性的关系，在推动公共服务均等化普惠化供给的同时，充分认识并尊重少数民族地区的发展阶段特征、文化习俗和生活实际。推动民族地区公共服务高质量发展，同时以公共服务铸牢中华民族共同体意识。尤其在公共文化服务、义务教育等环节中，须谨慎妥善处理民族问题，充分尊重并发挥少数民族独特的民俗文化在公共文化服务、公众体育活动等方面的独特价值。这对进一步提升乡村振兴质量，巩固中华民族“多元一体”的格局具有重要意义。

二、西部地区重点公共服务供需情况

（一）教育事业

教育文化消费支出是一个地区基本公共教育服务供给情况的重要体现。总体上看，西部经济发展整体偏弱导致教育事业发展动能不足，区域、城乡间教育发展不平衡、不充分的问题依然突出。首先，对比分析 2014—2021 年我国各地区人均教育文化消费支出情况（见图 4－2）可以发现，西部地区人均教育文化消费支出始终位列四大地区末位，且 2014—2019 年西部地区与东部地区之间的差距不断增大。其次，如表 4－3 所示，2021 年西部各省级行政单位除西藏外，教育文化消费占比基本与全国水平持平，可见制约西部地区教育文化消费支出的主要因素是国民总体经济水平和消费力较低。最后，在城乡差异方面，西部各省份均值略低于全国水平。广西、新疆、内蒙古城乡人均教育文化支出差距较小，而西藏、宁夏、陕西三省份城乡差距显著。

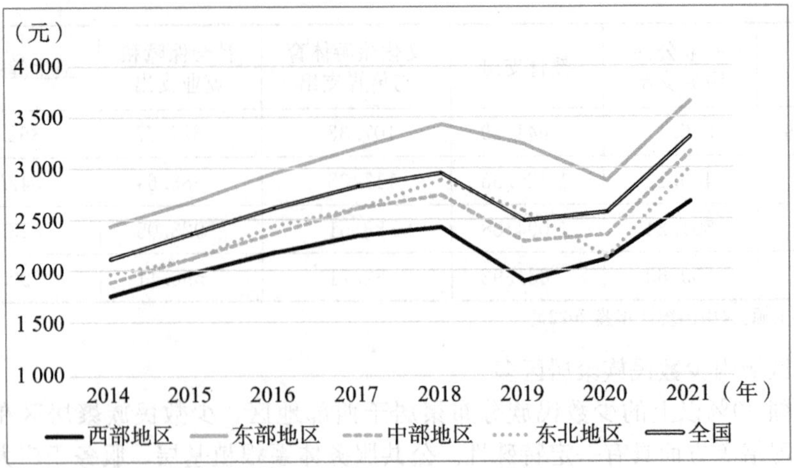

图 4-2　2014—2021 年各地区人均教育类消费支出对比

资料来源：国家统计局官方网站。

表 4-3　2021 年西部地区教育文化消费支出情况

省份	居民人均消费支出（元）	居民人均教育文化消费支出（元）	教育文化消费占比（%）	城乡人均教育文化支出比
广西	18 087.9	2 283.9	0.13	1.54
贵州	17 957.3	2 247.7	0.13	2.18
宁夏	20 023.8	2 273.2	0.11	2.36
内蒙古	22 658.3	2 543.7	0.11	1.81
云南	18 851.0	2 059.0	0.11	2.23
陕西	19 346.5	2 110.7	0.11	2.33
甘肃	17 456.2	1 893.8	0.11	2.08
重庆	24 597.8	2 601.4	0.11	2.07
四川	21 518.0	1 891.9	0.09	2.01
新疆	18 960.6	1 664.4	0.09	1.55
青海	19 020.1	1 627.5	0.09	1.85
西藏	15 342.5	768.0	0.05	3.33
西部均值	17 986.2	1 843.5	0.09	1.95
东部均值	31 887.3	3 117.8	0.10	2.32
全国	24 100.1	2 598.9	0.11	2.02

资料来源：国家统计局官方网站。

从经费来源上看，西部地区教育经费中对国家财政性教育经费依赖程度高。2022 年 9 月 27 日，教育部召开新闻发布会介绍党的十八大以来我国教育改革发展成效，提及国家财政性教育经费用于中西部地区占到 50%以上。中央对地方教育转移支付资金用于中西部地区的经费占到 80%以上。整理《中国教育经费统计年鉴》的数据可得（见表 4-4），西部地区各省级行政单位中，西藏、青海、新疆、甘肃 4 个省级行政单位国家财政性教育经费占比超过 90%，且仅有陕西占比低于全国均值 79.8%。

表 4-4　2019 年西部地区各省份教育经费情况

省份	教育经费合计（亿元）	国家财政性教育经费（亿元）	国家财政性教育经费占比
西藏	288.12	283.61	98.4%
青海	289.49	266.24	92.0%
新疆	1 021.49	937.33	91.8%
甘肃	799.87	721.20	90.2%
内蒙古	810.57	722.91	89.2%
云南	1 483.36	1 268.12	85.5%
贵州	1 362.29	1 158.51	85.0%
宁夏	253.28	215.17	85.0%
广西	1 436.77	1 184.05	82.4%
四川	2 254.71	1 824.65	80.9%
重庆	1 144.30	913.90	79.9%
陕西	1 249.04	996.03	79.7%
西部合计	12 393.30	10 491.73	84.7%
全国合计	50 178.12	40 046.55	79.8%

资料来源：《中国教育经费统计年鉴 2020》。

从教师水平上看，西部地区的教师学历、职称等方面依然与东部发达地区存在较大差距。高素质教师队伍建设亟待提升，专业化程度有待加强。以普通高中教师为例，西部地区普通高中专职教师中研究生学历占比为 8.7%，低于全国均值 11.5%，远低于东部地区的 17.1%。其中云南、新疆、贵州三地高中教师中研究生学历占比不足6%，位列全国末尾；教师高级职称占比相较全国及发达地区水平亦存在较大差距。如表4－5所示，在生师比上，西部地区重点省份普通学校（小学、初中、高中）的生师比相较10年前均有明显降低，尤其是贵州、四川两省各阶段生师比均显著下降，但与北京、上海、浙江、江苏等东部发达地区相比仍存明显差距，尤其是初高中阶段生均师资有较大提升空间。

表4－5　2021年东、西部地区重点省份普通学校生师比对比

省份	小学	初中	高中
贵州	18.63（－3.27）	13.87（－5.64）	13.69（－5.06）
广西	17.60（－1.90）	14.61（－2.23）	15.82（－2.14）
四川	15.71（－3.27）	12.49（－3.60）	13.48（－4.79）
青海	17.26（－2.51）	13.09（－2.09）	12.26（－1.62）
宁夏	17.25（－2.07）	13.60（－2.30）	13.86（－1.95）
江苏	16.31	11.85	11.07
浙江	16.80	12.24	10.97
上海	14.10	10.80	9.00
北京	13.92	8.87	8.08
全国	15.75	12.22	12.51

注：括号中为2021年较2011年底数据差值。
资料来源：《中国统计年鉴2022》《中国统计年鉴2012》。

随着“全面改善贫困地区义务教育薄弱学校基本办学条件”等重大项目持续推进，西部农村地区办学条件实现了质的飞跃。然而，需要意识到，城乡学校之间在教育质量上的差距不止局限于教育资源要素的差距，更多表现在学校管理制度、教育理念、生源质量、学校文化等方面。西部地区城镇化持续推进，跟随人口和公共资源向城市聚集的大趋势，农村义务教育阶段优质生源的流失及优质教师资源的临时性成为难以逆转的事实（图4－3以初中段学生数量为例，小学段、教师数总体变化趋势类似）。受到“撤校并点”工程及其惯性的影响，西部农村地区中小学数量持续降低，集约化办学的“效率”需求和就近上学的“公平”需求之间的相互制约成为西部农村教育均等化发展的重大阻碍。

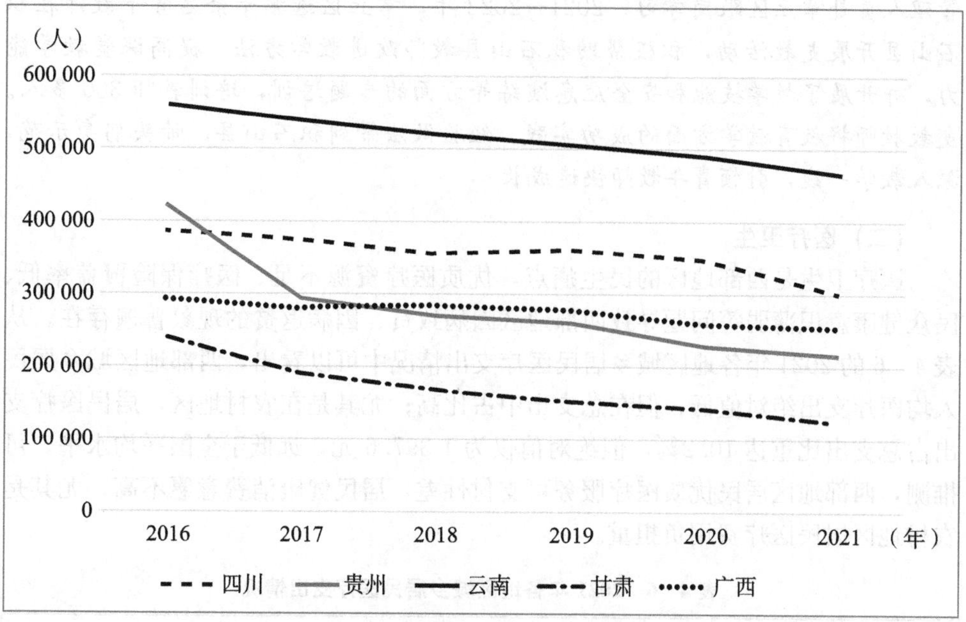

图 4-3 2016—2021 年西部地区部分省份农村地区初中学生数

资料来源：2017—2022 年的《中国统计年鉴》。

案例

东西"组团式"帮扶教育发展

东西部地区协作和对口支援，是推动区域协调发展、协同发展、共同发展的大战略，是实现共同富裕目标的大举措。两年来，甘肃省积石山县教育局和山东省济南市章丘区积极对接教育结对帮扶工作，实现两地行政联动、学校联通，校级交流合作常态化、多元化，促进了积石山县学校教育教学质量不断提升。

行政联动促进顶层设计。2021 年章丘区通过座谈会、实地考察等方式，研究建立教育部门、学校、教师多层次常态化教育交流机制，围绕教育教学管理、校园文化建设、办学水平提升等重点，打造东西部协作协同发展格局。同年，积石山县教育局负责人及 7 名学校负责人赴章丘区进行考察学习。2022 年，两地教育部门负责人在章丘区就教育协作工作进行了交流对接，在学校管理人员跟岗实践、骨干教师培训、教育资源共享等方面达成了进一步共识，将结对帮扶工作进一步具体化、任务化、措施化。

师资互通交流成效初显。2021 年积石山县共选派 6 名中小学管理干部（副校长）到济南市章丘区优质学校进行为期三个月的挂职锻炼，2022 年选派 5 名管理人员赴章丘区跟岗学习。2021—2022 年，章丘区选派十余名骨干教师在积石山县开展支教活动，积极帮助积石山县教师改进教学方法，提高课堂教学能力，并开展了教学技能和安全应急演练等方面的专题培训，培训教师 300 多人。支教教师将教育教学方面的成功实践、经验做法带到积石山县，带头躬身示范，深入教学一线，引领青年教师快速成长。

（二）医疗卫生

医疗卫生是西部地区的民生痛点，优质医疗资源不足、医疗保险覆盖率低、民众健康意识薄弱等问题导致西部地区因病致贫、因病返贫的现象普遍存在。从表 4-6 的 2021 年各地区城乡居民医疗支出情况中可以看出，西部地区城乡居民人均医疗支出绝对值低，但在总支出中占比高；尤其是在农村地区，居民医疗支出占总支出比重达 10.2%，但绝对值仅为 1 397.6 元，远低于全国平均水平。可推测，西部地区居民优质医疗服务可支付性差，居民健康消费意愿不高，尤其是农村地区居民医疗费用负担重。

表 4-6 2021 年各地区城乡居民医疗支出情况

地区	城镇居民人均医疗支出（元）	农村居民人均医疗支出（元）	城镇居民医疗支出占总支出比重	农村居民医疗支出占总支出比重
西部	2 392.3	1 397.6	9.2%	10.2%
东部	2 906.5	1 773.2	8.0%	9.0%
中部	2 233.7	1 580.0	8.8%	10.2%
东北	2 818.8	1 835.5	11.0%	12.8%

资料来源：国家统计局官方网站。

2020 年中共中央国务院《关于新时代推进西部大开发形成新格局的指导意见》中明确提出，要重点加强西部地区县级医院综合能力建设，持续改善农村医疗卫生条件，加快基层医疗卫生机构标准化建设。如表 4-7 所示，2020 年，西部地区医院总数达到 11 072 家，其中三甲医院占比 4.17%，虽然仍低于全国其他地区，但差距正在缩小，医疗基础设施和装备条件已经得到一定改善。在各省级行政单位中，广西、内蒙古三甲医院占比较高，贵州、云南三甲医院数量和占比均较低。但结合常住人口数据，云南、贵州、陕西等省份优质医院数量亟待进一步增加。

表 4-7 2020 年部分地区及省份医院情况

地区及省份	医院总数（家）	三甲医院数量（家）	三甲医院占比
西部地区	11 072	462	4.17%

续表

地区及省份	医院总数（家）	三甲医院数量（家）	三甲医院占比
东部地区	13 816	670	4.85%
中部地区	10 506	448	4.26%
贵州	1 378	31	2.25%
云南	1 445	54	3.74%
陕西	1 218	45	3.69%
广西	733	51	6.96%
内蒙古	777	41	5.28%

西部地区人口密度低，财政转移支付力度大，城镇区域医疗资源较东部地区更为充沛。从2010年起，西部地区的医院积极与国内多家知名医院进行技术协作，并定期安排培训和进修，以培养医院自身人才梯队及技术中坚力量，极大地补充了西部地区的优质技术人才资源。根据每千人医院床位数和每千人卫生技术人员两项指标分析西部各省份人均医疗资源情况及城乡分布统计（见表4-8）可知，西部城镇区域医院床位数和卫生技术人员总量偏少，但人均较高，除极个别省级行政单位外，两项人均医疗资源指标均高于全国平均水平。尤其是省会城市表现突出，2020年昆明、西宁等市医生、护士数量均位列全国前10。然而，农村地区情况并不乐观，西藏每千人医院床位数、每千人卫生技术人员两项指标的城乡差距均达到3倍以上，云南、内蒙古、青海、宁夏、新疆等省级行政单位每千人卫生技术人员的城乡差距在2倍左右，床位数差距在1.5倍左右，西部地区农村医疗基础设施之不完善、公共卫生医疗服务人员之匮乏可见一斑。

表4-8　2021年各省份重要人均医疗资源指标对比

省份	每千人医院床位数（张）		每千人卫生技术人员（人）	
	城镇	农村	城镇	农村
西藏	10.88	3.54	14.62	4.46
甘肃	9.23	6.24	11.06	6.29
贵州	9.07	7.09	10.22	7.05
青海	9.06	5.84	12.52	6.25
内蒙古	8.83	5.66	11.63	6.91
四川	8.7	7.26	9.99	6.43

续表

省份	每千人医院床位数（张）		每千人卫生技术人员（人）	
	城镇	农村	城镇	农村
云南	8.62	6.55	12.04	6.88
新疆	8.52	6.89	11.79	6.82
陕西	7.52	6.83	10.21	8.33
广西	7.39	5.56	10.3	6.01
重庆	7.1	8.99	7.68	7.68
宁夏	6.79	4.37	10.4	5.94
全国	7.47	6.01	9.87	6.27

资料来源：《中国统计年鉴 2022》。

案例

多主体多手段完善公共卫生服务体系

宁夏回族自治区盐池县于2021年出台了《2021年盐池县基本公共卫生服务项目实施方案》，不断健全工作机制，强化工作职责，建立县、乡、村、组四级公共卫生“4221”组团服务模式，将4家县级专业技术指导机构、2个乡镇机构、2个村级卫生计生人员、1个自然村联络员组成服务团队，为居民提供基本医疗、基本公共卫生和个性化健康管理的服务。在各医疗机构和公共场所设置健康教育专栏；依托宁夏作为全国首个“互联网＋医疗健康”示范区的改革平台，先后开通了“盐池县基本公共卫生服务平台”“健康盐池”“健康盐池居民通”等信息服务平台，并通过建立远程诊疗、远程影像、远程心电、远程超声、远程检验、远程教学中心“六大中心”，化解挂号看病的传统医疗模式所带来的医疗资源有限、百姓就医难的问题，提升服务质效，满足百姓就医需求。

（三）社会保障

社会保障是改善民生、维护社会公平、增进人民福祉的基本制度。西部大开发二十多年来，我国西部地区社会保障体系建设进入快车道，城乡最低保障标准大幅提升，基本养老保险、医疗保险统筹体系逐步完善，为人民创造美好生活奠定了坚实基础。但我们仍应意识到，当前我国西部地区社会保障仍以社会救助为主，且城乡、地区间在社会保障覆盖面、保障水平方面存在客观差距，尤其是在统筹资金和消除城乡差异性安排方面道阻且长。

最低保障体系作为国家重要公共服务项目的社会最低生活保障制度，涉及较大公共财政支出比重，与众多人口的利益相关联，对施政的社会公正目标有重大影响。2022年第一季度，西部地区城镇居民最低保障标准均值达到693.8元，农村居民低保标准达到454.3元，相较2018年同期分别上涨30.2%和43.0%①，增幅明显，但仍低于全国平均水平。相较东部经济发达省份，西部地区最低保障体系发展仍明显滞后，主要体现在保障金额低和城乡差距大两方面（见图4-4）。尤其是对比包括安徽、浙江、江苏在内的全国7个基本实现城乡居民最低保障标准一体化的省份，西部地区西藏、广西、青海、云南、贵州、甘肃等地城镇居民的低保标准超过了农村低保标准的150%，侧面反映了西部地区城乡经济发展差距之显著。

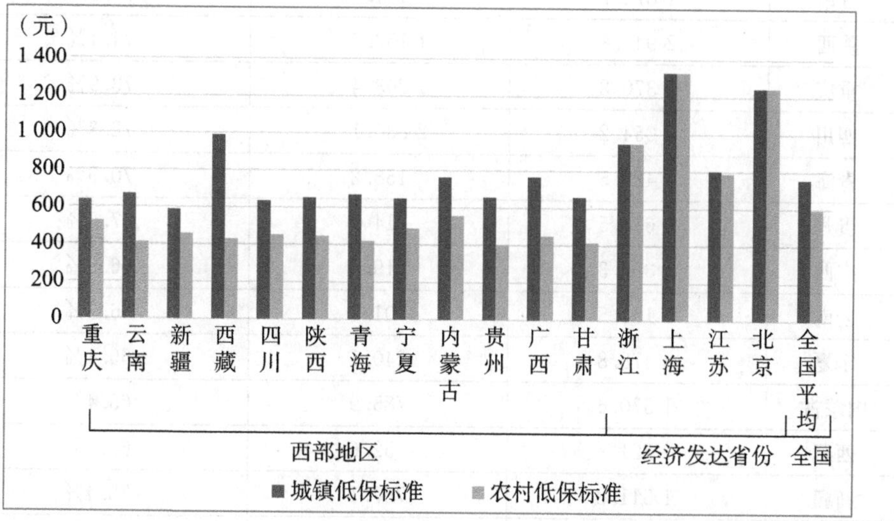

图4-4　2022年第一季度部分省份城乡最低保障标准

资料来源：民政部统计季报。

随着社会保障制度改革逐渐深化，各项社会保险制度不断完善，全民参保计划在西部地区稳步推进，社会保险覆盖范围持续扩大。但受制于城乡人口结构、财政保障能力能因素，西部地区社会保险的待遇水平与全国平均水平之间仍存在差距。以养老保险为例②（见表4-9），从覆盖面上看，西部地区总体覆盖率略低于全国均值，其中甘肃、陕西、重庆、四川、青海五省份的基本养老保险参保比例较高，超过了全国均值；但新疆、西藏两区参保比例仍有待提高，目前仅约

① 根据民政部统计季报整理计算而得。

② 一般情况下，职工社保中养老保险、医疗保险、生育保险、失业保险、工伤保险五个险种须一并缴纳，居民社保中医疗保险、养老保险须一并缴纳。因此，本节以养老保险为例做分析，对其他种类的社会保险亦有参考价值。

六成覆盖率。从两类基本养老保险结构上看，西部地区职工基本养老保险参保比例普遍较低，其中云南、西藏、甘肃、贵州、广西五省份超过70%的参保为城乡居民基本养老保险，远高于全国均值的54%，这一数据符合这些省份农村居民占比高的实际情况。考虑到职工养老保险与居民养老保险在缴费标准和领取待遇方面的差距，西部地区社会保险保障水平的弱势客观存在。

表 4-9　2020 年西部各省份基本养老保险参保人数

省份	基本养老保险	职工养老保险	参保人数占总人口比例
甘肃	1 872.7	484.5	74.9%
陕西	2 942.8	1 157.6	74.4%
重庆	2 370.2	1 203.4	73.9%
四川	6 054.2	2 830.1	72.3%
青海	420.5	158.2	70.9%
贵州	2 618.5	714	67.9%
广西	3 357.3	919.5	66.9%
云南	3 151.5	701.3	66.7%
宁夏	478.8	240.1	66.4%
内蒙古	1 570.6	785.9	65.4%
西藏	221	52.6	60.4%
新疆	1 511.8	767.1	58.4%
全国	99 864.9	45 621.1	70.7%

注：参保人数占总人口比例根据中国统计年鉴中当年末常住人口数据计算所得。

资料来源：《中国劳动统计年鉴 2021》《中国统计年鉴 2021》。

（四）住房和社区建设

《“十四五”公共服务规划》明确：住有所居领域的基本公共服务包括公租房、棚户区改造、农村危房改造，普惠性非基本公共服务包括保障性租赁住房、共有产权住房、城镇老旧小区改造和住房公积金。下面将以城镇老旧小区改造和保障性租赁住房为例分析西部地区“住有所居”推进情况。

城镇老旧小区改造是重大民生工程和发展工程。2020 年 7 月，国务院办公厅印发《关于全面推进城镇老旧小区改造工作的指导意见》，要求按照党中央、国务院决策部署，全面推进城镇老旧小区改造工作，满足人民群众美好生活需要，推动惠民生扩内需，推进城市更新和开发建设方式转型，促进经济高质量发展。2021 年全国计划新开工改造城镇老旧小区 5.3 万个，实际新开工改造城镇老旧小区 5.56 万个，惠及居民 965 万户。西部各地积极争取老旧小区改造中央补助资金，如表 4－10，2021 年全年实际开工改造小区 22 812 个，除西藏外，西部地区各省份实际开工数均不低于年度计划任务数。根据住建部 2021 年对各地旧改工作进度的动态统计，新疆（含兵团）、内蒙古、广西等地旧改工作进展快，超额完成率高；贵州、西藏等地进度相对受阻。

表 4－10　2021 年西部各省份城镇老旧小区改造情况

省份	新开工改造小区数	
	计划任务数	实际开工数
内蒙古	1 698	1 791
广西	1 572	1 689
重庆	831	841
四川	6 245	6 254
贵州	761	766
云南	2 963	3 014
陕西	3 622	3 634
甘肃	2 126	2 126
青海	488	488
宁夏	390	393
新疆（含兵团）	1 788	1 793
西藏	36	23

资料来源：住建部城市建设司官方网站。

住房租赁是我国房屋供应体系的重要分支，也是解决民生问题的重要组成部分。2021 年 6 月，国务院办公厅印发《关于加快发展保障性租赁住房的意见》，首次明确了国家层面的住房保障体系的顶层设计。国家的住房保障体系将以公租房、保障性租赁住房和共有产权住房为主体。贯彻落实国家政策，西部地区各省份积极出台政策加快发展保障性租赁住房，并形成了一系列创新举措（见表 4－11）。重庆市、成都市 2019 年入围首批中央财政支持住房租赁市场发展试点入围城市名单，南宁市 2020 年入围全国第二批中央财政支持住房租赁市场发展试点城市名单。试点城市获得每年 8 亿元的财政补贴，用于多渠道筹集租赁住房房源、建设住房租赁信息服务与监管平台等与住房租赁市场发展相关的支出。

表 4-11 部分保障性租赁住房相关政策整理

发布主体	政策名称	重点内容
广西壮族自治区人民政府	关于进一步加强公租房和保障性租赁住房工作完善住房保障体系的实施意见（2021 年 12 月）	着力提升公租房保障能力，实物配租和租赁补贴搭配，对符合条件的家庭应保尽保；加快发展保障性租赁住房，简化审批流程，完善土地、财政税费、金融等政策支持，有效增加保障性租赁住房供给。
成都市保障性租赁住房工作领导小组办公室	关于居民自愿将自有住房用于保障性租赁住房操作指南（2022 年 7 月）	对居民自愿将自有住房用于保障性租赁住房的房源条件、认定程序、租赁对象、租金标准等一系列操作规范进行了明确，切实让新市民、青年人等群体“租得到、租得近、租得起、租得稳、租得好”，促进实现职住平衡。
云南省住房和城乡建设厅	云南省住建领域新型城镇化三年行动计划（2023—2025 年）（征求意见稿）（2022 年 10 月）	着力解决好新市民和青年人等群体的住房困难问题，加快构建以公租房、保障性租赁住房和共有产权住房为主体的住房保障体系，按照“供需匹配”有效加强保障性租赁住房供给，支持昆明市等地积极探索共有产权住房，持续做好公租房保障，支持昆明市、大理市等地新筹建公租房；到 2025 年，筹集建设保障性租赁住房 21 万套。
新疆生产建设兵团	贯彻落实《国务院办公厅关于加快发展保障性租赁住房的意见》的实施意见	争取中央补助资金支持和落实税费优惠政策；完善金融政策配套，支持保障性租赁住房建设、改造、运营企业发行不动产投资信托基金（REITs）融资。

资料来源：根据各地政府官方资料整理。

（五）公共文化服务

“十三五”期间，为推动公共文化服务均衡化发展，提高服务质量和效能，西部各省份近年来一直在积极行动。除贵州和广西的农村地区外，西部地区各省级行政单位城乡广播电视、节目综合人口覆盖率均达到 98%以上；西部地区各类公共文化场馆和乡镇社区综合文化站在数量上不断增加，公共博物馆、文化馆、图书馆、纪念馆、美术馆和爱国主义教育示范基地免费开放基本实现，场馆承接各类展览、讲座频次不断增加。如表 4-12 所示，2021 年，西部各地公共图书馆数量达到 1 223 个，占全国总数的 38%，相较于 27%的人口占比，人均公共图书馆数量和图书馆面积均高于全国均值，但人均馆藏量略低。此外，宁夏、青海两地图书馆藏资源较为丰富。

表 4－12　2021 年西部各地图书馆基本情况

地区	公共图书馆数量（个）	人均公共图书馆面积（平方米/万人）	人均馆藏量（本/人）
青海	50	217.7	1.01
内蒙古	117	209.8	0.89
宁夏	27	204.6	1.18
西藏	82	196.4	0.72
甘肃	104	154	0.78
新疆	110	145.8	0.62
重庆	43	124.7	0.73
陕西	117	108.8	0.58
贵州	99	100.6	0.47
广西	116	98.7	0.6
四川	207	98.7	0.55
云南	151	91.7	0.52
西部地区	1 223	145.958 3	0.720 833
全国	3 215	135.5	0.89

资料来源：《中国统计年鉴 2022》。

如表 4－13 所示，西部各地的博物馆状况差异较大，大致可分为三类运营策略：第一类，以陕甘宁三省份为代表的西北地区，博物馆资源尤为丰富，馆藏文物价值高，博物馆参观人次多，门票均价高。陕西、甘肃两省门票销售额处全国前列，推测吸引了大量外地游客前来参观，作为文旅资源的属性明显。第二类，四川、重庆两地博物馆数量多，参观人次多，但门票销售额略低于第一类地区，博物馆属性相对综合。第三类，西南地区，以广西、贵州、云南等为典型，博物馆作为普惠的公共文化资源的属性明显，门票均价极低，可推测大部分博物馆可免费参观，对本地市民和常客更加友好。

表 4－13　西部地区部分省份博物馆基本情况

省份	博物馆数量（个）	参观人次（万人次）	门票销售额（万元）	门票均价（元/人次）
陕西	309	2 242	52 765.7	23.535 1
甘肃	226	1 749	23 977.4	13.709 21

续表

省份	博物馆数量（个）	参观人次（万人次）	门票销售额（万元）	门票均价（元/人次）
宁夏	54	335	2 194	6.549 254
四川	258	3 753	21 387.6	5.698 801
重庆	105	1 851	3 587.3	1.938 033
广西	142	1 242	148	0.119 163
贵州	92	1 904	34.8	0.018 277
云南	161	937	158.7	0.169 37

资料来源：《中国统计年鉴 2022》。

案例

建立健全公共文化服务体系

2022 年 10 月 28 日，国家文化和旅游部通报第一二批国家公共文化服务体系示范区创新发展复核工作结果，云南省保山市在西部 25 个示范区中脱颖而出，获得优秀等级。经过多年建设，保山全市建立健全市、县、乡、村、自然村五级公共文化服务网络全覆盖，7 个公共图书馆中有 2 个二级馆提升为一级馆，6 个文化馆中有 1 个三级馆提升为二级馆，建成文化站 80 个、博物馆（纪念馆）21 个、文化馆分馆 75 个、图书馆分馆 75 个、村级文化场所 3 647 个，在西部山区市形成了“15 分钟文化服务圈”。

文化传承地方精神。保山市以文化引领城市建设，将城乡文化设施作为精神文明建设的“窗口工程”、城乡建设的“标志工程”、满足人民群众日益增长的文化生活需求的“民心工程”和文化旅游与经济一起抓的“示范工程”。积极培育打造文化精品，创作繁荣文化艺术，积累了一系列反映南方丝绸古道文化、滇西抗战文化、侨乡文化等民族民间特色的优秀文化作品。保山市城乡人民对文化活动参与热情高，2021 年，全市 950 个村（社区）开展文艺演出 3 008 场次，演出节目 11 400 个，观众达 194.66 万人次；送戏下乡 398 场次，观众达 106 万人次。以党建为引领，以文艺创作为载体，在文化创新中不断增强文化自信，群众的文化获得感和满意度不断提高。

文化助力城乡融合。在脱贫攻坚和乡村振兴中，保山市将公共文化服务作为必要条件，有力地保障贫困村群众和其他地方群众一样享有读书看报、参加文化活动的基本文化权益；通过编创、演出与脱贫有关的文艺节目，发挥文化扶志与扶智作用；在各个移民点建设中全部配建文化活动场所，基层文化场馆成为民族团结融合、民族文化传承、文明生活习俗培养的重要阵地；充分挖掘乡村文化旅游资源，不断巩固脱贫成果，并扩大增收就业渠道，为经济社会发展注入新的动能，促进农村振兴。

三、西部地区公共服务发展问题与挑战

如前文所述，在中央统一部署、各地共同努力下，西部地区公共服务在供给水平、供给模式体系建设等方面均取得一定进展。但仍应承认，相较于东部发达地区和全国平均水平，西部地区公共服务总体水平不高，且均等化水平低，存在较多短板和现实问题。参考李华等学者①的结论，在全国基本公共服务基尼系数总体下降明显的同时，“东高西低”分布格局存在增强趋势；中国四大区域总体及各区域基本公共服务供给绝对差异均呈扩大趋势，其中，西部地区基本公共服务供给水平存在城乡两极分化。下文将从各项重点公共服务领域的具体痛点和共性问题两方面，对现阶段西部地区公共服务发展所面临的困难进行梳理。

（一）重点服务短板

1.义务教育均衡发展进度滞后

西部地区多民族地区、革命老区、边疆地区，受自然环境限制、经济发展水平滞后、义务教育经费投入相对较少等因素影响，在义务教育均衡发展路上面临着更多的困难，与东中部地区还存在着一定的梯队差距。部分地区存在大校额大班额、依法及时足额拨付教育经费的长效机制不完善、学校办学条件不足、教师结构性短缺、义务教育学校管理水平不高等问题。

特殊地理环境和办学形式使西部农村地区教育发展成本高，发展难度大。西部地区人口分散且分布极度不均，交通不便阻碍农村中小学实现集约化办学，小规模学校及农村办学点存在发展困境。尤其是在高山、高原、高寒及牧区、半农半牧区和荒漠地区，义务教育阶段学生寄宿需求量极大。西部地区农村中小学布局调整的遗留问题仍然显著，低龄学生异地求学现象普遍。

与此同时，西部城镇区域“巨校大班”现象突出。随着大量农村劳动力随城镇化进程向城市转移，义务教育阶段学生大量从农村流入城镇。部分地方政府为追求教育规模经济和义务教育的形式化均衡，采取扩大城镇学校规模的方式，以期提高教育资源的配置效率。但事实上，“巨型学校”的存在会引发“大班额”、

① 李华，董艳玲. 中国基本公共服务均等化测度及趋势演进：基于高质量发展维度的研究 [J]. 中国软科学，2020 (10)：74-84. 该文基于教育、基础设施、公共文化、医疗卫生、科学技术、公共安全、社保就业、环境保护八个维度测度了 2006—2017 年中国各省份基本公共服务供给指数。

教育质量难以保证、学校管理难度增大等问题，违背了义务教育均衡发展育人目标和对教育公平的价值追求。

人才匮乏是制约西部地区教育均衡化发展的关键因素之一。尽管城乡中小学干部与教师整体学历水平近年来皆有很大提升，但区域间、城乡间差距仍然明显，梯度性差距并没有得到缩减。部分农村地区学校体艺、计算机等学科结构性缺编问题严重，教育信息化建设水平极度受限。

2. 医疗服务效率质量均须提高

医疗领域的系统性困境制约了西部地区公共医疗卫生服务的发展。现阶段，与东部地区相比，西部地区大型综合医院学科建设存在配套政策体系不健全、缺乏规划引领、学科基础薄弱、学科特色不显著、运营效率低下、人才引进难与流失严重并存、学科创新能力欠佳等现实困境。

从效率上看，研究发现，尽管西部地区 12 家省级医院基本配置与全国百强医院平均水平接近，但其运营效率存在较大差距。[①] 西部地区省级医院年均急诊人次数普遍低于全国百强医院均值。同时，因医保报销政策差异、病患尽早就诊意识欠缺等因素影响，西部地区省级医院平均住院日普遍长于中、东部地区，医疗系统运营效率有待提升。西部地区互联网医疗等新模式尚在试点与探索阶段，其对医疗服务效率提升的效果有待进一步评估。

从质量上看，西部地区医疗系统面临人才、资金等各类资源不足的窘况。西部地区各级医院均不同程度面临优质医疗人才引进困难与流失严重并存的困境。具体包括西部地区医学院校培养人才体量小、难度大，卫生人力资源结构失衡，基层卫生机构护士短缺现象严重等问题。高层次领军人才匮乏，顶尖院校的医学生赴西部地区意愿弱等人才缺口进一步造成西部医疗机构在科研创新能力方面的弱势。科研投入与产出不成正比，大量科研成果难以转化为切实服务病患的应用成果。西部地区财政自给率普遍不足[②]，公立医院财力水平整体偏低，科研转化收入、社会资本等构成不足，长期对中央、省级财政转移支付有较高依赖性[③]，进一步导致地方政府对卫生事业经费投入积极性不高。

3. 社会保障制度管理亟待规范

长期以来，西部地区社会保障服务的质量及效果普遍落后于东部地区。受区

---

① 刘兰辉，黄海凤，任红霞，等. 西部省级医院运营现状分析及对策 [J]. 中国医院，2022，26 (11)：42-44.

② 余兰，孙玉凤，邴龙飞，等. 我国西部地区政府医疗卫生支出影响因素研究 [J]. 医学与社会，2022，35 (11)：22-26.

③ 研究发现西部地区人均卫生医疗支出每增加 1%，将导致本辖区基本公共服务均等化水平下降 0.336%，这说明西部地区对上级政府的财政依赖性比中、东部要强。

域经济发展、人口分布、城镇化水平等因素的制约，西部地区，尤其是少数民族地区社会保障水平相较全国平均水平差距较大。西部地区地广人稀、民族众多，少数民族文字语言差别较大，加之高原山地气候恶劣、交通不便、自然灾害频发，人口分布差异悬殊。政府社会保障事业建设难度大，劳动保障工作成本高。西藏、新疆等地仍处于城镇化初级阶段，企业、个人对社保缺乏积极性，劳动力转移率、失业率较高，社保关系不稳定。

西部地区社会保障制度的分级保障、推行手段和资金管理尚不规范。多层次社会保障体系尚未建立，目前仍以国家强制性基本保障为主，补充医疗保险、个人储蓄性保险、个人养老储蓄金等保障方式普及程度低；社会保障体系主要依靠政策与行政手段推行，社保立法相对滞后，导致在社会保障制度的执行过程中存在较大的自由量裁权，无法有效通过法律或仲裁等工具保障人民合法权益；社会保障资金尚未建立完善的保值增值机制，且部分地区少报瞒报缴费工资基数等情况普遍，收缴率低，导致筹资渠道少，资金缺口大，无法满足庞大的社会保障需求，部分地区已难以足额发放各类保障金。

（二）共性问题诊断

第一，经济发展整体偏弱，制约基本公共服务发展。从宏观角度看，一个地区公共服务水平大致与其发展水平相适应。经济发展是公共服务发展的基础和前提，一方面，经济发展状况通过影响财政状况的方式制约政府提供的公共服务质量和有效性；另一方面，经济发展促使公众生活水平提升，从而对公共服务的类型和水平提出更高要求。因此，西部地区较为薄弱的经济发展基础和较为落后的经济发展现实是制约公共服务，尤其是由政府主导的基本公共服务发展的根本因素，也是造成城乡、区域间发展差距的根源。

第二，城乡发展差距明显，各省份间情况差异显著。近年来，随着西部大开发战略的不断推进和东西帮扶等重点工程的不断深入，我国西部地区总体社会经济发展得到了显著提升。但应注意到西部地区内部的情况复杂现状，城乡差距与区域差距交叠，统筹发展难度加大。长期以来城市偏向的发展、试点战略，导致广大农村地区难以获得与先进地区和城镇区域的对比优势。研究表明西部地区各项公共服务的财政支出对均等化水平均产生负效应①，难以利用人口的流动性来刺激相邻地区增加基本公共服务投入。此外，西部地区农民作为弱势群体，缺乏利益表达渠道和自治主体，这愈发削弱了其在索取公共服务方面的话语权。

第三，体制机制问题突出，阻碍公共服务有效供给。除了社会经济发展水平

① 肖建华，李雅丽. 地方基本公共服务均等化的时空分异与空间效应研究［J］. 财政科学，2019（11）：126-138.

这一根源问题，机制体制问题加剧了西部地区公共服务实际供给不足的问题。具体表现为，西部地区尚未形成规范的公共服务供给分工和考核评价体系，问责不力，在事实上造成了公共服务指标执行不彻底；大部分省份没有形成可持续的财政支持机制，自我造血意识薄弱，过度依赖中央财政；西部地区政府尚未真正实现从经济建设型政府向公共服务型政府的转变，公共服务供给与人民需求不对称或缺位现象普遍存在。

第四，行政垄断现象明显，市场化服务供给水平低。西部地区公共服务市场化程度极低，行政性垄断现象尤为突出。政府是公共服务政策的制定者和绝对主导的执行者，既当裁判又当选手，极大限制了社会资本参与公共服务供给的意愿和可行性。因此，当发达地区积极探索引入市场机制提供或运营各类公共服务，并以广泛引入普惠性非基本公共服务的形式鼓励个人购买高质量公共服务的同时，西部地区对市场及各类社会力量参与配置公共服务资源的接受程度仍然较低，更遑论对公共服务领域各类市场主体和社会组织的规范化监管。

四、西部地区公共服务体系与新型城镇化发展的对策建议

（一）加快补齐基本公共服务短板

加快补齐公共服务短板，努力推动实现公共服务人人可享、人人可及，要做到找准、摸透、补齐相结合。西部地区地域广袤、人口众多，经济发展基础总体薄弱，地区内部差异明显，因此，补齐西部地区公共服务短板是一个动态过程，不是简单的打补丁，也不会一劳永逸。既要尽力而为，扩大西部地区公共服务的广度，延伸公共服务半径，提升服务水平；也应量力而行，提高公共服务的精度，提供符合经济社会发展实际水平的公共服务，满足人民群众现实需求。

如本章中提及，西部地区公共服务体系中暴露出的短板，是经济发展、机制体制等方面共同导致的历史问题和系统性问题，只有通过更好更快的发展才能从根本上解决。新型城镇化是中国式现代化的必由之路，也是推进全体人民共同富裕的必然选择。因此，要以推动经济社会高质量发展和城乡居住环境人本化更新的思维，对西部地区公共服务体系发展进行系统考虑，一体化推动城乡人民生活水平提升。简而言之，城镇区域要紧紧扭住“一圈两场三改”这一具体抓手，围绕“教业文卫体、老幼食住行”等公共服务，将民生工程渗透至城市生活各个方面；农村地区巩固拓展脱贫攻坚成果，以基本公共服务均等化作为高质量推进乡村振兴的软件保障。

（二）因地制宜制定人本化的专项政策

充分认识到广大西部地区内部存在的公共服务水平差异，在推动公共服务均

等化的同时，认识并尊重西部地区民族文化多样、边疆广袤等复杂性，避免“一刀切”。鼓励各级政府结合实际，制定专项政策方案。在制定地区政策时，应尤其关注服务供给的公平高效和服务标准的可监督性。一要细化完善公共资源与常住人口挂钩、与服务半径挂钩的制度安排，提高公共服务的有效覆盖，逐步完善精准服务、主动响应的公共服务提供机制，实现从“人找服务”到“服务找人”的转变。二要逐项明晰公共服务标准及所需的软硬件标准规范，加强对公共服务供给水平和质量的有效评估监管，建立健全公共服务需求表达和反馈机制，并根据评估结果动态调整国家基本公共服务清单，不断完善公共服务资源配置。

城乡分类施策，探索区域公共服务均等化一体化发展。利用好成渝、呼包银榆等城市群的区域协调基础和辐射带动效应，共建共享，协同优化，先行先试逐步实现区域内公共服务的一体化和均等化。探索城市群范围内的服务标准相互衔接、服务信息互联互通、服务事项异地享有，提高城市群辐射范围内城乡人民的生活水平。在农村地区，尤其应关注农村人口结构和经济社会形态的变化，推进县乡村公共服务一体化、均等化，逐步实现县乡村统筹，标准统一、制度并轨的城乡公共资源配置机制。

（三）多渠道完善基本公共服务财力保障

推进公共服务均等化要求中央和地方坚持以人为本，不断完善财税机制。一要对基本公共服务均等化进程以及各地的财政能力进行准确评估，合理分配中央与西部各地方政府的负担比例，引导地方政府将公共资源配置到社会管理与基本公共服务领域，配合西部大开发战略，进一步加大中央财政对西部困难地区、民族地区和边疆地区的转移支付力度。二要保证各级政府把更多财政资金投向公共服务领域，不断加大对重点支出项目的保障力度，谨慎评估财力状况，保障西部地区财政性教育经费、医疗经费、社会保障经费等类目的增长幅度高于财政经常性收入的增长幅度，并确保经费适当向农村地区和社会事业发展的薄弱环节倾斜。

明晰公共服务供给的职能划分和权限，并按照公共性、市场化和引导性原则，进一步明确政府支出范围。考虑到西部地区的社会经济基础和公共服务发展阶段，总体上应由政府承担各项基本公共服务保障供给数量和质量的主要责任和兜底责任。但与此同时，要尤其注意杜绝行政垄断影响公共服务供给有效性的现象发生，建设公共服务型政府，准许并合理引导市场主体和公益性社会机构参与基本公共服务供给。对市场自发供给不足的非基本公共服务，政府应通过支持公益性社会机构或市场主体，增加服务供给、提升服务质量，推动重点领域非基本公共服务普惠化发展，控制付费公共服务的价格在大多数公民可承受的范围内；此外，随着生活服务快速发展，新业态、新模式不断涌现，朝数字化、网络化、智能化、多元化、协同化方向发展。为适应新的需求变化，财政应发挥“四两拨千斤”的杠杆作用，积极引导社会资金合理合规地为居民提供更高层次、付费享有的生活服务，作为公共服务体系的有益补充，以满足公民多样化、个性化、高品质的服务需求，充分激发公共服务市场活力，释放消费潜力。

（四）推动以县域为抓手的公共服务均等化

2022年5月中共中央办公厅、国务院办公厅印发的《关于推进以县城为重要载体的城镇化建设的意见》提出“强化公共服务供给，增进县城民生福祉”。县城既是城镇化的重要组成部分，也是城乡融合发展的关键支撑。推动以县域为单元的公共服务供给侧改革，提高农村地区基本公共服务供给有效性。充分发挥县域农村靶向鲜明、均等条件成熟、政策操作便利等优势，将县域作为消除城乡区域差距、快速提升农村公共服务水平的着力点。推进县城综合服务体制创新，有效提升城乡公共服务均等化水平，在符合条件的地区积极推进县域新型基础设施建设和数字化改造。

在基本公共服务县域统筹的背景下，重点支持教育资源供给、医疗卫生体系、养老托育服务、文化体育设施、社会福利设施等方面工作。促进县域基础设施和公共服务向乡村延伸覆盖，强化县城与邻近城市发展的衔接配合。尤其注重西部地区县域在教育、医疗等对农村地区辐射作用较大、服务范围较广的领域加快建设。例如，支持西部地区县域人口达到一定规模的县完善县级医院，推动达到三级医院设施条件和服务能力，建立省级和地级及以上城市三甲医院对薄弱县级医院的帮扶机制；鼓励发展职业学校和高等教育，深入推进产教融合。

根据“科学把握县城功能定位，分类引导公共服务体系发展”的县域发展要求，对西部贫困地区普遍存在的人口流失县制定转型发展方案，优化公共服务布局，引导人口和公共资源适度集中，同时加强民生保障和救助扶助，尤其注重财政资金向社会保障等领域倾斜。选择一批具有代表性的县（市）开展县乡村公共服务一体化试点示范。

参考文献

[1] 鲍曙光. 农村基本公共服务制度研究［D］. 财政部财政科学研究所，2014.

[2] 蔡绍洪，谷城，张再杰. 西部新型城镇化与乡村振兴协调的时空特征及影响机制［J/OL］. 中国农业资源与区划：1-12［2022-12-12］.

[3] 韩增林，李彬，张坤领. 中国城乡基本公共服务均等化及其空间格局分析［J］. 地理研究，2015，34（11）：2035-2048.

[4] 贺雪峰．大城市的“脚”还是乡村的“脑”：中西部县域经济与县域城镇化的逻辑［J］．社会科学辑刊，2022（05）：55－62．

[5] 胡苗．甘肃省基本公共服务水平测度与均等化服务思考：基于省、市（州）差异对比与各分项指数的分析［J/OL］．开发研究：1－14［2022－12－12］．

[6] 胡税根，齐胤植．大数据驱动的公共服务需求精准管理：内涵特征、分析框架与实现路径［J］．理论探讨，2022（01）：77－85＋2．

[7] 国家发改委．“十四五”公共服务规划［EB/OL］．发展改革委网站，2022－01－10．

[8] 李彦铎．公共服务供给主体单一的理论解释：基于政府选择偏好的视角［J］．江西社会科学，2022，42（09）：175－185＋208．

[9] 欧晓理．我国基本公共服务体系建设的现状、问题和思考［J］．社会治理，2019（07）：12－15．

[10] 肖建华，李雅丽．地方基本公共服务均等化的时空分异与空间效应研究［J］．财政科学，2019（11）：126－138．

[11] 于璇，王晓静．基本公共教育服务均等化的地区差异及时空收敛性［J］．统计与决策，2022，38（17）：55－60．

[12] 翟秋阳，崔光胜．我国城乡基本公共服务均等化研究：基于东、中、西部若干省市的比较分析［J］．求实，2015（07）：49－56．

[13] 赵莉，陈国强．西部地区大型综合医院学科建设困境与对策探讨［J］．医院管理论坛，2020，37（11）：5－7．

第五章　西部地区城镇化与生态文明

摘　要

生态文明是人类文明的重要组成部分，是物质文明、精神文明以及政治文明的有益补充，并且各个文明之间是协调发展、相互促进、相互制约的。中国共产党继承、发展了马克思主义生态文明思想并在新的时代背景下提出了建设生态文明的历史任务。但由于历史遗留问题，以及经济社会的发展，西部地区已出现生态环境相对恶劣性、复杂性与脆弱性等问题。为此，西部地区也进行了一系列成功的实践，例如西北地区西宁城市生态文明建设和西南地区成都城市公园建设。总的来说，西部地区生态文明建设既要坚持全国“一盘棋”，紧跟中央步伐，又要结合地区实际，因地制宜，走特色发展、多元主体协同治理之路。

Abstract

Ecological civilization is an important part of human civilization, is the material civilization, spiritual civilization and political civilization of beneficial supplement, and each civilization is coordinated development, mutual promotion, mutual restriction. The Communist Party of China has inherited and developed Marxism thought of ecological civilization and put forward the historical task of constructing ecological civilization under the new era background. However, due to the problems left over from history and the development of economic society, problems such as the relative badness, complexity and fragility of the ecological environment have emerged in the western region. Therefore, a series of successful practices have been carried out in the western region. For example, the construction of urban ecological civilization in Xining in the northwest region and the construction of Chengdu urban park in the southwest region. In general, ecological progress in the western region should not only follow the national "chess board" and follow the pace of the central government, but also adapt to local conditions in light of local conditions and follow a path of development with distinctive features and coordinated governance by multiple entities.

第二章中提到西部地区是我国的重要生态屏障，集聚了中国“两屏三带”生态战略中的“两屏一带”，即“黄土高原-川滇生态屏障”“青藏高原生态屏障”和“北方防沙带”，对我国生态安全格局发挥着重要的作用。而西部地区生态环境又表现出脆弱性的特征。西部地区主要以沙漠、戈壁和高寒地区为主，降水量较少，由于海拔高，因此年均气温相对偏低，气候条件不佳。尽管西部地区矿产资源尤为丰富，但是该地区大多以限制开发区为主，生态系统比较脆弱，生态环保任务十分艰巨。

一、西部地区生态环境现状

我国西部地区有着丰沛的自然资源，拥有丰富的太阳能和风能资源，青藏高原上拥有的优质太阳能与同纬度的西亚、北非相比不相上下。新疆、青海、甘肃、内蒙古等省份的风能资源也较为丰富，全年有效风能达 700～800 小时，有效风能密度为 200～300 瓦/平方米，西部地区稀土、铝土、钾盐、镍、铜、铀、钍、煤炭、天然气等重要的地下矿产资源，储藏量都占到全国总储量的 70%以上。做好西部地区自然资源开发利用，是实现我国“两个一百年”奋斗目标，实现中华民族伟大复兴的中国梦的必然要求。做好西部地区自然资源开发利用，首先就要做好生态环境的治理。

（一）西部地区生态环境的脆弱性

快速的城镇化对西部生态环境造成了巨大压力。近年来，西部地区土地荒漠化加剧，森林、植被破坏严重，生态脆弱。生态脆弱与西部水资源短缺有关，西部荒漠化、草原退化和干旱农业都和水的供给有关。而喜马拉雅冰川正在加速退缩，从 1975 年到 2016 年的 40 多年时间里，冰川体积就减少了 28%。此外，西部地区是我国水土流失最严重的地区。随着工业化的推进和工业的增长，工业污染强度高和城市环境污染日趋严重是西部城市环境问题的主要特征。目前，空气污染越来越成为西部城市发展过程中的一大顽疾。

1. 土地荒漠化严重

土地荒漠化是土壤侵蚀的重要表现形式，是人类不合理经济活动造成的一种生态性灾害。土地荒漠化主要有三种形式：一是土地沙漠化；二是土地石漠化；三是砾质荒漠化。西部土地荒漠化主要表现为西北地区的土地沙漠化和西南地区的土地石漠化。国家林业局组织开展的第六次全国荒漠化和沙化调查结果显示，我国荒漠化和沙化土地面积持续减少。截至 2019 年，我国荒漠化土地面积 257.37 万平方千米，占国土总面积的 26.81%，分布于北京、天津、河北、山西、内蒙古、辽宁、吉林、山东、河南、海南、四川、云南、西藏、陕西、甘肃、青海、宁夏、新疆 18 个省份的 528 个县（旗、市、区）。其中，荒漠化土地主要分布在西部干旱半干旱地区，大部分集中在新疆、内蒙古、西藏、青海、甘肃这 5 个省份，面积分别约为 107 万平方千米、60 万平方千米、43 万平方千米、19 万平方千米、19 万平方千米，5 省份荒漠化土地面积约占全国荒漠化土地总面积的 95%（见图 5-1）。

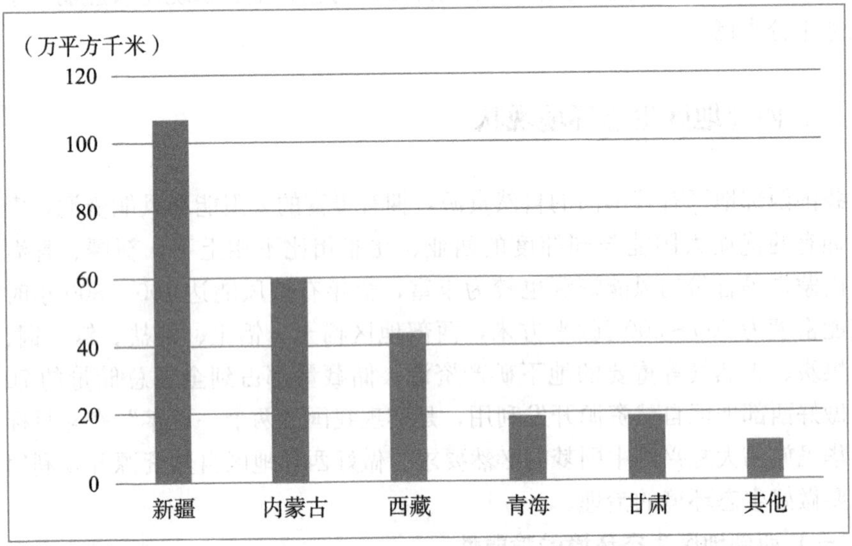

图 5-1 荒漠化土地面积示意图

资料来源：《2020 年中国国土绿化状况公报》。

全国沙化土地总面积 168.78 万平方千米，占国土总面积的 17.58%，散布于我国 30 个省份。这其中，沙化土地主要分布在新疆、内蒙古、西藏、青海、甘肃五省份（见图 5-2），面积分别约为 73 万平方千米、40 万平方千米、21.5 万平方千米、12 万平方千米、12 万平方千米，五省份沙化土地面积占全国沙化土地总面积的 93%。

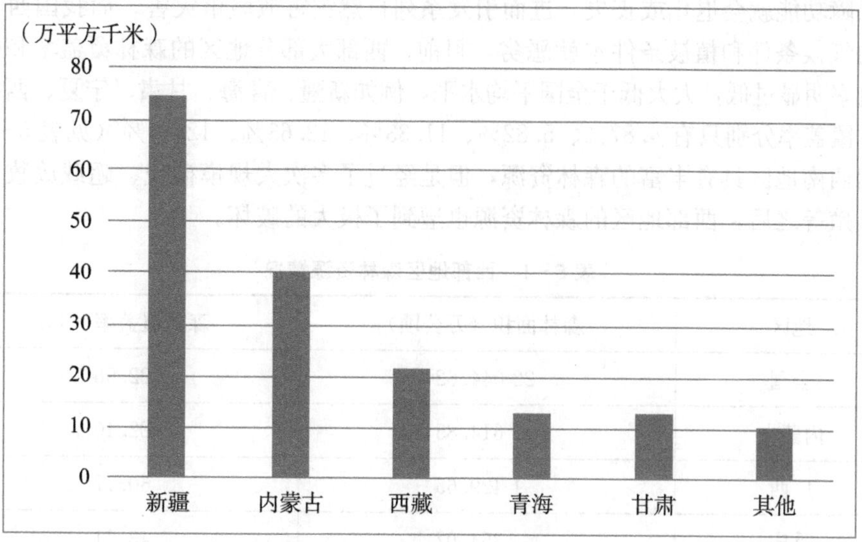

图 5-2　沙化土地面积示意图

资料来源：《2020 年中国国土绿化状况公报》。

虽然经过我国政府半个多世纪的荒漠化防治，近些年的荒漠化及沙化的土地面积在逐年减少，正在向好的趋势扭转，但是离全面胜利依然任重道远。这是由许多客观原因导致的。其中一个原因是，荒漠化严重的地区同时也是我自然条件较差的地区，本身的自我调节能力以及自我恢复能力较差，不利于植被生长，植被破坏容易，但是想要恢复却非常难。如果不好好地保护现有的植被，一些明显具有沙化趋势的土地极易造成严重破坏；在已有效治理的沙化土地中，大都是进行初步治理的土地，沙区生态修复不够完善，今后还需要花大功夫进行巩固与恢复，若不然可能会前功尽弃。还有一个原因是，人的因素在荒漠化的成因中一直是重要因素。在沙区开垦土地的问题较为突出，近几年来沙区耕地面积增加了 100 多万公顷。过量放牧的现象也很突出，对植被造成了极大的破坏。最后，在这些荒漠化严重的地区，生态用水和农业用水一直是对立的矛盾。农民为了灌溉而取水，严重挤占了生态用水，使自然植被缺水严重。比如，科尔沁沙地农区地下水 10 年间下降了 2 米多；塔里木河农业用水占比更是高达 90%以上；由于过度用水，近 30 年内蒙古湖泊个数和面积都减少了 30%左右。缺水对沙区植被保护和建设形成巨大威胁。

2. 植被破坏严重

植被是居民生活环境的重要保障。无论是对大城市而言，还是对小城镇而言，其植被的多寡都是保障良好生态环境的根本。一旦植被遭到破坏，环境修复和保障功能就会退化或丧失，进而引发系列自然灾害或城市灾害。而我国西部地区的气候条件和植被条件本就恶劣，目前，西部大部分地区的森林覆盖率和植被覆盖率明显过低，大大低于全国平均水平，例如新疆、青海、甘肃、宁夏、西藏的森林覆盖率分别只有 4.87%、5.82%、11.33%、12.63%、12.14%（见表 5-1）。虽然西南地区具有丰富的森林资源，但是经过了多次大规模砍伐、超载放牧、过度垦殖等之后，西部地区的森林资源也遭到了极大的破坏。

表 5-1　西部地区森林资源情况

地区	森林面积（万公顷）	森林覆盖率（%）
全国	22 044.62	22.96
内蒙古	2 614.85	22.10
广西	1 429.65	60.17
重庆	354.97	43.11
四川	1 839.77	38.03
贵州	771.03	43.77
云南	2 106.16	55.04
西藏	1 490.99	12.14
陕西	886.84	43.06
甘肃	509.73	11.33
青海	419.75	5.82
宁夏	65.60	12.63
新疆	802.23	4.87

资料来源：国家统计局官方网站。

此外，虽然西部地区以草地为主，但是由于人为的不合理利用，目前的草地退化速度持续加快。根据一项国际生态与环保学会的研究，在我国西北地区的草原正以每年 100 万公顷的速度消失，草原退化率远远大于全国平均水平。其中宁夏、陕西、甘肃和西藏 4 个省份的草原退化率分别高达 97%、58%、45%、30%，退化现象十分严重。草地退化不仅使物种多样性降低、生产力下降，而且其自然的无性营养繁殖和种子繁殖混合繁殖的模式和过程均受到扰乱，几乎无法通过营养繁殖的方式进行自然恢复。

3. 水资源短缺

西部地区的生态脆弱与西部水资源短缺有关，西部荒漠化、草原退化和干旱农业都和水的供给有关。据2020年度《中国水资源公报》显示（见表5-2），2020年，全国水资源总量为31 605.2亿立方米。其中，地表水资源量占96.2%，地下水资源量占3.8%；全国用水总量5 812.9亿立方米，占当年水资源总量的18.4%。其中，地表水源供水量占供水总量的82.4%，地下水源供水量占15.4%，其他水源供水量占2.2%。全国用水总量5 812.9亿立方米，其中，农业用水占用水总量的62.1%、工业用水占17.7%、生活用水占14.9%、人工生态环境补水占5.3%。受降水偏丰等因素影响，2020年全国用水总量比2019年减少了208.3亿立方米。

表5-2　2014—2020年我国水资源总量情况　（单位：亿立方米）

时间	水资源总量	地表水资源量	地下水资源量	地表水与地下水资源重复量	人均水资源量
2014年	27 266.9	26 263.9	7 745.0	6 742.0	1 987.6
2015年	27 962.6	26 900.8	7 797.0	6 735.2	2 026.5
2016年	32 466.4	31 273.9	8 854.8	7 662.3	2 339.4
2017年	28 761.2	27 746.3	8 309.6	7 294.7	2 059.9
2018年	27 462.5	26 323.2	8 246.5	7 107.2	1 957.7
2019年	29 041.0	27 993.3	8 191.5	7 143.8	2 062.9
2020年	31 605.2	30 407.0	8 553.5	7 355.3	2 239.8

资料来源：2015—2021年的《中国水资源公报》。

2020年西部地区城市水资源总量16 999.5亿立方米，占全国总量的53.79%，除四川外，西部城市整体水资源仍处于短缺状态（见表5-3）。西南地区主要表现为区域性和季节性水资源短缺，尽管降水量在1 000毫米/年以上，但承垫面主要为丘陵山区，土壤蓄水能力差，降水多但蓄水少，形成了“地表水滚滚流，地下水贵如油”的现象，加上西南地区的喀斯特地形特点，使得水利设施修建非常困难，水资源难以得到充分利用。西部地区粗放式的水资源利用方式人为地造成了水资源的浪费和短缺，西北农业灌溉多采用大水漫灌方式，节水灌溉设施落后，例如黄河中上游区域的农业生产水资源利用率仅为40%左右。在西南地区，由于山高谷深，水利设施匮乏，水资源利用成本过高，因此也加剧了西部地区水资源短缺程度。水资源短缺直接阻碍了西部地区工农业生产水平的提高，恶化了西部生态环境，导致了诸多“生态难民”的出现，严重制约了西部社会经济的进一步发展。西部地区水资源短缺不仅对西部本地经济发展形成制约，而且作为中国大江大河的主要发源地，江河源头水量减少，造成下游广大区域短流缺水，对下游工农业生产造成严重损害。如青海是长江、黄河、澜沧江的发源地，发源量分别占这三大河流水量的49%、25%、15%。近20年来，流出青海境内的长江、黄河和澜沧江的水量分别减少了24%、27%和13%，对流经流域中下游工农业生产造成巨大经济损失。

表 5-3　2020 年西部地区水资源总量情况　（单位：亿立方米）

省份	水资源情况				
	水资源总量	地表水资源量	地下水资源量	地表水与地下水资源重复量	人均水资源量
内蒙古	503.9	354.2	243.9	94.2	2 091.7
广西	2 114.8	2 113.7	445.4	444.3	4 229.2
重庆	766.9	766.9	128.7	128.7	2 397.7
四川	3 237.3	3 236.2	649.1	648	3 871.9
贵州	1 328.6	1 328.6	281	281	3 448.2
云南	1 799.2	1 799.2	619.8	619.8	3 813.5
西藏	4 597.3	4 597.3	1 045.7	1 045.7	126 473.2
陕西	419.6	385.6	146.7	112.7	1 062.4
甘肃	408	396	158.2	146.2	1 628.7
青海	1 011.9	989.5	437.3	414.9	17 107.4
宁夏	11	9	17.8	15.8	153
新疆	801	759.6	503.5	462.1	3 111.3

资料来源：国家统计局官方网站。

4.水土流失严重

2019年全国水土流失动态监测结果显示，2019年，全国水土流失面积为271.08万平方千米，占国土面积（不含港澳台地区）的28.34%，较2018年减少2.61万平方千米，降幅为0.95%。与2011年数据相比减少了23.83万平方千米，总体降幅为8.08%。这表明，我国水土流失状况持续好转，生态环境整体向好态势进一步稳固。但西部地区水土流失最为严重，面积为227.07万平方千米，占全国总水土流失面积的83.76%，较2018年只减少了1.92万平方千米，降幅仅为0.84%。这说明西部地区水土流失的问题没有得到根本缓解，西部地区治理水土流失任重道远。

5. 工业污染有更大的治理潜力

西部地区环境污染主要内容包括水污染、大气污染、固体废物污染、酸雨污染、噪声和其他等，其中以工业“三废污染”最为严重（见表 5-4）。2019 年，中国工业污染治理完成投资额为 615.15 亿元，而西部地区为 126.68 亿元，但西部地区城市的工业废水排放强度为 2.06 万吨/亿元，是全国水平的 1.16 倍，是东中部地区城市的 1.19 倍；工业二氧化硫排放强度为 32.26 吨/亿元，是全国水平的 2.23 倍，是东中部地区的 2.82 倍；工业粉尘排放强度为 18.49 吨/亿元，是全国水平的 1.63 倍。可以看出，西部地区在工业污染方面有更大的治理潜力。

表 5-4　2019 年西部地区工业污染排放情况

省份	工业污染治理投资总额（万元）	一般工业固体废弃物（万吨）	工业二氧化硫（万吨）	废水排放量（万立方米）
内蒙古	254 401	42 671	30.31	69 234
广西	48 620	10 278	9.49	137 265
重庆	37 461	2 730	6.89	134 541
四川	123 260	18 722	17.61	236 109
贵州	89 572	12 734	18.55	75 011
云南	119 331	20 797	20.35	107 572
西藏	—	3 238	0.25	9 616
陕西	294 610	14 846	12.73	126 452
甘肃	48 765	6 485	8.79	46 270
青海	38 903	15 603	4.03	18 449
宁夏	62 335	6 423	12.17	27 612
新疆	149 567	12 176	20.27	66 478

资料来源：国家统计局官方网站。

6. 大气污染日益严重

随着工业化和城市化进程的加快，空气污染越来越成为发展过程中的一大顽疾。我国西部地区的空气污染表现为以下几个特点：

（1）燃煤排放的废气污染是主要来源。西部地区的大气污染主要是燃煤消费带来的。干旱少雨、沙尘天气等特殊因素，使得西部地区城市燃煤型污染物排放尤为严重。

（2）机动车尾气污染是城市空气污染的另一大重要来源。随着城市化的加快和城市管理水平的滞后，一些污染严重的尾气超标车、渣土车、大货车、工程车等监管不到位，使得空气污染治理难度加大。

（3）城市扬尘是城市建设过程中的新问题。随着西部城市规模的扩大，开挖、施工、拆迁工地数量增大，加之裸露地面以及城市周边生态环境的恶化等，城市扬尘污染有日益加重的趋势。

（二）西部地区生态环境治理取得的成效

西部地区生态环境脆弱的原因有两个。一是青藏高原快速抬升。几万年前，青藏高原是河川纵横、水草丰美的地方。从中生代以来，由于印度地块与青藏地块相遇，发生了强烈的碰撞、挤压等造山运动，到一万年前青藏地块海拔高度就急增到 4 700 米，严重地阻碍了印度洋和太平洋暖湿气流的进入，导致少雨干旱的气候，这就是八大沙漠和四大沙地形成、发展扩大的重要原因。二是人为的原因。从近一两千年的历史看，陕西、甘肃、宁夏等省份早年都具有气候温和、降雨充沛、土地肥沃的良好生态环境，后来由于人口过快增加，把一些森林、草地、改变为农田，再加上唐代末期以来发生的安史之乱，以及五代十国、宋末元初、明末清初等时期几次大的战乱，生态环境遭到了严重破坏，这样就形成了近千年来“沙进人退”生态恶化的局面。

基于此，改革开放 40 多年来，我国对西部地区生态环境治理做了大量开创性的工作，取得了丰硕成果。一是森林、草原植被覆盖率大幅度增加。森林覆盖率从 1977 年的 5.05%增加到现在的 13.02%，重点治理的黄土高原森林覆盖率由 1994 年的 31.6%增加到现在的 59.2%。草原植被的覆盖率上升到 74%。二是毛乌素、科尔沁、库布其等大沙漠都得到了有效治理。在我国华北和西北的地图上，黄色中的绿色由一点点、一丝丝，变成了一块块、一片片，长时间以来“沙进人退”生态恶化局面得到了遏制。三是黄河下游严峻的防洪形势得到了根本改变。自西汉以来的 2000 多年中，黄河下游决口泛滥达 1 000 多次，并发生了二十多次大的改道，成为我国心腹之患，也是世界上最难治的一条河流之一。新中国成立以来，本着“治理黄河水害、开发黄河水利”的方针，建成了“上拦、下排、两岸分滞”的防洪工程体系，并采取了综合措施治理水土流失，从而保证了黄河下游 70 多年的安澜局面。四是华北地区水资源短缺情况有所好转，长期以来地下水位年年下降情况得到遏制。青海三江源地区水源涵养功能有所恢复，沼泽、湖泊面积均有不同程度的扩大。

总的来说，西部地区生态环境的改善，采取的实战策略主要是：

1.“三北”（西北、华北、东北）防护林体系建设

这项工程西起新疆乌孜别里山口，东至黑龙江宾县，面积为 435 万平方千米，约占我国大陆总面积的 45.4%，是我国也是世界超大规模的跨世纪特大工

程。通过40年来的建设，已完成投资548.36亿元，其中中央投资235.89亿元，造出了全世界最大的人工林，保有面积多达0.69亿公顷。2014年与2019年相比，五年间在“三北”防护林工程范围内，沙漠化土地减少了3 114.97平方千米，占我国荒漠化土地净减少面积的34.86%。在开展“三北”防护林带建设的同时，还开展了三项配套工作。一是做好封山育林工作。对长江上游和黄河中、上游地区的4.5亿亩天然林全面停止采伐，因此带来的地方财政收入减少由国家予以补偿。对在内蒙古和东北地区国有林场，调减木材生产量，同时调整森工企业战略方向和经营结构。二是开展退耕还林、还草工作。国家向退耕农户无偿提供粮食和树苗，为了引导和支持退耕后的农民治理荒山、荒坡，本着谁治理谁受益的原则，把植树和管护的任务长期承包到人到户，实行责、权、利挂钩。三是坚持生态效益与经济效益相统一的原则，发展有特色的林沙产业。在半干旱的黄土高原和华北山区，种植苹果、核桃、栗等果树面积达540万公顷，年产鲜果品5 060万吨，占全国年产量的33.9%，这样既改善了生态环境，又增加了农民收入。

2.南水北调工程建设

南水北调工程是从长江流域调水，横穿淮河、黄河、海河以解决华北地区严重缺水问题的工程。2002年12月和2003年12月，南水北调东线一期工程和中线一期工程相继开工建设，并先后于2013年和2014年建成通水。东线工程以江苏扬州江都水利枢纽为起点，途经江苏、山东。中线一期工程是从湖北丹江口水库调水，沿京广路西侧自流北上，横穿黄河，向河南、河北、北京、天津供水。多年年均调水量为95亿立方米，调水量、调水距离和调水难度堪称世界第一。截至2019年12月12日，东、中线一期工程累计调水量近300亿立方米，成为华北40多个大、中城市重要水源，受益人口超过1.2亿人，其中：北京市南水供应占城区自来水供应量的73%；河北省石家庄、邯郸、保定、衡水等城市南水供应量占到用水量的75%以上。不仅使华北地区地下水位长期持续下降情况得到了缓解，缺水问题得到了一定程度的遏制，也间接地减轻了黄河中上游西北地区的城镇缺水问题的压力。另外，尚未建设的南水北调西线工程设想从四川长江上游支流雅砻江、大渡河等长江水系调水，至黄河上游青、甘、宁、内蒙古、陕、晋等地的长距离调水工程，若将来建成后将起到补充黄河上游水资源不足、解决我国西北干旱缺水、促进黄河治理开发的成效。

3.三江源生态环境保护和建设

三江源位于青藏高原腹地，因长江、黄河、澜沧江同源于此而得名，是我国最重要的、影响范围最大的生态调节区，在涵养水源、蓄洪、防旱、调节气候等方面，都有着重大作用。由于气候变化、人口增加以及不合理的生态经营活动等原因，三江源生态环境在不断恶化，众多的湖泊、湿地面积在不断缩小，甚至干涸、消失，草地大面积退化。21 世纪初以来，三江源地区生态保护被提上了议事日程，三江源于 2005 年被列为国家级自然保护区，三江源保护和建设工程启动。总体思路是退出不合理的生产活动，减轻天然草地的生态负荷。主要措施有：加大退牧还草、退耕还林、生态移民力度；对草地、湿地进行有效保护；实施游牧民定居，改善农牧民生活条件；实施治沙、小流域治理工程，对生态环境严重退化的区域进行人工修复。十多年来，投入三江源地区生态环境保护和治理的资金超过 180 亿元。三江源生态环境有了明显改善，水源涵养功能有所恢复，沼泽、湖泊面积均有不同程度扩大，黄河源头的“千湖奇观”再度显现。

二、西部地区生态治理现状

西部地区是“丝绸之路经济带”建设的主体区域，但其资源与环境系统脆弱，社会经济发展的短板在于区域资源环境的承载力。由于人类不合理的资源开发利用等原因，西部地区生态环境问题日益突出，如过度开垦、过度放牧导致的荒漠草原、高寒生态系统退化，资源粗放开发利用导致的水土流失、环境污染问题，工程建设导致的内陆河流域水源减少、绿洲生态系统退化等。十几年来，得益于国家和地方政府一系列生态治理措施，西部地区的生态环境有了很大改善。如何进一步促进西部地区生态经济的协调发展，是大力推进“丝绸之路经济带”生态文明建设的关键。因此，深入辨识区域生态变化中重大政策对生态系统影响的利与弊，从政策与生态变化关系中汲取生态文明建设的经验与教训是非常有意义的。

（一）西部地区生态治理工作成效

过去几十年，我国先后实施了三北防护林、天然林保护、退耕还林、退牧还草、国家公园试点、山水林田湖草生态保护修复试点等一系列生态保护工程，以及三江源、祁连山等重点区域综合治理工程，推动生态系统质量持续改善，生态服务功能稳步提升，西部地区生态向好发展，国家生态安全屏障骨架基本构筑。

西北地区森林面积呈现稳步增长趋势。截至 2018 年，西北地区的森林面积达到 33.31 万平方千米，这也导致西北地区的森林覆盖率逐年上升，由 1998 年的 3.67%增加到 2018 年的 8.75%，森林蓄积量增幅高达 54.2%。2019 年，西北地区林地面积占总土地面积的 11.77%，草地面积占总土地面积的 39.74%，植被生长状况不断改善，植被总体覆盖面积显著提升。

与此同时，水土流失治理也初见成效。2020 年，新、青、宁、甘、陕五省份水土流失面积为 126.33 万平方千米，与 2003 年相比减少了 38.2 万平方千米，水土流失治理成效显著。2014 年，新、青、宁、甘、陕五省份荒漠化和沙化土地面积较 2004 年分别减少了 0.45 万平方千米和 200 平方千米，潜在沙漠化区域愈来愈少，土地沙漠化趋势正在逆转。

2020 年，新、青、宁、甘、陕五省份拥有国家级自然保护区 78 个，国家级自然保护区面积 41.29 万平方千米。与此同时，陕、甘、宁、青、新五省份大气主要污染物（二氧化硫、氮氧化物、颗粒物）排放量均呈显著下降趋势，大气环境质量持续改善。同时，生态服务价值上也获得了较好的成效，2005—2015 年，新、青、宁、甘、陕五省份在土壤保育、固沙防风、固碳、水文调控、景观游憩、生物多样性保护等生态服务价值由 5 439 亿元增加到了 5 541 亿元，呈现持续上升趋势。

（二）当前西部地区生态保护存在的突出问题

1. 生态系统脆弱性尚未根本转变

因为受到自身自然环境客观现实因素的影响，今天的西部地区的生态系统依然比较脆弱，例如：森林生态系统总体比较脆弱，且许多地区的天然林植被逐渐退化；缺水问题依然严重，水资源总量逐渐减少，一些地区的地表径流逐渐减少、河湖生态逐渐退化、湿地面积逐渐缩小；西部一些山区由于地质环境复杂、土壤容易被侵蚀，导致水土流失严重，许多高寒草甸和草地植稀疏趋势明显。

另外，因为人类活动的增强，西部地区出现了一些新的环境问题：水资源方面，黄土高原高耗水植物的大量种植极大地消耗了水分，导致土壤水分失衡与土壤干燥化，塔里木盆地的石油、天然气勘探与开发需要消耗大量水资源，“水—矿产资源失衡”现象开始显现；水土流失与荒漠化方面，城市不透水层增加导致塬面破碎化和分解问题出现，极端高温、干旱、极端降水等频发引起的局部山区、沙漠边缘区的水土流失与荒漠化有加剧趋势；生物多样性方面，大规模灌溉导致荒漠绿洲的水盐失去平衡，自然植被开始退化，生物多样性逐渐减少。

2. 生态保护工作的压力尚未根本缓解

受自然禀赋、经济结构等因素影响，西部地区尚未完全理顺“保护与发展”的关系。特别是用水效率方面，存在生态用水被经济社会用水大量挤占的问题，经济发展与环境承载力的失衡制约区域可持续发展。而且生态保护修复工作缺乏系统性，导致部分生态工程建设缺乏从区域、流域尺度进行系统性考量，针对西部地区特点的综合治理理论与技术供给不足。生态保护机制有待完善，体现在生态补偿机制难以落地，生态服务价值实现较为困难。

（三）西部地区生态治理的经验教训

西部地区生态脆弱，生态治理仍然任重道远，治沙与治穷相结合的治理路径仍须不断发挥作用。本章选取西部地区具有代表性的生态治理项目，通过对生态治理项目的综合评价，探讨重大生态工程实施过程中可贵的经验及存在的问题，以期为后续生态治理项目提供对策建议，并为国家生态建设提供参考。

1.三江源生态治理的经验教训

一是针对高寒气候特征，养护为主、治理为辅。三江源地区海拔高，气候寒冷，加之成土母质差，植被稀疏，使得土壤瘠薄，生态系统极为脆弱。三江源生态保护和建设工程结合当地生态气候条件，以自然修复为主，以工程治理措施为辅，有效保护和改善了该区生态环境。总体思路是通过降低人类活动对三江源地区生态系统的干扰，使生态系统结构得以改善。主要采取的措施有：(1) 通过生态移民和退牧还草措施，减轻草地压力；(2) 通过封山育林、湿地封育保护工程来增加森林面积、郁团度和蓄积量；(3) 通过建设风能、太阳能利用等措施，减少自然保护区的人类干扰，降低土地利用强度等。

二是针对不同生态类型，划分相应自然保护区。按照保护区内的生态系统类型，划分为草地类自然保护区、森林类自然保护区、湿地类自然保护区等，进行有针对性的生态保护和建设措施。草地类自然保护区主要保护对象是高寒植被生态系统、野生动物、高原峡谷灌丛草地；森林类自然保护区主要保护对象是暗针叶林、区内水体、森林动物等；湿地类自然保护区主要保护对象是沼泽湿地以及栖息的珍稀动物。

三是针对主导生态系统，重点规划建设。高寒草地生态系统是三江源区的主体生态系统，占全区土地总面积的 65.37%。为遏制草地植被的退化、沙化，主要采取天然草地的恢复、退化草地的综合治理、退牧还草、沙漠化防治、调整产业结构、生态移民、以草定畜等措施。工程实施后，三江源地区的家畜数量有一定程度上的减少，草地载畜压力减轻；黑土滩退化草地治理和鼠害防治工程，有效促进了退化草地的恢复。

四是针对工程建设实施，健全制度管理。为更好地实施三江源生态保护建设工程，青海省首先成立分级监管机构，并按项目性质组建专业工作组，有力支撑了工程的实施；其次，详细制定监管办法和实施细则，包括技术规程和验收规范等，为各项工程有序管理奠定了基础；再次是出台配套政策，青海省出台了对禁牧户实施燃料补助、生活困难补助和子女就学补助等政策，有力地支持了生态工程的实施；最后是保障建设资金，除国家的工程建设资金外，青海省亦投入相应配套资金，保障了建设工程有序实施。

2.晋陕蒙接壤区煤炭开发的经验教训

一是政府行为和政策法规的作用明显。首先，各级政府高度重视，先后投入大量人力、物力、财力。例如，黄河中游水土保持委员会每 2 年召开 1 次会议，专题研究水土保持中的问题，其余各省份每两三年召开省级会议，晋陕蒙水保治理面积规模走在了全国前列。其次，国家各部门依法强化能源开发区的预防监督，晋陕蒙接壤区作为全国水保监督执法规范化建设试点。再次，政府积极推进水土保持生态补偿。例如，山西省从煤炭开发收益中按吨提取一定比例资金用于水土保持，陕西省每月从企业实际产量中按吨（煤陕北 5 元/吨、关中 3 元/吨、陕南 1 元/吨，原油 30 元/吨，天然气 0.008 元/立方米）收取一定的费用用于水土保持。

二是积极调动企业和民众广泛参与。近年来，晋陕蒙接壤区大力推进生态自然修复，三省份通过封山禁牧、舍饲圈养、生态移民等措施来进行生态恢复，促进农民增收，同时不断探索生态治理与农民增收紧密结合的建设模式，涌现了许多成功范例。例如，晋陕蒙地区砒砂岩沙棘生态工程开发中，利用"地球癌症"的砒砂岩控制水土流失，这不仅有利于该区人民生活水平的提升，还使得经济与生态共生发展，真正实现了"开发一种植物，修复一片生态，培育一项产业，造福一方百姓"的良好局面。

三是"重视程度"和"参与度"尚不能满足全面生态恢复的需要。首先，组织机构不健全、制度不完善。新开工建设单位内部无水保管理组织、无相应规章制度、部门间推诿，有的也不完善且缺乏监管问责制度。项目变更不履行手续，后续设计工作严重滞后的现象十分突出。其次，防护意识薄弱，水保治理缓慢。建设单位对水土保持工作重视不够，且缺少专业性指导。本区建设项目中不同程度地存在防洪工程建设滞后、水保措施不到位、弃渣弃土场施工不规范、对水保监理监测工作认识不足、对专项验收要求认识不到位等问题，亟须大力解决。再次，该区资源开发中有些项目存在严重违法行为。例如，无批复水保方案文件而擅自开工建设、向沟道弃渣、弃渣场未建设拦渣坝、未履行变更手续、未缴纳水保补偿费、未开展监督工作等。最后，有关部门监督工作不力、不规范。水土保持监理、监测单位存在工作主动性不够、技术力量薄弱、工作方法陈旧及单位之间沟通协调不够等突出问题。这些问题的存在大大增加了晋陕蒙接壤区资源开发中生态修复的难度。由此可见，必须各方参与大力解决，才能实现晋陕蒙接壤区资源开发和环境保护的良性发展和可持续发展。

3. 黄土高原退耕还林政策的经验总结

黄土高原经过几十年的退耕还林政策治理，取得了显著的生态效益，同时区域经济发展、社会文明水平明显提升。该项工程在黄土高原实施的主要经验有以下几点：

一是加大宣传力度。以多种有效宣传手段向群众宣传退耕还林的相关政策，增强农民对退耕还林政策的认知和认可，由此提高农民参与退耕还林的积极性。只有群众积极参与，才能够取得退耕还林的胜利。今后应继续以树活、山绿为中心，大力推进退耕还林行动，争取取得更好成效。

二是制定规章制度，保证规范操作。实施退耕还林工程的各省份在国家退耕政策的基础上，结合当地自然条件及社会经济发展的实际情况，制定出与现实情况相适应的退耕还林的规章制度以及具体操作流程，并依法加大与退耕还林有关的案件查处力度，保障退耕还林的有序操作。各个地方需要不断总结本地区以及其他地区退耕还林的先进经验，并逐步消化吸收形成更加有效的新的制度和管理方式，以此保障退耕还林的顺利推进。

三是落实个体承包，创新运行机制。个体承包是退耕还林工程顺利推进的核心。在个体承包的基础上，各地还应该构建灵活的运行机制，并在坚持个体承包的原则下，采用市场化运作、专业化施工、工程化管理、大户承包等灵活运行机制，以使退耕还林工作更加有效，使农林获得切实利益。

四是示范带动，完善配套措施，正确处理几个关系。通过树立典型的退耕还林示范区（流、域、村），来带动其他地区和农户的参与积极性。基层政府应重视不同渠道的农村项目相结合的实施思路，注意退耕还林与调整产业结构相结合，发扬艰苦奋斗精神与依靠科技进步相结合，行政推动与利益调动相结合，工作进度与工程质量相结合，规划、计划与作业设计相结合，从而有效地促进当地退耕还林政策的顺利实施和综合效益的最大化。

总的来看，政策对西部地区生态环境具有重要甚至主导作用。20 世纪 50 年代以来，各项国家重大政策对西部地区极度脆弱的生态系统产生了好坏迥异的效果。当前西部地区生态治理项目的实施表明政府行为和政策法规的作用明显，生态保护政策的实施有助于退化生态系统的恢复，生态保护政策法规的可操行性也在逐渐提升。未来生态建设项目要更多地依靠科学规划，突出地域特点和区域差异，将保护与发展相结合。

三、西部地区城镇生态文明建设情况

城镇生态文明是人类文明进步的标志，是城市发展的必然方向。加强生态城镇建设，是构筑一个以人为本、人与自然和谐相处的城市的基础，也是实施可持续发展战略的价值所在。当前无论是大城市还是小城市都认识到了城镇生态建设的重要性，城市生态化建设实践已在我国蓬勃开展。本部分选取具有代表性的西南地区的成都市和西北地区的西宁市两个城市来了解西部地区城镇生态文明建设情况，总结西部地区代表城市生态文明建设的经验教训。

（一）成都市

1. 成都市公园城市建设情况

成都位于我国西南部的四川盆地内，地势较为平坦，气候适宜，被誉为“天府之国”。2018 年 2 月，习近平总书记来川视察时强调，要利用成都的独特优势，打造有生态价值的“公园城市”；2020 年 1 月，在成渝双城经济圈的战略部署中，国家明确将成都作为全国公园城市示范区进行先行打造。我国的公园城市建设切合生态文明建设主题，同时也是人民日益增长的对美好生活追求的必要内容，选择成都作为公园城市建设的试点，不仅有利于成都自身的生态文明建设，同时也给其他城市提供一个重要的参考“样板”，因此，成都的公园城市建设的意义就变得举足轻重。

公园城市从字面上的含义可以理解为：“公”是公众共享的社会福利，“园”是各类公园系统，“城”是周边的人居环境，“市”是生产经济活动。那么，其背后所代表的深刻含义可以理解为在坚持以生态价值为核心的基础上，创建全面协调发展的人居环境，进而对城市的发展建设做出最优化的决策部署。这也就意味着公园城市是追求人民幸福生活以及社会公平正义的城市，是追求共生发展、多元、开放的创新之城，是拥抱科技、良好生态的文明之城，也是追求高品质生活的宜居之城。

2. 成都建设公园城市的成因

（1）自然资源条件优越。

成都的地理条件比较优越，这也为成都作为公园城市建设试点奠定了较好的基础条件。成都位于四川盆地内部，地势非常平坦，成都的平均海拔约为 500 米，平原地形提供了公园城市的发展空间。多雨的气候使成都的湿地较多，这种独特的山水田城格局使其很早就获得了“天府之国”的美誉。其内部植被众多，森林覆盖率达到了 40.2%。成都拥有自然保护区、国家森林公园、风景名胜区、自然遗产等公园形态，这为公园城市的创建提供了多功能价值的利用。成都将在公园城市的发展过程中依托良好的自然条件，不断提升绿化层次，完善绿化品质，更好地满足成都人民对美好生活的追求。

（2）社会文化资源丰厚。

成都历史悠久，是巴蜀文化发源地之一，在历史上曾被称为锦城、蓉城，文化底蕴丰厚，有独特的川西林盘和西蜀园林等独特的园林文化，还有着悠远深厚的美食文化、诗词文化、道教文化、茶文化、酒文化、竹文化等，是“蜀文化”的核心地域，城内有望江楼、青羊宫、文殊院、武侯祠、琴台路、杜甫草堂等文化遗址。这些人文景观与自然景观相得益彰，为成都创建公园城市融入了大量的人文内涵。另外，成都盛行休闲娱乐文化，成都人那怡然自得的生活方式早已成了成都的活名片。这些人文资源和社会风尚是建设公园城市的现实基础，有利于公园城市建设的顺利推行。

（3）经济实力的必然选择。

成都的经济实力奠定了其有能力进行公园城市建设。成都 2021 年的地区生产总值为 25 011 亿元，比上年增长了 8.6%，增速高于全省平均水平 0.4 个百分点，而且成都的 GDP 占了全省的 46.4%，将近一半，且比上年提高了 0.4 个百分点。人均 GDP 达 13 000 美元，达到了全球中等收入地区的水平。而且在经济发展的同时，城乡发展差距并没有扩大，城乡居民收入比缩小至 1.7：1，成都农村居民和城市居民的生活水平都相应地得到了提高。随着“东进、南拓、北改、西控、中优”十字方针的空间战略布局，城市建设发展空间不断扩大，为将来的发展提供了更大的平台。成都属于新一线城市，有能力去创建美好宜居的公园城市。建设公园城市不仅能够树立全新的城市形象，还能够反过来增强成都的人才吸引力，刺激成都经济的进一步发展。

3. 成都公园城市建设的具体策略

（1）合理布局空间形态。

各种绿地类型在成都公园城市中呈现不同组团形式，融入整体区域布局中，将居民“三生”需求与生态系统的价值功能有效地进行融合，更好地发挥了生态系统的效应，进而不断提升成都市的人居环境质量，有利于成都市的高质量发展。这样的空间形态布局为城市生态系统带来了独特的功能价值。成都市大力建造立体绿化、斑块廊道、城市绿地系统网络等不同绿色空间类型，完美地使城市空间肌理与公园形态有机结合，促进公园系统融入成都的城市公共服务，进一步促进成都市的生态文明。成都市在建设公园城市时，重视公园的整体空间布局是否提供安全宜居、舒适便捷、整洁美观的居民公共空间；注重让居民参与建设、共同经营与共同分享。成都市公园城市建设特别注重城市空间系统与自然生态系统全面的融合，在生态价值实现与空间布局形态上大做文章，走向“四生合一”，实现“宜居立业，园城交融”的美好生活愿景。

（2）打造蜀地公园城市文化 IP。

成都拥有博大精深的人文历史底蕴，优哉游哉的生活方式促成了成都特有的生活文化。以休闲娱乐文化为表征的市井生活，将成都独特的人文内涵转化为自带感召力的 IP。想要成功塑造成都公园城市的活力场景，需要公众与专业人士的共同参与。“历史与自然的文化可融入当地开发，将已开发的优秀成果做成宣传短片，利用网络，手机等自媒体，宣传公园城市文化形象。”成都应着重打造适应文旅产业发展，使巴蜀公园城市文化 IP 突出重围的生态文化系统。公园作为典型的文化场所，通过 IP 专门塑造，将进一步丰富居民文化生活，促成一张成都市民文化活地图。公众参与的模式，可以让公园城市的生活场景映入世人眼帘，让成都独特的生活美学成为极具吸引力的 IP。打造“共建共营共享”模式，民众共享并且协力维护公园公共空间，各类主体亦可以积极参与公园城市的公共空间运营，讲好锦城文化故事，塑造“茂林修竹、良田美池桑竹之属”的文化形象。

(3) 借鉴EOD模式，找准经济与生态间的平衡点。

绿色生态办公（Ecological Office District，EOD）模式融合性地运用了环境生态学的原理，强调在室内外空间能源与物质因素的良性循环，追求零废弃与低损耗的生态平衡。成都将EOD模式当作平衡生态与经济的最佳选项，将生态价值功能全面地引入城市规划布局中。成都的EOD模式在高质量发展道路上展现了科学的生态原则，把自然资源和绿色办公有机地融合在一起，形成独特的大公园系统，推动成都建设协调发展的公园城市。

4.成都公园城市建设的成效

作为国家生态文明建设示范城市，成都积极落实高质量发展下的公园城市建设，全力打造生态宜居、绿色健康的魅力之都，在空间规划、特色打造、治理方式等方面取得了卓越的成效。

(1) 新空间规划美化公园生态景观。

公园的科学的空间规划和景观布局能够为民众带来美的视觉享受。据统计，2016年至2020年，成都市实现了森林面积、森林蓄积和森林覆盖率的“三增长”：全市森林面积由823.5万亩增加到864.3万亩，增加了40.8万亩；森林覆盖率由38.3%提升至40.2%；城市建成区绿化覆盖率达到45%，绿地率达到40%，人均公园绿地面积达到15平方米。成都还对老旧公园进行了修复翻新，这使得公园内的景观明显改善，老公园重新焕发生机，绿色开放空间的功能得以增强，为成都的发展增添了新的生态底蕴。

(2) 新特色打造丰富居民精神生活。

成都市以公园绿色空间为出发点，充分发挥公园绿色通道和宽敞空间的作用，联合公园所在社区积极举办包括社区运动会、节日灯会、歌舞活动、书画会展等在内的各类文体活动，丰富了成都人民的精神文化生活。文化振兴是我国民族复兴不可缺少的一部分，成都市较好地将民族文化、地方文化融入大众的日常生活之中，彰显了成都市独特的文化精神，同时也为成都人民营造出良好的文化氛围。

(3) 新治理方式提升城市发展势能。

公园城市建设是成都在成渝经济圈打造中的重要部分，高效治理是释放绿色资源红利、提升城市发展势能、增强成都核心竞争力的重要方式。成都市坚决落实“两山”生态理念，努力推进生态公园引入生态产业，依托绿色背景全力打造户外绿色消费与生态休闲生活相融合的新消费环境。积极打造公园品牌，如成都百花潭公园的“川派盆景技艺”、成都人民公园的“百年鹤鸣”茶产业等，积极打造高质量品牌形象，有效促进了生态公园城市的生态产品价值实现。

（二）西宁市

作为青海省省会，西宁地处生态资源丰富的青藏高原，在西部省会城市中率先建成国家森林城市、国家水生态文明城市，且先后荣膺全国文明城市、国家卫生城市、国家园林城市等城市名片。因此，西宁在西北城市生态文明建设中具有代表性，可以为其他西北城市的生态文明建设与发展提供借鉴和参考。

1. 西宁生态文明城市建设的必要性

西宁是青海省省会，近年来人口增长快，经济发展迅速，是全省经济、社会、文化、科技等中心。西宁在大力促进经济发展的同时，其能源消耗也日益加剧。经济的高速发展也给西宁的生态环境治理带来一系列影响：一方面，城市机动车数量增加导致排放量加剧，污染过重，加之受到地形和气候的影响，西宁的大气污染愈发严重；另一方面，西宁正处在城市建设高峰期，建设工地扬尘、道路扬尘等工业污染的增加使得防控治理成本不断增高。由于城市环境监管有待完善、煤炭经营交易市场不够健全、环境保护机制和体制尚未建立，西宁城市生态文明建设至关重要。作为西部地区的中大型城市的典型代表，西宁应以绿色发展为引领，加大自然生态保护力度，加快生态城市建设。

2. 西宁环境污染治理面临的主要问题及举措

西宁城市环境污染治理面临的主要问题体现在以下几个方面：区域大气逆温现象和四面环山的地形直接影响大气污染物的扩散，加上干旱、沙尘天气的影响，颗粒物在西宁市不断积累造成 PM_{10} 和 $PM_{2.5}$ 浓度升高；全市机动车数量增加迅猛，道路拥堵，造成机动车排放量增加污染；部分工业企业污染治理未达到预期效果，对水气渣的治理还须进一步完善；西宁正处于城市转型升级建设高峰期，开挖、施工、拆迁工地较多，工地扬尘污染、道路扬尘污染防控任务较重。

在应对措施中，城市环境基础设施建设是城市可持续发展的基础和保障，是控制环境污染、改善城市环境治理的有效手段。作为西部欠发达城市，西宁坚持多元化筹措资金，逐年加大环境设施建设投入，重点实施了污水处理厂建设和提标改造、垃圾处理厂、铬渣治理和“两废”中心建设、湟水河排污口整治、污水管网建设和大气污染防治等项目工程，建成了一批对改善环境基础设施起关键作用的重大项目。近年来，西宁在生态环境保护和生态文明建设方面的重点工作包括以下几个方面：

（1）水环境治理与保护。以饮用水安全、城镇生活污水处理设施建设和工业企业废水治理为重点，推动水环境治理与保护。

（2）大气环境治理与保护。一是进一步加强烟尘、机动车尾气和二次扬尘整治，加强工业废气、粉尘污染治理工作，进一步改善大气环境治理状况。二是规范和完善排污许可和总量控制工作，开展排污权交易试点改革，制定出台西宁市排污权有偿使用和交易管理办法及试点实施方案，开展城镇污水、垃圾、工业园区污染集中治理第三方治理试点改革。三是继续扩大环境污染强制责任保险试点范围改革。四是加强路检、路查，禁止无标冒黑烟车辆上路行驶，禁止“黄标车”车辆进入限行区域。五是规划增加 CNG 加气站网店，新增公交车和出租车统一使用清洁能源燃料。2020 年末，西宁主要城镇空气优良率大于 80%。

（3）防治土壤污染工程。西宁全面开展土壤环境治理调查，掌握全市土壤环境状况，明确重点污染区域，评价土壤危害程度，并制定土壤污染治理计划，建立对土壤环境治理动态管理的机制；建立土壤污染风险评估和污染土壤修复制度，逐步全面推进污染土壤的生态修复和综合治理；制定土壤污染防治技术规范，实施污染土壤环境影响评价制度。

（4）监测检测体系建设工程。包括完善饮用水源地水质监控监测系统，完善大气监控监测系统，完善工业污染防治监控检测系统，完善土壤质量监控系统。

3. 西宁建设生态文明城市的意义

西宁的国土空间开发主要围绕生态文明先行区建设展开，以建设“两型社会”为主攻方向，努力开创西宁生态空间青山绿水、生产空间集约高效、生活空间集中宜居、经济发展与人口资源环境相协调的新局面。生态文明先行区建设，是西宁科学发展的重要组成部分。西宁贯彻落实青海省创建全国生态文明先行区，有四个方面的意义：

（1）紧紧围绕加快建设资源节约型、环境友好型社会的总体目标，加快创建生态文明先行区，有利于筑牢西宁市生态安全屏障，保护环境资源。

（2）有利于转变经济发展方式，推动产业转型升级，构建资源节约、环境友好的发展模式。

（3）有利于提高资源能源的节约集约利用水平，实现以最小的环境代价获取最大的发展成效，增强可持续发展能力。

（4）有利于改善生态环境和人居环境，促进人与自然、人与社会和谐相处，提升人民的生活品质和幸福指数，构建和谐社会。

西宁以优化国土开发格局、推动区域协调发展为主要目标，积极贯彻落实青海省出台的主体功能区制度建设配套的相关政策，做好生态功能红线划定工作，推动经济社会发展规划、城乡规划、土地利用总体规划和生态环境保护规划“多规合一”。

4. 西宁生态文明发展历程

西宁于 2003 年确立创建环境保护模范城市目标，2009 年通过环保部专家审查，2010年正式启动，2014年通过评估。这标着西宁城市生态文明建设进入新阶段。自2010年以来，西宁社会各界以重在过程、彰显特色为宗旨，勇于参与，在经济持续健康发展的同时，城市环境基础设施建设日趋完善，环境监管能力不断提升，环境治理明显改善，四大类26项指标已基本达到和接近考核要求，2014年顺利通过环保部的技术评估，这为进一步推动西宁的生态文明建设奠定了坚实基础。2012年，西宁针对森林覆盖率、城市绿化覆盖率、人均公共绿地面积、城市空气质量优良率、市区城市污水集中处理率、城市生活垃圾无害化处理率等指标提出了具体目标，城市可持续发展能力和综合载体功能明显增强。2013年以来，西宁以创建全国生态文明先行区为契机，按照“三年强基础、六年促提升、八年见成效”的工作要求，以建设资源节约型和环境友好型社会为主攻方向，以重点项目建设带动推进城市生态文明建设，实现生态空间青山绿水、生产空间集约高效、生活空间集中宜居、经济发展与人口资源环境相协调的新局面。2014年，西宁市政府落实“生态保护第一”要求，重点从大气污染综合治理、水资源、森林覆盖率和城市绿化等方面，大力改善生态环境，推进生态文明建设，制定出台《西宁北山美丽园永久性绿地管理办法》。2018年西宁的生态文明城市建设通过验收，西宁成为首批国家水生态文明城市。2021年西宁印发《西宁市国家生态文明建设示范市创建规划（2020—2025年）》，从6个领域、10大任务出发，规划设置34项建设指标，提出6大体系，设计80项重点工程，推动绿色发展，打造生态文明高地城市典范。“十四五”时期，西宁将统筹生态环境保护和经济社会发展，推动生产生活方式绿色转型，健全完善体制机制，创建生态文明建设示范市，明确努力将西宁打造成西北半干旱高原缺水地区生态文明建设市级范例以及青海省生态文明八个新高地的生态文明建设典范城市，着力打造黄河流域上游生态保护和高质量发展先行区。

《2021年青海省各市州生态文明建设年度评价结果公报》显示，西宁绿色发展指数为86.71，居全省8个市州首位；成功打造西北地区首个“国家园林城市”“国家森林城市”双荣誉城市；全市森林覆盖率达到36.5%，建成区绿地覆盖率达到40.5%，人均公园绿地面积达到13平方米。西宁经过近十年的探索实践，走出了一条独具特色的城市生态文明建设之路。具体表现如下：

目前，西宁市建成“全国文明城市”“国家卫生城市”“国家园林城市”“国家森林城市”“国家水生态文明城市”。“一芯双城、环状组团发展”生态山水城市发展战略、“一核、三极、多节点”城镇体系格局和“两个中心，八个片区”带状组团式城市结构基本形成。过去十年，西宁第一、第二、第三产业比，由3.7∶49.4∶46.9调整为3.8∶33.5∶62.7，第三产业占比提升15.8个百分点，不仅成为支撑全市经济发展的主要产业，62.7%的比重也超越了很多大城市。具体到农业方面，西宁深入实施“三乡工程”助推乡村振兴。过去十年，累计建成99万亩高标准农田，农畜产品加工转化率达到61%，创建绿色有机地理标志农产品267个，“河湟田源”区域农用公共品牌成为西宁特色农产品形象代言。工业方面，西宁逐步迈向价值链中高端。比如，战略性新兴产业增加值占规上工业比重提高到25.7%；国内首个万吨碳纤维生产基地在西宁建成投产。西宁不仅正在培育光伏、锂电、特色化工和合金新材料三个千亿级产业集群，其锂电产能更是接近全国的三分之一。绿色发展的成绩，离不开西宁对创新驱动发展的坚持。西宁拥有省部共建重点实验室3家、省级重点实验室68家；其碳纤维技术、光电转换效率等达到国际一流水平，成功创建全国创新型城市，入围“科创中国”试点城市。2021年，西宁成功试点打造西北地区唯一、全国省会唯一的“无废城市”，全市工业固体废物产生强度由1.38吨/万元降至0.87吨/万元，一般工业固体废物综合利用率达到93.4%，工业危险废物利用处置率达到99.35%，医疗废物集中处置率达到100%。西宁实践形成的“高质量发展的生态牧场模式”等3个青藏高原无废模式，入选生态环境部“无废城市”试点模式并在全国推广示范。西宁模式成为全国的示范，为全国城镇生态环境建设提供了先进的经验。

5. 西宁建设生态文明城市的经验与启示

从西宁的生态文明发展历程和发展水平评价，可以得出以下几个方面的经验与启示。

第一，要高度重视生态文明建设。西宁市委提出打造绿色发展样板城市、建设幸福西宁，全市上下坚持把生态优先、绿色发展作为幸福西宁的成长坐标，深刻理解习近平总书记“两山”理论所蕴含的价值观、方法论和本质性意义，算好绿色账，走好绿色路，打好绿色牌。深刻认识“生态似水、发展如舟”，贯彻新发展理念，绿色发展观念深入人心，绿色发展思想根基筑牢，全市上下贯彻绿色发展理念的自觉性和主动性显著增强。

第二，加快现代化产业体系建设。西宁结合独特的区位条件、自然景观和经济基础，贯彻新发展理念，坚持质量第一、效益优先，深化供给侧结构性改革，推动经济发展质量变革、效率变革，不断提高全要素生产率，加快现代化产业体系建设。围绕经济生态化和生态经济化进行积极探索，通过构建现代化产业体系来实现对生态环境最有效、最持久的保护。在“经济生态化”方面，积极推进西宁经济技术开发区园区循环化改造示范试点和低碳工业园区试点，通过传统产业优化提升，建成铝、铝基合金、有色金属、特色化工、藏毯绒纺完整的循环经济产业集群；通过打造光伏光热、锂电、生物医药、节能环保新兴产业工业体系，实现新兴产业智能化、柔性化、绿色化的循环发展，工业固体废物综合利用率达到90%以上。在“生态经济化”方面，充分认识到自然资本对于现代化产业体系构建的重要意义，在保护中实现发展。

第三，生态优先、发展率先是西宁生态文明建设的一大特色。生态文明建设的过程就是经济社会与环境协调发展的过程，既不能以牺牲环境为代价发展经济，也不能只保护环境不发展经济，二者必须找到平衡点。西宁市在过去的发展中，既实现了经济的快速增加，生态文明建设也进入一个新的阶段。按照党的十九大提出的建设现代化产业体系的要求，着力构建“点、极、带”有机统一的供给体系，“去、降、补”统筹推进的政策体系，“减、优、增”联动发展的产业体系；促进政府、市场、企业协同发力，园区、城区、县域协调联动，城市、城镇、乡村融合发展。

第四，树立以人为本的发展理念。以人为本是城市生态文明建设的核心。生态文明建设归根到底是要实现人的发展，提高居民幸福指数。在生态文明发展过程中，西宁始终将群众重点关心的大气污染、饮用水质、城市绿化等重要问题作为优先解决的议题。另外，在生态文明建设中，注重公众参与，成立环保志愿者协会，举办创模社区居民电视大奖赛，提高了市民参与的积极性和主动性，向市民普及了生态文明意识。

第五，以专项工程的投资建设推动生态文明建设。近些年来，西宁投入大量资金用于城市生态文明建设，重点实施了污水管网建设、污水处理厂建设、垃圾处理厂、“两废”中心建设、湟水河排污口整治和大气污染防治等重大项目。

第六，重视生态文明相关制度建设。西宁在生态文明建设中十分重视法制建设，在贯彻落实国家及省级法律法规的基础上，制定了《西宁市大气污染防治条例》《西宁市建设工程文明施工管理办法》《西宁北山美丽园永久性绿地管理办法》等规范性文件。完善生态文明建设相关制度和机制，建立生产要素的保障机制、市场应用的托底机制、创新驱动的引领机制、基金支持的联动机制以及财政支持的撬动机制。

四、西部地区生态文明建设的问题与挑战

虽然西部地区部分城镇生态文明取得了一定的成效，但西部地区先天的自然条件以及后天的工业化发展路径，导致许多城镇在生态文明建设过程中依然面临着巨大的困难。工业化与生态文明的张力与博弈决定了生态文明既是工业文明发展到一定阶段的产物，又是对工业文明的反思、扬弃与超越。工业化不能脱离生态文明建设的范畴；生态文明建设更离不开工业化奠定的坚实基础，理想的发展模式是走生态文明引领下的现代工业化之路。然而，从全球实践看，一些后起的

工业化国家和地区仍未完全摆脱西方传统工业化模式的束缚和影响，人与自然的矛盾日益凸显，我国西部城镇地区尤为如此。

近年来，随着西部地区经济发展速度加快，西部城市开始展现强大实力和成长潜力。在西部12个主要城市中，人口规模在500万以上的有重庆、昆明、南宁、贵阳、成都和西安，它们是全国性的大城市；人口在100万～500万的有兰州、呼和浩特、西宁、乌鲁木齐、银川，它们是西部地区的主要城市。西部地区城市群发展迅速，发展潜力增强，尤其是成渝地区、呼包鄂榆地区、滇中地区和宁夏沿黄地区这四个地区。但是，整体而言，西部地区的城市数量相对较少，较为稀疏分散，且人口密度较低。西部地区城市发展的另一个特点是平均规模偏小，以中小型城市为主。

快速的城镇化对西部生态环境造成了巨大压力。近年来，西部地区土地荒漠化加剧，森林、植被破坏严重，生态脆弱。生态脆弱与不仅与自然条件有关，而且与西部城镇地区的工业化有关。随着工业化的推进和工业的增长，工业污染强度高和城市环境污染日趋严重成为西部城市环境问题的主要特征。而西部地区城镇生态文明建设的困境主要体现在以下几个方面。

（一）传统工业化模式短期难以摆脱

18世纪60年代英国工业革命伊始，欧美发达国家率先走上工业化发展道路。直到20世纪80年代初，中国才赶上了第三次科技革命浪潮，工业化开始驶入快车道。改革开放以来，我国取得令世界惊叹的骄人成就，但简单复制西方国家曾经走过的道路、片面追求经济发展也导致自然资源消耗过度，生态环境破坏严重。发达国家一两百年出现的环境问题，在我国40多年快速发展中集中显现，呈现出明显的结构性、压缩性、复合性特点，老的环境问题尚未解决，新的环境问题接踵而至。从国内工业化进程看，相比先行改革开放和工业化的东部地区，“老、少、边、穷”的西部地区工业化总体上尚处于从初期向中期过渡阶段，无论是工业规模、产业结构，还是发展层次、经济效益都落后于其他地区。概而言之，一是科技层次较低，以“高消耗、高污染、低质量、低效益”的钢铁、水泥、化工等传统支柱性产业为主，第二产业增加值比较低；二是工业质量较差，经济发展相对落后，居民收入增长缓慢。据国家统计局数据显示，2021年31个省份人均GDP排名榜尾9个省份的人均GDP低于6万元，其中7个省份位于西部地区；三是生态环境脆弱，工业化过程中还面临发达国家和东部地区落后和污染产业向西部地区转移的现实问题，环境污染严重，生态治理难度大。目前，西部地区经济崛起的刚性需求与内生发展动力不足与科技创新能力孱弱的矛盾交织存在，经济增长与环境保护的张力和博弈一时难以破解。西部地区工业化仍将是一个较长的发展过程，短期内难以摆脱传统工业化模式的束缚和影响。

（二）生态环境脆弱，居民环保意识落后

由前文内容可知，西部地区包括青藏高原、云贵高原、黄土高原和沙漠脆弱区等典型生态区域。许多城镇建设于干旱半干旱区或较为狭窄的山区小盆地中，其环境容量及生态承载力有限，生态环境条件较为脆弱。而且西部地区的现代化建设起步晚、规划设计资源相对匮乏落后，自我积累不足，自我发展能力弱，不利于生态环境的保护。西部地区的自然条件恶劣、自然灾害频发，自然资源利用存在重大的障碍。加之近年来西部地区大力承接东部地区产业转移，许多地区在承接过程中没有很好地管控转移产业，针对东部亟须转移的产业采取的都是来者不拒的态度，使得现阶段承接产业多为资源密集型和劳动密集型产业，且工业产业比重很大，其中以高污染、高能耗的制造工业为主，承接产业内部结构不合理，项目投产后对西部地区生态环境造成进一步的威胁，使本就脆弱的生态环境承载了更多的压力，环境问题凸显。此外，西部地区许多城镇化建设进展缓慢，基础设施较为薄弱，历史欠账较多。总体来说，城镇化水平低、质量差，生态脆弱性更加明显。这就导致西部地区生态系统发展落后于其他地区。落后的生态系统发展能力使得许多西部城镇无法以生态发展为基点寻求自我发展能力的有效提升，而且环境问题的发展必将阻碍西部地区的整体自我发展能力的提升。

西部城镇居民教育水平、收入水平等总体偏低的现实因素，导致西部城镇居民素质偏低、视野受限、思想比较保守、观念比较陈旧、思维方式转变较慢、环保意识较差，对本就脆弱的西部生态环境造成了巨大的压力。这尤其体现在不合理的消费模式上。西部城镇居民中存在着庞大的低收入群体，不仅导致边际消费倾向较高，且限于知识储备和能力，缺乏绿色消费理念，消费品质升级比较滞后。许多城镇居民的预算偏紧，过低的收入难以满足自己的需要，在购买商品时也只能购买远低于饱和需求量的部分消费品。价格机制成了最重要的购买商品的决策依据。即使部分居民拥有绿色健康的消费理念及环保意识，在购买商品时也不会起到应有的作用，或者说这些理念在商品购买时所起到作用极其有限。西部低收入城镇居民可能因为环境友好型产品价格过高而转为购买高耗能、高污染的非绿色产品。环境友好型的高质量的绿色商品往往价格较高，让较低收入的西部居民望而却步。在无法全面增加西部城镇居民的环保意识和消费知识的前提下，西部地区的合宜性消费模式很难实现，有效地促进生态文明建设的实现也就无从谈起。

（三）西部地区生态文明建设任重道远

从顶层设计看，生态文明建设体系建构尚未完成“思想决定行动、行动决定未来”。生态文明建设终极目标能否顺利实现，关键在于全党全社会能不能在思

想认识上达成普遍共识并进而化为实际行动。党的十八大以来，党中央在生态文明建设方面多有政策阐述，出台了一系列生态文明建设专项配套文件。党的十九大后，国家组建自然资源部，从“摸着石头过河”向“顶层设计”转换。但从总体看，我国生态文明建设还处于起始阶段，整个社会对生态文明的认知和理解还未形成普遍共识。在制度体系建构上，关于生态文明建设概念内涵、目标指向、路径选择、技术支撑、资金保障等，还需要系统具体的设计。生态文明建设作为国家“五位一体”总体布局的重要内容，不可能一蹴而就。为防止出现思想误区和执行偏差，国家应加快制度体系建构，建立促进全面转型长效机制，使各项政策和措施制度化、规范化。生态文明建设作为全国“一盘棋”的重大战略部署，缺乏国家层面顶层设计、统一规划和统筹协调，任何基于不同理解和各行其是的建设，都难免会陷入时紧时松的运动式、风暴式建设，是不可持续的。

从思想观念看，“人类中心主义”发展观和“唯GDP论”政绩观仍有一定区别。有史以来，在看待和处理人与自然关系的问题上，长期交织着“人类中心主义”和“自然中心主义”两种自然观的理论纷争。比如，庄子曾提出“畸于人而侔于天”（《庄子·内篇·大宗师》），指出人类对自然界的依赖性；其后的荀子则提出“制天命而用之”（《荀子·天论》），强调发挥人的主观能动作用改造自然、战胜自然。尽管这两种自然观发展至今，都不再狭隘地独守一处，日益走向融合，但仍有所区别和侧重。著名社会心理学家亚伯拉罕·马斯洛提出的需求层次理论从侧面提示我们，在物质财富仍是人类第一追求的时代，自然中心主义常显得苍白无力，往往导向人类中心主义，近代工业发展史是最好的佐证。近年来，随着人类对片面追求GDP增长所带来的环境污染和生态破坏的高度关注，绿色GDP新理念应运而生。尽管一些国家推出了各种绿色GDP技术指标，但未得到一致认同，推行中还有诸多现实困难。世界上也没有任何一个国家能从GDP中扣除自然资源耗减价值与环境污染损失价值后计算出完整的绿色GDP。相比而言，传统GDP作为衡量一个国家经济实力和国际地位的重要指标，在全世界范围内仍被普遍认可。每年，国际货币基金组织、世界银行、联合国统计司等国际金融机构都会发布世界经济状况的报告，公布世界各国GDP排名。从国内看，GDP仍是衡量地方经济发展和地方官员政绩考核的重要指标，国家统计局每年甚至每季度都会定期公布国内GDP增长情况，无形中给地方政府增加了巨大的发展压力。改革开放以来，尽管西部地区经济得到长足发展，甚至个别省份经济增速近年来领跑全国，但由于经济发展的客观条件较差，交通基础设施相对落后，经济增长主要依靠投资拉动，市场化程度不高、城镇化率较低，人均GDP排名普遍靠后。因此，受全球大环境影响和现有条件制约，加快经济发展仍是西部地区首要任务。如何平衡经济发展与环境保护关系，将成为西部地区生态文明建设的最大矛盾；传统工业化模式的“轻车熟路”和经济效益“短、平、快”的巨大诱惑，仍是西部地区生态文明建设的最大挑战；人类中心主义的发展观和唯GDP论的政绩观仍有相当肥沃的现实土壤。

从制约因素看，地方财力匮乏，资源日渐短缺。经济决定政治，生态文明建设离不开坚实的物质基础。目前，西部地区生态污染程度之重、范围之广、需要投入的治理成本之大远超其他省份。从市场经济角度看，生态治理的投入需要有受益，才能可持续。但是，在现行管理体制和财政体制下，西部地区生态文明建设不仅内困于地方财力的匮乏，还可能面临虽有投入却无法通过外部市场获取相应受益的困境，难免会导致地方政府的生态治理顾虑。例如，可能会对区域内湿地公园、生态产业园等建设投入不遗余力，但在易“搭便车”和投入量大、回报周期长、执政成绩不明显的生态领域消极冷漠，环境执法亦流于形式。同时，长期以来，西部地区工业化主要以资源能源的大量投入为依托，“靠山吃山、靠水吃水”。在这种粗放式经济增长模式下，经济增长速度与资源能源耗用程度呈现正相关关系，经济越是发展，从自然界攫取就更多。随着对自然资源不合理乃至掠夺式的开发利用，西部地区自然资源日渐短缺，甚至濒临枯竭，经济增长的资源约束越来越明显，尤其是在人们对环境问题心知肚明，却又不愿意牺牲现有生活质量，更不愿意降低发展速度换取良好生态环境的窘境下，生态文明建设面临发展与保护的两难选择。

五、西部地区生态文明建设与新型城镇化发展的对策建议

（一）完善生态保护与治理的制度体系

西部地区城镇面临的生态保护与治理问题是复杂的、多变的，而且受到了巨大的经济压力。要保持生态环境与经济的协调发展，我们必须把解决生态保护与治理问题的政策选择放在极为优先的地位。要完善生态保护与治理的法律体系，加强对环境与资源保护的统一监管和部门间的协调；变革和创新政府生态保护与治理机制，建立统一监管，分区（块）治理机制、协调机制、综合决策机制、生态环境保护融资与保险机制和社会参与机制；完善区域（流域）生态补偿机制，促进生态保护与治理的公平公正；加快推进西部地区城镇的市场化环境政策的实施，提高企业参与生态保护与治理的积极性。

1.加强生态保护与治理的法治建设

在立法上，要结合西部地区的民族特色，协调好地方环境立法和国家法的关系，建立西部地区生态与治理的具体法律制度。西部地方环境立法必须以宪法、国家环境保护法为依据，以促进本地区经济、社会、环境的可持续发展为目标，

围绕本地区的生态保护与治理而进行。西部地区还应根据本地的实际情况对水土保持、封山育林、退耕还林（草）等制定切实有效的措施，针对本地特殊的生态、环境问题，突出重点、抓住主要矛盾，进行具有本地特色的地方环境立法。如对内蒙古的退耕退牧还林还草、“三北防护林”建设，云南、贵州与广西的石漠化，西藏的生物多样性，青海的江河源头，甘肃、新疆、陕西的荒漠化和沙漠化等生态环境做出明确的、具有可操作性的规定。加强少数民族的文化与环境立法的结合，重视“乡规民约”建设，应当把少数民族生态保护文化中传承的优良部分吸收到民族地方环境立法中去。加强与国家法的协调，在不违背国家法的前提下，地方环境立法可以进行大胆创新和突破，填补国家法的空白，例如制定《西部地区生态建设法》等。日本制定的有关环境保护方面的法律多达近百项；德国现有的环境保护法同样是在20世纪70年代后相继推出的，总计达到2 000多项。相对来说，我国的环境保护法律还是不够细致和明确的，更不用说地方性生态保护与治理法律了。

2. 加大生态保护与治理的执法力度，提高执法的有效性

首先，加快落实环境保护的领导责任制和环境保护政绩考核制，通过具体的制度安排，对党政领导的环境保护绩效进行考核，做得较好的要有晋升激励，否则要进行问责；对党政领导的环境决策失误、干扰环境保护执法的行为要追究责任。其次，在上面的基础上形成党政领导负总责、环境保护部门统一监督管理、有关部门分工协作、全社会共同参与这一全新的管理机制。将分散于分管部门的执法权加以集中，尽量集中到环境保护主管部门，使其真正发挥统一管理的作用。或者形成一个党政领导直属的环境执法协调部门，对各部门的环境执法进行统一的协调和监督，协调各部门的信息沟通，形成环境执法的合力。最后，加强环境执法能力建设，提高环境执法水平。对环境执法人员多进行培训，提高环境专业知识、环境法律法规的水平，增强其执法能力。对地方性的环境保护部门要加大环境保护的资金和设备投入，多配备或改善执法装备，提高生态环境监测的水平。加大对环境工程等技术人员的招聘，通过提高环境保护人员的技术、管理水平，增强执法能力。同时，还要建立健全严格的稽查机制，对基层政府及其环境保护部门的执法工作情况进行有效监督。

3. 加强环境司法的作用

环境司法的作用可以表现在司法机关对环境违法行为的监督、审查和制裁，对被侵权者的司法救济，以及对环境法律实施问题的司法解释等方面。首先，对造成生态环境事故的部门和个人要追究法律责任，加大违法成本。不但要增加环境污染的经济惩罚还要增加法律行政惩罚，不但要对直接负责人还要在一定程度

上对所在单位进行处罚，这样可以大大增加环境污染的成本，有效地加大生态环境执法的力度。这方面做得较好的是贵州省设立的环境保护法庭，虽然这个法庭还处于起步阶段，但对于加强环境司法力度、环境行政执法与司法之间的协调与衔接、在环境执法中发挥司法诉讼手段起到了一定的作用，还能在一定程度上杜绝地方保护主义的干扰，保证环境司法的公正性和独立性。其次，要建立环境公益诉讼制度，通过环境公益诉讼维护公众的环境权益。任何公民、社会团体或国家机关都可以起诉。特别是公民，应享有以下权利，即根据已有或者将要制定的“环境污染法”规定的公民权益，进行环境诉讼，进行索赔，而不是行政上的经济赔偿或者政府进行干预，以真正维护环境公益。最后，我们还要加强环境司法队伍建设，提高环境司法人员的环境意识和环境法治意识，在思想上提高其环境司法的积极性。在司法考试中设立环境司法考试，在法律专业学习中开设环境司法课程，多了解环境法律法规，为提高办案水平、进一步发挥环境司法的作用打下良好的基础。

（二）走特色发展、多元主体协同治理之路

1. 重要前提

宏观层面，国家要从决策制度、管理制度、评价制度、考核制度等入手，重点对生态文明建设概念内涵、目标指向、路径选择、技术支撑、资金保障等进行科学设计，加快建立自上而下系统完整的生态文明制度体系。已有的《绿色发展指标体系》和《生态文明建设考核目标体系》在系统界定、指标安排等方面存在许多技术和实践上的困难，还须根据实际情况不断修正完善。微观层面，国家要对西部地区予以政策倾斜和财政扶持，探索建立西部地区经济适度发展策略和生态建设经费中央财政扶持政策，从体制机制上解决西部地区经济发展与生态保护的两难选择，打破地方官员唯 GDP 的政绩观、发展观。从一定程度上讲，没有中央对西部地区经济发展的限速，西部地区发展的“机器”就不会停歇，官员唯 GDP 的魔咒就无法打破；没有中央财政扶持，西部地区生态文明建设资金投入不足与产出效益差的现象就不可避免，经济发展与环境保护的两难抉择就难以平衡。

2. 关键所在

政府作为社会公共权力和公共利益的代表，在生态文明建设中负有义不容辞的历史使命和责任担当。新形势下，地方政府要在提升认识、科学谋划、措施落实等方面下功夫，见真招，出实效。一是提升认识，充分认识生态文明建设的重要性和迫切性，切实把思想和行动统一到中央决策部署上来，牢固树立“生态红线”意识，以“功成不必在我”的精神境界和“功成必定有我”的历史担当，发

扬钉钉子的精神，久久为功，坚决避免生态文明建设“讲起来重要，干起来次要，忙起来不要”等形式主义的发生。二是科学谋划，通篇布局，把生态文明建设融入地方经济社会发展中去，坚持经济总量适度增长原则，充分利用现代科学技术，着力构建科技含量高、资源消耗低、环境污染少的产业结构和生产方式，大力推进企业绿色发展、循环发展、低碳发展。三是狠抓措施落实，坚持以提高环境质量为核心，进一步健全环保工作体系，加大环保工作人、财、物的投入，强化大气、水源、土壤污染整治，对重点行业和区域进行污染监控，重点解决损害群众健康的环境问题，严厉打击各类环境违法行为。四是建立和完善环境教育体系，充分发挥各种舆论媒体的宣传导向作用，大力培养和提高人们的环保意识，广泛开展环保实践活动。

3. 工作重点

产业转型升级绿色环保是现代产业未来发展趋势，加快产业转型升级是生态文明建设的必然要求和根本出路。当前，一些地区在加快产业结构转型升级方面取得不错进展，但也存在一些思想误区和行为偏差。比如，一些地方认为，转型升级就是淘汰传统产业，尤其是一些夕阳产业，转而发展新兴产业，因而一哄而上去追逐新兴产业。结果新兴产业没有发展起来，原有产业也遭到较大破坏。再如，一些地方超越自身条件和发展阶段，搞“一刀切”，人为拔高第三产业在地区产业结构中的比重和增加值。从本质上讲，产业结构转型升级，既包括不同产业之间的新旧更替，也包括同一产业内的升级换代。一个地区的发展，有内在持续性和阶段性，如果简单否定之前的政策，热衷于盲目“改道”，就是错误的态度和方法。如何平衡产业转型与产业升级的关系，关键是要根据各地区的自身条件和发展需要，因地制宜，因时而动，量力而行。因此，对基础条件相对落后的西部地区来说，生态文明建设将是一个循序渐进的发展过程，在经济发展和产业升级调整过程中，不能盲目跟风。首先，要稳定和发展现有产业对区域经济总量的贡献，优化产品和技术结构，加快现有支柱产业由主要依靠资源消耗向主要依靠技术进步、高素质人力资源和管理创新的转变；其次，要优化产业结构，走经济发展与生态文明融合之路，积极寻求能够带动地方经济上新台阶的新兴绿色产业或行业，重点培育和发展生态农业、生态工业和生态服务业；第三，要优化产业布局，拓宽发展空间、促进产业集聚、培植特色产业，实现产业协调发展。

4. 重要途径

从本质上讲，生态文明建设是一项不断满足社会不同主体对良好生态环境需求的社会公共事业，也是社会不同主体生态利益相互博弈平衡的过程。从这个角度上讲，多元主体相互信任与协同参与是生态文明建设得以实现的社会基础。只有改变过去政府单一主体管理模式，鼓励和引导企业、社会团体和民众积极参与，形成多元协同治理模式，生态文明建设才能真正做到“在共建中共享，在共享中共建”，才能实现可持续健康发展。具体而言就是要做到：一是明确企业的社会生态责任，从源头上有效控减污染物的排放。要坚持市场机制，按照“谁污染、谁治理”的原则，全面落实生产者环境责任制。同时，建立企业环境信用评级和奖惩制度，定期公布企业污染排放、生态环境影响等相关信息，对信用评级优良的企业给予政策倾斜与税收优惠，对污染排放严重的企业依法严厉处罚，改变过去“守法成本高、违法成本低”的局面，积极引导企业加大技术创新和生态文明建设投入力度。二是积极引导和鼓励社会组织进入环保市场，培育环境治理和生态保护多元市场主体。政府要完善相关法律法规，合理适当放权，废止妨碍形成统一市场和公平竞争的规定和做法，通过政府购买服务等方式，在生态监测、环境监管、污染治理等方面引入社会第三方，建立吸引社会组织和资本投入生态环保的市场化机制。三是培育生态文化，推动全民参与生态文明建设。首先，加强生态文明宣传教育，把生态文明教育纳入国民教育、社区教育和各级各类教育培训体系，引导公众树立科学生态观；其次，公开生态环境信息，畅通环境举报和维权渠道，保障公众的环境知情权和举报权；再次，倡导绿色消费，践行低碳理念。

参考文献

［1］娄胜霞. 西部地区生态文明建设中的保护与治理［M］. 北京：中国社会科学出版社，2016.

［2］中国生态文明研究与促进会，中国西部生态文明发展报告编委会. 西部地区生态文明建设中的保护与治理［M］. 北京：中国环境科学出版社，2018.

［3］许国成. 西部地区城市生态文明评价及发展研究［D］. 武汉：中国地质大学，2018.

［4］史敦友，李小波，段龙龙. 新型城镇化改善了西部地区生态文明质量吗？［J］. 经济问题探索，2018（07）：164－173.

［5］董怀军. 西部地区生态文明建设的现实困境及路径思考［J］. 改革与开放，2018（15）：56－58＋64.

［6］曾九利，唐鹏，彭耕，等. 成都规划建设公园城市的探索与实践［J］. 城市规划，2020，44（08）：112－119.

[7] 陈垚楠. 生态视角下的成都公园城市建设 [J]. 四川文理学院学报, 2021, 31 (01): 137-141.

[8] 李瑶, 马丽. 成都公园城市建设的现状调查及其发展路径 [J]. 资源与人居环境, 2021 (04): 15-18.

[9] 李瑶, 马丽. 地方历史文化融入成都公园城市建设的现状、问题与对策 [J]. 资源与人居环境, 2021 (09): 42-47.

第六章　西部地区成渝城市群新型城镇化建设

摘　要

成渝城市群以成都、重庆双城为中心，是西部大开发的重要战略平台。2020年1月，习近平总书记主持召开中央财经委员会第六次会议并在会上发表重要讲话，强调“要推动成渝地区双城经济圈建设，在西部形成高质量发展的重要增长极”。会议还明确要求强化成都和重庆的中心城市带动作用，使成渝地区成为具有全国影响力的重要经济中心、科技创新中心、改革开放新高地、高品质生活宜居地。“一极一源两中心两地”的定位表明中央对成渝城市群寄予了更高期望，进一步增强了成渝城市群在全国经济发展大局中的重要功能和战略地位。

在成渝城市群的发展过程中，成都、重庆两市积极服务和融入新发展格局，推动了产业发展、科技创新、公共服务、基础设施等多个领域的务实合作，突出成渝两地的双核联动、战略协同、政策衔接、工作对接，正向着打造带动全国高质量发展的重要增长极和新的动力源的方向迈进。本章介绍了成渝城市群的发展沿革、空间布局、战略定位等基本情况，梳理了当前成渝城市群发展的长板优势和短板劣势，并结合成渝共建经济圈、唱好“双城记”的优秀案例，阐述了成渝双城的合作态势。

Abstract

Centered on Chengdu and Chongqing, Cheng-Yu Urban Agglomeration is a significant platform for the Western Development. In January 2020, Xi Jinping chaired the sixth meeting of the Central Financial and Economic Commission and delivered an important speech, stressing the construction of the Chengdu-Chongqing economic circle, which is supposed to form a growth pole for high-quality development in the western region. This meeting also clearly called for strengthening the leading role of Chengdu and Chongqing as the central cities, making Chengdu-Chongqing economic circle a national significant economic pole, a sci-tech innovation center, a new highland of reform and opening up, and a high-quality habitable zone. The above positioning shows that the central government has placed higher expectations on Cheng-Yu Urban Agglomeration, further enhancing its important function and strategic position in the overall national economic development.

In the development of Cheng-Yu Urban Agglomeration, Chengdu and Chongqing actively integrate into the new development paradigm, promoting practical cooperation in multiple fields, including industrial development, scientific and technological innovation, public services, infrastructure and others, highlighting the dual-core linkage, strategic coordination, policy convergence, and work cohesion. Consequently, Cheng-Yu Urban Agglomeration is moving forward to create a growth pole and a new dynamic source for national high-quality development. This chapter introduces the development history, spatial layout, strategic positioning and other basic conditions of Cheng-Yu Urban Agglomeration. Then, the current development status of Cheng-Yu Urban Agglomeration are analyzed from the two dimensions of advantages and disadvantages. In the end, this chapter expounds the cooperation between Chengdu and Chongqing, combined with some advanced cases.

一、成渝城市群的基本情况

（一）发展沿革

过去数十年中，成渝城市群在西部大开发和国家区域协调发展的大局中，扮演着愈发重要的角色，其发展沿革可以划分为以下四个阶段。相关的重要政策文件如表 6-1 所示。

表 6-1 成渝城市群发展沿革中的重要政策文件

时间	政策/文件	主要内容	意义
2001 年	《重庆—成都经济合作会谈纪要》	在交通、商贸、汽摩及零配件、旅游等方面展开交流合作。	首次提出“成渝经济走廊”的概念。

续表

时间	政策/文件	主要内容	意义
2003年	《中国西部大开发重点区域规划前期研究》	以成渝两大都市为中心、各级中心城市相互联系和合作的“成渝经济带”，将在未来5～10年内成为“中国西部最大的双核城市群”“西部大开发的最大战略支撑点”。	正式在国家层面报告明确“成渝经济带”这一战略目标。
2004年	《关于加强川渝经济社会领域合作共谋长江上游经济区发展的框架协议》	川渝政府将在重大交通能源基础设施项目建设、农业和农村经济、公安机关警务联勤工作、旅游、文化发展、广播电视事业发展等领域展开合作。	川渝两地正式展开政府间合作。
2004年	《中国西部大开发中重点经济带研究》	长江上游经济带的空间布局特征是“蝌蚪型经济带”，区域中心是成渝经济区。	明确了成渝经济区在西部大开发中的区域中心定位。
2007年	《关于推进川渝合作共建成渝经济区的协议》	将发展定位从“西部”拓展为“国家”，将成渝经济区打造成国家新的增长极。	首次共同确定了“成渝经济区”的地理范围。
2011年	《成渝经济区区域规划》	成渝经济区将建成西部地区重要的经济中心、全国重要的现代产业基地、深化内陆开放的试验区、统筹城乡发展的示范区和长江上游生态安全的保障区。	首份关于“成渝经济区”的国家级规划文件，对成渝经济区提出了明确的发展目标。
2016年	《成渝城市群发展规划》	将成渝城市群总体定位为：全国重要的现代产业基地、西部创新驱动先导区、内陆开放型经济战略高地、统筹城乡发展示范区、美丽中国的先行区。	在国家层面上，成渝经济区正式升级为成渝城市群。
2021年	《成渝地区双城经济圈建设规划纲要》	正式提出将成渝地区双城经济圈打造成为带动全国高质量发展的重要增长极和新的动力源，并明确了未来成渝双城经济圈的建设重点。	正式提出“成渝地区双城经济圈”概念。

1. 从“经济走廊”到“经济带”：政府间合作正式展开

2001年，成都市领导赴重庆签订了《重庆—成都经济合作会谈纪要》，首次提出“成渝经济走廊”的概念。2003年，受国家发改委的委托，中国科学院地理科学与资源研究所在《中国西部大开发重点区域规划前期研究》中提出，以成渝两大都市为中心、各级中心城市相互联系和合作的“成渝经济带”，将在未来5～10年内成为“中国西部最大的双核城市群”“西部大开发的最大战略支撑点”，正式在国家层面报告明确“成渝经济带”这一战略目标。

“成渝经济带”战略目标的明确加速了两地政府间的合作。2004 年 2 月，川渝两省市政府召开合作意向性会议，签署《关于加强川渝经济社会领域合作共谋长江上游经济区发展的框架协议》和 6 个分领域协议，标志着川渝政府将在重大交通能源基础设施项目建设、农业和农村经济、公安机关警务联勤工作、旅游、文化发展、广播电视事业发展等领域正式展开合作。

2. 从“经济区”到“城市群”：城镇化建设要求进一步凸显

2004 年，在国务院西部开发办委托下，中国科学院专家组完成了《西部大开发中重点经济带研究》，并在其中指出：“长江上游经济带的空间布局特征是‘蝌蚪型经济带’，区域中心是成渝经济区。”2006 年，国家西部大开发“十一五”规划出台，明确提出建设成渝经济区。2007 年 4 月，川渝两省市政府共同签署了《关于推进川渝合作共建成渝经济区的协议》，首次共同确定了“成渝经济区”的地理范围，并将发展定位从“西部”拓展为“国家”，由“西部最大的双核城市群”上升为“国家新的增长极”。

2011 年 5 月 30 日，国务院正式批复了《成渝经济区区域规划》，这是首份关于“成渝经济区”的国家级规划文件。该《规划》对成渝经济区提出了明确的发展目标：到 2015 年，建成西部地区重要的经济中心；到 2020 年，成为我国综合实力最强的区域之一。根据此《规划》，成渝经济区将建成西部地区重要的经济中心、全国重要的现代产业基地、深化内陆开放的试验区、统筹城乡发展的示范区和长江上游生态安全的保障区；依托中心城市和长江黄金水道、主要陆路交通干线，成渝地区将形成以成都、重庆为核心，沿江、沿线为发展带的“双核五带”空间格局。

2016 年 3 月，国务院常务会议通过《成渝城市群发展规划》。自此，在国家层面上，成渝经济区正式升级为成渝城市群。2016 年 4 月，国家发展改革委、住房和城乡建设部联合印发《成渝城市群发展规划》，将成渝城市群总体定位于立足西南、辐射西北、面向欧亚，培育引领西部开发开放的国家级城市群，赋予成渝两地的发展定位为：全国重要的现代产业基地、西部创新驱动先导区、内陆开放型经济战略高地、统筹城乡发展示范区、美丽中国的先行区。

相较于“经济区”概念对于区域经济发展的强调，“城市群”概念进一步突出了对区域城镇化建设的要求。该《规划》提出构建“一轴两带、双核三区”的空间格局，即打造成渝发展主轴，培育沿江城市带、优化成德绵乐城市带，提升重庆、成都两大核心功能，培育川南、南遂广、达万三大城镇密集区，并进一步展望了直至 2030 年的发展目标：到 2020 年，基本建成经济充满活力、生活品质优良、生态环境优美的国家级城市群；到 2030 年，实现由国家级城市群向世界级城市群的历史性跨越。

3.“双城经济圈”的提出：成渝地区发展迈向新高度

2020年1月，中央财经委员会第六次会议上首次提出推动成渝地区双城经济圈建设，使成渝地区成为具有全国影响力的重要经济中心、科技创新中心、改革开放新高地、高品质生活宜居地，在西部形成高质量发展的重要增长极，打造内陆开放战略高地，助推全国高质量发展。2021年10月，《成渝地区双城经济圈建设规划纲要》发布，正式提出将成渝地区双城经济圈打造成为带动全国高质量发展的重要增长极和新的动力源，并明确了未来成渝双城经济圈的建设重点：加强交通基础设施建设、加快现代化产业体系建设、增强协同创新发展能力、优化国土空间布局、加强生态环境保护、推进体制创新、强化公共服务共建共享。

“成渝地区双城经济圈”这一新概念的提出，进一步提升了成渝地区的战略地位，推进地区发展迈向新高度。相较于2011年《成渝经济区区域规划》、2016年《成渝城市群发展规划》等政策文件中的要求，“成渝地区双城经济圈”对成渝地区建设的要求由“建成西部地区重要的经济中心”上升到“具有全国影响力的重要经济中心”，体现出成渝在国家发展全局中发展能级和位势的提升；新增“科技创新中心”发展定位寄予了对该地区科技发展的厚望，“高品质生活宜居地”的定位也进一步深化了《成渝城市群发展规划》中对城市生态建设与生活品质的要求。

毫无疑问，成渝地区双城经济圈建设将推动成渝城市群正式成为继京津冀、长三角、珠三角城市经济圈之后的我国第四个大型城市经济圈。如何把握好机遇，发挥比较优势，强化成都和重庆的中心城市带动作用，从而更加高效地实现成渝地区统筹发展、引领西部地区高质量发展，是成渝城市群在未来几年内的重点任务。

（二）空间布局

1.成渝城市群整体空间布局

根据《成渝城市群发展规划》，成渝城市群的规划范围包括重庆市的中心城区及万州、涪陵、綦江、大足、黔江、长寿、江津、合川、永川、南川、璧山、铜梁、潼南、荣昌、梁平、丰都、垫江、忠县等27个区（县）以及开州、云阳的部分地区，四川省的成都、自贡、泸州、德阳、绵阳（除平武县、北川县）、遂宁、内江、乐山、南充、眉山、宜宾、广安、达州（除万源市）、雅安（除天全县、宝兴县）、资阳等15个市，总面积18.5万平方千米。

《成渝城市群发展规划》提出构建“一轴两带、双核三区”空间发展格局，即发挥成都和重庆双核带动功能，重点建设成渝发展主轴、沿长江和成德绵乐城市带，促进川南、南遂广、达万城镇密集区加快发展。

《成渝地区双城经济圈建设规划纲要》沿袭了《成渝城市群发展规划》中划定的空间格局。2021年12月底，川渝两地政府发布《〈成渝地区双城经济圈建设规划纲要〉联合实施方案》，提出要推动重庆、成都双核引领相向发展，着力打造重庆都市圈和成都都市圈，强化重庆都市圈和成都都市圈互动，进而辐射带动两省市其他区域发展。

2.重庆都市圈空间布局

《成渝地区双城经济圈建设规划纲要》中，要求提升重庆发展能级和综合竞争力，带动中心城市周边市地和区县加快发展，培育发展现代化重庆都市圈，梯次推动重庆中心城区与渝西地区融合发展。重点部署包括：畅通璧山、江津、长寿、南川联系中心城区通道，率先实现同城化；强化涪陵对渝东北、渝东南带动功能，支持永川建设现代制造业基地和西部职教基地，支持合川加快发展网络安全产业、推动建成区域性公共服务中心，推进綦江、万盛一体建设西部陆海新通道渝黔综合服务区和渝黔合作先行示范区，打造重庆中心城区辐射带动周边的战略支点；推进重庆向西发展，提升荣昌、铜梁、大足、潼南特色化功能，建设与成都相向发展的桥头堡；推动广安全面融入重庆都市圈，打造川渝合作示范区。《〈成渝地区双城经济圈建设规划纲要〉联合实施方案》等政策文件进一步强调，着力打造重庆都市圈，推进中心城区加快集聚高端现代功能，推进璧山、江津、长寿、南川率先实现与重庆中心城区同城化发展，推进涪陵、永川、合川、綦江—万盛等支点城市加快发展，推进荣昌、铜梁、大足、潼南等桥头堡城市特色发展，推动广安全面融入重庆都市圈。

在此指引下，2022年8月，重庆市人民政府、四川省人民政府联合印发《重庆都市圈发展规划》。重庆都市圈由重庆主城都市区中心城区和紧密联系的周边城市共同组成，包括重庆市渝中区、大渡口区、江北区、沙坪坝区、九龙坡区、南岸区、北碚区、渝北区、巴南区、涪陵区、长寿区、江津区、合川区、永川区、南川区、綦江区—万盛经开区、大足区、璧山区、铜梁区、潼南区、荣昌区21个区和四川省广安市，总面积3.5万平方千米。根据《重庆都市圈发展规划》，其空间布局以发挥优势、彰显特色、协同发展为导向，顺应产业升级、人口流动、空间演进趋势，构建中心城区带动周边区（市、县）共同发展、大中小城市协调发展的空间格局。

3.成都都市圈空间布局

根据《成渝地区双城经济圈建设规划纲要》，成都都市圈将充分发挥成都带动作用和德阳、眉山、资阳比较优势，加快生产力一体化布局，促进基础设施同网、公共服务资源共享、政务事项通办、开放门户共建，创建成德眉资同城化综合试验区，建设经济发达、生态优良、生活幸福的现代化都市圈；推动成都、德阳共建重大装备制造基地，打造成德临港经济产业带；加快天府新区成都片区和眉山片区融合发展，打造成眉高新技术产业带；促进成都空港新城与资阳临空经济区协同发展，打造成资临空经济产业带；推动成都东进，以促进制造业高质量发展为重点，将成都东部建成与重庆联动的重要支点。

2021 年 11 月 29 日，四川省政府正式印发《成都都市圈发展规划》。这是继南京都市圈、福州都市圈以后，国家层面批复的第三个都市圈规划，也是中西部地区唯一一个都市圈规划。成都都市圈以成都市为中心，与联系紧密的德阳市、眉山市、资阳市共同组成，主要包括：成都市，德阳市旌阳区、什邡市、广汉市、中江县，眉山市东坡区、彭山区、仁寿县、青神县，资阳市雁江区、乐至县，面积 2.64 万平方千米；规划范围拓展到成都、德阳、眉山、资阳全域，总面积 3.31 万平方千米。其空间布局以同城化发展为导向，强化成都作为中心城市的辐射带动作用，发挥德阳、眉山、资阳比较优势，增强小城市、县城及重点镇支撑作用，构建极核引领、轴带串联、多点支撑的网络化都市圈空间发展格局。

（三）战略定位

1. 西部地区发展的战略引擎

成渝地区自古就具有重要经济影响，享有“天府之国”等美誉。新中国成立以来，成渝地区的每一次发展都与国家大战略紧密相关，从计划经济初期以成都为枢纽的交通基础设施布局，到 20 世纪 60 年代的“三线建设”，再到 21 世纪的西部大开发等，都为成渝在不同历史时期实现追赶跨越提供了战略动能、厚植了发展优势。

经过多年发展，成渝地区的经济实力和发展活力不断增强，特别是“十三五”时期以来，成渝地区发展驶入快车道。中心城市辐射带动作用持续提升，中小城市加快发展，基础设施更加完备，产业体系日渐完善，科技实力显著增强，内需空间不断拓展，对外交往功能进一步强化。到 2021 年底，成渝地区 GDP 年均增长 8%以上，占全国比重持续提升；社会消费品零售总额年均增长 10%以上，常住人口城镇化率超过 60%，常住人口达到 9 800 万人，相当于西部地区其他城市群人口总和，已经成为西部地区综合竞争力最强的区域。

除了社会经济发展，成渝也是西部地区生态文明建设、改革创新和对外开放的重要引擎。生态文明建设方面，成渝地区位于长江上游，是长江主要水源涵养地，对维护国家生态安全至关重要；周边地区生态相对脆弱，生态保护压力较大。成渝城市群的建设，有利于吸收生态功能区人口向城市群集中，减少生态脆弱地区承载人口的压力，进一步筑牢长江上游和西部地区生态屏障，保护长江上游和西部地区生态环境；进而增强整个西部地区的空间治理和保护能力，使西部地区形成优势区域重点发展、生态功能区重点保护的新格局。

改革创新方面，成渝城市群获批“成渝地区双城经济圈”，并上升至国家战略。根据《成渝地区双城经济圈建设规划纲要》，重庆将以建成高质量发展高品质生活新范例为统领，在全面深化改革和扩大开放中先行先试，建设国际化、绿色化、智能化、人文化现代城市，打造国家重要先进制造业中心、西部金融中心、西部国际综合交通枢纽和国际门户枢纽，增强国家中心城市国际影响力和区域带动力；成都将以建成践行新发展理念的公园城市示范区为统领，厚植高品质宜居优势，提升国际国内高端要素运筹能力，构建支撑高质量发展的现代化产业体系、创新体系、城市治理体系，打造区域经济中心、科技中心、世界文化名城和国际门户枢纽，提升国家中心城市国际竞争力和区域辐射力。重庆和成都双核相向发展、联动引领区域改革创新，成渝城市群将进一步吸引人才、技术、资本等要素集聚，促进沿海地区产业转移和自身产业升级，形成西部地区改革创新的重要支撑和强劲动力。

对外开放方面，从“一带一路”倡议到中欧班列，再到“西部陆海新通道”，一系列国家顶层设计的区域发展战略相继出台，其对西部地区对外开放的战略牵引力、政策推动力和发展支撑力前所未有。其中，“一带一路”倡议和中欧班列重建中国与欧亚大陆的经济联系，使西部地区成为面向东盟、欧洲、中东等欧亚地区开放的新“前沿”，极大地重塑了国际社会的地缘政治格局；“西部陆海新通道”，利用铁路、公路、水运等多种运输方式，由重庆一路向南，经广西北部湾出海通达世界各地，使中国西部内陆腹地通达东盟、走向全球，成为连接欧亚全球供应链中心的运输大动脉和合作大桥梁，具有重要的战略意义。在这些战略的指引下，位于“一带一路”沿线和长江经济带交汇处的成渝城市群，是我国西部陆海新通道的起点，具有较为完善的开放通道、平台和机制，拥有中西部地区最大的航空枢纽，中欧班列开行量长期稳居全国前列。依托南向、西向、东向立体开放通道的独特优势，成渝城市群未来将成为支撑我国陆海内外联动、东西双向互济对外开放新格局的战略性枢纽。

2. 双循环发展格局下的新高地

2020 年 4 月 10 日，在中央财经委员会第七次会议上，习近平总书记强调要构建以国内大循环为主体、国内国际双循环相互促进的新发展格局；2020 年 5 月下旬“两会”期间，习近平总书记再次强调，要“逐步形成以国内大循环为主体、国内国际双循环相互促进的新发展格局”。“十四五”规划更是将“加快构建以国内大循环为主体、国内国际双循环相互促进的新发展格局”纳为推动我国开放型经济向更高层次发展的重大战略部署。

加快形成“双循环”新发展格局是一项系统工程。培育成渝城市群这一西部地区重要增长极，对新形势下扩大国内市场需求，提高开发开放水平，形成优势互补、高质量发展的区域经济布局具有多重价值。

在扩大国内市场需求方面，构建以国内大循环为主体、国内国际双循环相互促进的新发展格局，要求通过国内消费市场的升级来促进经济增长。成渝城市群是中国经济总量和常住人口集中度最高的内陆城市群，辐射范围达到1亿人，城市群内16个城市的经济总量占全国的比重已由2000年的3.5%，增长至2021年的6.6%，发展势头强劲，是一个巨大的国内市场。近年来，成渝城市群已具备较强的中心城市、日趋完善的产业体系，以及近20年来显著增长的科技创新实力，这大幅扩大了其市场腹地和内需空间。特别是随着成渝城市群规划的相继实施和成渝双城经济圈规划的获批，成渝双城将共建、发展西部金融中心与内陆科技创新中心，积极打造国际消费中心城市。三大“中心”的建设进一步确立了新发展格局下成渝城市群的重要地位：金融中心是实体经济稳步推进和产业吸引力的支柱，科技创新中心是经济转型升级的内生动力，而消费中心是拉动经济增长的“三驾马车”之首，更能直观体现成渝城市群在新形势下扩大国内市场需求的巨大价值。

在提高开发开放水平方面，应对世界百年未有之大变局，成渝城市群的建设，有利于助推内陆地区成为开放前沿，带动内陆和沿海沿边沿江协同开放，优化国家开放格局，全面提高开发开放水平。深处内陆的成渝城市群是“一带一路”倡议、长江经济带和西部陆海新通道的战略支点。“一带一路”倡议的实施使西部地区成为新时期对外开放的前沿，成渝城市群得以充分利用国际国内两个市场、两种资源，深化内陆开放高地建设，深度参与国际经济合作与竞争，提高开发开放水平。长江经济带战略的实施有利于发挥长江黄金水道支撑引领作用，提高成渝城市群对外交通网络通畅水平，密切与东部发达地区、中部潜力地区的经济联系，促进先进产业和生产要素集聚，为形成新的经济增长极提供新的发展动能。西部陆海新通道呼应“一带一路”倡议的陆海联动对外开放新格局，通过中欧班列、亚欧大陆桥可以直达中亚和欧洲，加上孟中印缅经济走廊、西部陆海新通道等，可以全方位扩大成渝城市群开放新优势，打造内陆开放战略高地和参与国际竞争的新基地，助推形成陆海内外联动、东西双向互济的对外开放新格局。

在优化区域经济布局方面，成渝城市群在新发展格局中迎来了更多的战略机遇，将成为内循环的爆发点、双循环的新承载地，使国内区域协同发展再上新台阶。几十年来，粤港澳、长三角和京津冀三大城市群，抓住了改革开放的先机，依托沿海区位优势，设立了特区、新区、开发区，发展外向型经济，成为中国经济发展的主引擎，以及国内经济连通世界经济的“桥头堡”。而随着国际政治经济形势的变化，近年来我国经济在“外循环”方面遭遇越来越多的冲击，粤港澳、长三角和京津冀三大城市群在供应链和产业链方面受到的影响更大。虽然与其他三大城市群相比，成渝城市群在经济总量、人均 GDP、基础设施、创新能力等尚有一些短板和差距，但它同样具有资源禀赋、内陆开放高地、广袤市场、制造业厚重基础等比较优势。特别是依托长江黄金水道等国内通道、“一带一路”沿线、西部陆海新通道等对外通道，成渝城市群一方面可以利用好国内大市场的广袤纵深空间，与沿海三大城市群和周边省区加大协同力度，承接一部分东部地区的产业转移，将过去外循环的产业链、供应链落地到西部，为内循环做增量；另一方面可以深度对接“一带一路”沿线国家和地区，承担外循环的部分重任。

3. 我国区域协调发展的重大战略

我国历来高度重视区域问题，力求促使各地区协调发展、协同发展、协作发展，并先后出台多项顶层设计，引导各地区在区域协调发展中发挥作用。在 1985—1990 年的“七五”计划中，区域协调这一概念被首次提出，而后出现在此后的每轮五年计划中。改革开放以来，中央不断完善区域协调发展战略，出台了一系列政策文件以及区域规划，并呈现出从东部地区到西部地区、从大城市群到小城市群的趋势。党的十九大报告指出“要实施区域协调发展战略，强化举措推进西部大开发形成新格局，建立更加有效的区域协调发展新机制”，“以城市群为主体构建大中小城市和小城镇协调发展的城镇格局，加快农业转移人口市民化”，强调把西部作为区域协调发展中的一项重要内容。党的二十大报告进一步提出，“促进区域协调发展，深入实施区域协调发展战略、区域重大战略、主体功能区战略、新型城镇化战略，优化重大生产力布局，构建优势互补、高质量发展的区域经济布局和国土空间体系”。

在以中国式现代化全面推进中华民族伟大复兴的进程中，以城市群为主体构建大中小城市和小城镇协调发展的城镇格局，是今后一个时期推进区域协调发展的行动指南。城市群是我国目前主要的空间协调组织形式之一，它通过加强城市与城市之间资源要素的合理流通以及产业分工协作，从而形成“1＋1＞2”的协同效应，对我国增强区域发展协同性、拓展区域发展新空间、推动建设现代化经济体系具有重要的战略意义。因此，中国的城市群战略正在不断发展转型，各大城市群的战略定位、发展能级也在持续变化。在“十三五”规划前，我国仅将长三角、珠三角、京津冀三大城市群列入国家战略规划。而在“十三五”规划中，提出要规划建设京津冀、长三角、珠三角、成渝、长江中游、山东半岛、粤闽浙沿海、中原、关中平原、北部湾、哈长、辽中南、山西中部、黔中、滇中、呼包鄂榆、兰州-西宁、宁夏沿黄、天山北坡等 19 个城市群，将它们打造成带动我国经济持续增长、促进区域协调发展、参与国际合作与竞争的主要平台。"十四五"规划中，将以上19个城市群作为推进城镇化的重要抓手，它们将全面形成两横三纵的城镇化战略格局（见表6-2）。"十四五"规划中还根据各个城市群的基础实力、区域影响力、一体化发展程度以及在国家层面的战略地位的不同，将19个城市群划分为三个梯队，其中，京津冀城市群、长三角城市群、珠三角城市群、成渝城市群以及长江中游城市群被列为重点发展的第一梯队。

表6-2 中国五大城市群及其战略定位

五大城市群	战略定位
京津冀城市群	以首都为核心的世界级城市群、区域整体协同发展改革指导区、全国创新驱动经济增长新引擎、生态修复环境改善示范区，将在疏解首都功能、引领北方社会经济发展等方面发挥作用。
长三角城市群	全国发展的强劲活跃增长极、高质量发展样板区、率先基本实现现代化引领区、区域一体化发展示范区和新时代改革开放新高地，将对标世界级城市群，参与全球竞合，成为亚太地区重要的国际门户、全球重要的现代服务业和先进制造业中心。
珠三角城市群	中国开放创新先行区、转型升级引领区、协同创新示范区、创新创业生态区，将对标世界级城市群，打造成为国际一流的创新创业中心。
成渝城市群	具有全国影响力的重要经济中心、科技创新中心、改革开放新高地、高品质生活宜居地，在西部形成高质量发展的重要增长极，成为带动全国高质量发展的重要增长极和新的动力源。
长江中游城市群	中国经济新增长极、中西部新型城镇化先行区、内陆开放合作示范区、"两型"社会建设引领区，将以上海为龙头的长三角城市群的经济发展动能沿长江流域和黄金水道向长江中上游地区、中西部地区延伸，加速东、中、西部地区协同发展。

显然，城市群将成为中国未来城镇化的主要形态，未来的生产力布局和新的经济增长点都将围绕城市群进行。我国城市群的发展重心已从三大城市群的集中发展模式，向"十四五"规划中提出的19个主要城市群协调发展的模式转变，尤其是成渝城市群和长江中游城市群的战略地位快速提升。成渝城市群是西部地区的典型城市群，同时也是西部地区综合实力最强的区域。2016年，国务院印发的《成渝城市群发展规划》中明确指出，成渝城市群要"在区域发展和促进全国区域协调发展中发挥更重要的作用"。因此，加快成渝城市群发展，对于新形势下促进区域协调发展，探索形成优势互补、高质量发展区域经济布局，推动我国高质量发展具有重要意义。

具体来说，成渝城市群承担国家在区域协同发展方面的探索重任，具有四层含义：

其一，是成渝城市群内部的区域协同发展，也即成都和重庆两大都市圈之间的优势互补、协调互动。根据《成渝地区双城经济圈建设规划纲要》，成都的关键词是品质、科技、人居，重庆则是制造、金融、开放。成渝双城通过注重体现区域优势和特色，将成为具有全国影响力的重要经济中心、科技创新中心、改革开放新高地、高品质生活宜居地。两个都市圈的分工协作、优势互补，将对成渝城市群二三线城市发挥更大的经济辐射与带动作用。

其二，是成渝城市群对川西地区、川东北地区、渝东北地区、渝东南地区的经济带动作用，其中川西与渝东南是两大少数民族聚集地区。

其三，是川渝地区作为西部地区最大的经济增长极，对西南地区乃至广袤西部内陆地区经济发展的带动辐射作用。这将促使重大基础设施和公共资源加快向西部城镇化地区倾斜。

其四，两个都市圈将着眼于实现一体联动和重点突破相统一，在建立健全城市群一体化协调发展机制和成本共担、利益共享机制，统筹推进基础设施协调布局、产业分工协作、公共服务共享、生态共建环境共治等方面做出突破式探索，为全国范围内塑造区域协同新格局、构建现代产业新体系、培育创新驱动新优势、完善基础设施新布局、形成全面开放新态势、迈入绿色发展新阶段提供有力支撑。

二、成渝城市群的发展现状

（一）长板优势

1. 区位优势明显

成渝城市群是全国重要的城镇化区域，处于全国“两横三纵”城镇化战略布局中沿长江通道横轴和包昆通道纵轴的交汇地带，具有承东启西、连接南北的区位优势。过去两年多来，从《国家综合立体交通网规划纲要》，到全国一体化算力网络国家枢纽节点，再到《关于加快成渝世界级机场群建设的指导意见》，成渝城市群更是屡屡以“第四极”的定位出现在国家重要规划和政策布局中。国家资源的倾斜和政策的开放，让成渝城市群得以凭借其区位优势，成为助力新一轮西部大开发、扩大开放的重要支点。依托西部陆海新通道、中欧班列、长江黄金水道、230 余条国际航线等开放大通道，用好重庆两江新区、成都天府新区、重庆自贸试验区、四川自贸试验区等开放大平台，成渝城市群在国家开放新格局中的重要地位稳步提升，在西部带头开放、带动开放的作用日益彰显。

2018年以来，四川、重庆的进出口金额增速均保持在10%水平之上；2021年四川、重庆进出口金额分别达到9 514亿元、8 001亿元，合计进出口金额占全国比重从2016年的3.04%提升至2021年的4.48%。[①] 从贸易伙伴来看，成渝城市群由于其优越的地理位置，成为对东盟等“一带一路”国家贸易的重要枢纽。2021年四川对东盟出口贸易规模达1 319亿元，占全省出口总贸易规模的23%，东盟是四川第一大贸易伙伴；重庆对东盟出口规模为471亿元，占全市出口总贸易规模的9%。[②] 对外贸易的快速增长释放出强大的开放效应。2021年，四川外商直接投资（FDI）规模创新高，达到33.61亿美元，较上年同比增长31.99%，按美元计价增速高于全国11.82个百分点；重庆FDI达到22.4亿美元，同比增长6.4%。

2.人民生活向好

成渝城市群是西部经济基础最好、经济实力最强的区域之一。2021年成渝城市群经济总量达7.4万亿元，比2019年净增1.1万亿元，经济增长8.5%，增速领跑西部，占全国和西部地区比重分别达6.5%和30.8%。其中，成都实现GDP 19 916亿元，重庆实现GDP 27 894亿元。

在良好的经济发展态势下，成渝城市群的人均可支配收入维持较高增速，核心双城——成都与重庆的消费能力领跑全国。2012年以来，成渝社会消费品零售增速长期高于全国平均增速。如表6-3所示，2021年，成都和重庆社会消费品零售总额分别为9 251.8亿元和13 967.7亿元，二者相加占全国比重为5.27%，相对2019年提升了1.35个百分点。2021年全国社会消费品零售总额十强城市中，重庆排名第三、成都排名第六，两年平均增速分别达到26.9%和11.2%。

表6-3　2021年中国城市社会消费品零售总额十强

排名	城市	社会消费品零售总额（亿元）	人均社会消费品零售额（万元）	GDP（亿元）
1	上海	18 079.3	7.27	43 214
2	北京	14 867.7	6.79	40 269
3	重庆	13 967.7	4.36	27 894
4	广州	10 122.6	5.43	28 232

① 资料来源：2021年四川省国民经济和社会发展统计公报、2021年重庆市国民经济和社会发展统计公报。

② 资料来源：中华人民共和国商务部网站-2021年中国-东盟合作简况。

续表

排名	城市	社会消费品零售总额（亿元）	人均社会消费品零售额（万元）	GDP（亿元）
5	深圳	9 498.1	5.41	30 664
6	成都	9 251.8	4.42	19 917
7	苏州	9 031.3	7.08	22 718
8	南京	7 899.4	8.48	16 355
9	武汉	6 795.0	5.51	17 716
10	杭州	6 744.0	5.65	18 019

资料来源：2021 年各市国民经济和社会发展统计公报。

3. 城镇化率快速提升

随着成渝地区城镇化进程的推进和公共服务持续改善，成都和重庆对人口吸纳的能力逐渐增强，2010 年至 2021 年间，成都和重庆常住人口增量分别达到 714.40 万人、327.43 万人，至 2021 年末两地常住人口分别达到 2 119 万人、3 212 万人，在中国内地城市中分别排名第四、第一，合计人口占全国总人口的 3.77%。

2021 年，成都和重庆的城镇化率分别为 79.48%和 70.32%，高于全国平均（64.72%），而四川整体城镇化率（57.80%）低于全国平均。但从提升幅度来看，成渝城市群的城镇化进度正以高于全国平均水平发展。“十三五”期间，四川的城镇化率提升幅度持续高于 1.5 个百分点。未来成渝地区双城经济圈的一体化建设，将带动四川和重庆的城镇化率的进一步提升。

4. 城镇体系日趋健全

自《成渝地区双城经济圈建设规划纲要》发布以来，川渝两省市积极配合国家有关部委编制了 7 个规划，两省市联合编制了 13 个规划（方案），进一步细化、实化了双城经济圈建设的“施工图”和“路线图”，使成渝城市群的城镇体系日益健全。重庆、成都核心引领作用不断增强，推动形成重庆主城都市区向西、成都主城都市区向东的联动联建局面，成为西部地区人口聚集的一极。一批中小城市特色化发展趋势明显，县城（区）和建制镇分布密集，每万平方千米拥有城镇 113 个，远高于西部的 12 个/万平方千米和全国的 23 个/万平方千米，各级各类城镇间联系日益密切，空间布局优化效应持续释放。

5. 产业结构持续升级

产业发展方面，成渝城市群的电子信息、装备制造和金融等产业实力较为雄厚，在整个西部地区的辐射引领作用非常显著，也具有较强的国际国内影响力。

从产业结构上看，过去十多年，川渝两地第三产业 GDP 占比提升显著，2021 年四川的第一、第二、第三产业增加值分别为 5 661.86 亿元、19 901.38 亿元、28 287.55 亿元，占比分别为 10.51%、36.96%、52.53%；重庆的第一、第二、第三产业增加值分别为 1 922.03 亿元、11 184.94 亿元、14 787.05 亿元，占比分别为 6.89%、40.10%、53.01%；成都的第一、第二、第三产业增加值分别为 582.8 亿元、6 114.3 亿元、13 219.9 亿元，占比分别为 2.93%、30.70%、66.38%。

近年来，成渝城市群的产业发展在科技创新驱动产业升级等方面持续发力。从重庆市委五届十次全会、四川省委十一届九次全会，两省市的政府工作报告及“十四五”规划均可以看到，创新驱动高质量发展成为两地共同的战略行动。例如，西部（重庆）科学城和西部（成都）科学城均集聚了本地最优质的创新要素资源，围绕产业链部署创新链、围绕创新链布局产业链，构筑“总部＋基地”“研发＋生产”“中心＋网络”等科技成果就近转化模式。

6. 经济社会人文联系密切

成渝城市群各城市间山水相连、人缘相亲、文化一脉，经贸往来密切，区域交通、农业、商贸、教育、科技、劳务等领域合作不断加强，毗邻区域合作不断深化，一体化发展的趋势日益明显。

基础设施互联互通方面，近些年来，四川和重庆把基础设施建设作为补短板、强弱项的重点，四川每年滚动推进 700 个省重点项目，基础设施项目数量比重超过 35%，重庆“十三五”期间的基础设施投资年均增长 12.8%，高于整体投资增速 5.2 个百分点。陆上，除成渝中线高铁启动建设外，郑万高铁全线铺轨贯通，成达万高铁、渝昆高铁川渝段等项目加快建设。水上，长江上游首个万吨级码头——重庆新生港开港运营，涪江双江航电枢纽、万州新田港二期等项目开工建设，嘉陵江利泽航运枢纽建设加快推进。空中，川渝世界级机场群正加快形成，成都天府国际机场建成投运。

产业发展协同协作方面，成渝双方正优化产业链协作和供应链配套，共同推动培育世界级汽车产业集群；立足川渝“一轴双核、两带三区”电子信息产业协同发展格局，共同培育世界级电子信息产业集群；发挥两地在各自产业方面的优势，共同推动培育世界级轨道交通产业集群。此外，成渝还在科技创新领域深度推动合作，共同建设成渝综合性科学中心，高标准共建西部科学城。

（二）短板劣势

1. 综合实力和竞争力有待提升

成渝城市群已是西部地区发展的领头羊，但与珠三角、长三角、京津冀三大城市群相比，其综合实力和竞争力仍差距不小，也存在地区间经济发展差距大、产业链分工协同程度不高、科技创新能力支撑能力偏弱、基础设施瓶颈明显、生态环境保护任务艰巨等不足。如表6-4所示，成渝城市群总面积达18.5万平方千米，汇集了近1亿人的常住人口，2021年其GDP总量约为7.4万亿元，占全国GDP总量的6.5%，分别为长三角地区的26.8%、珠三角地区的73.6%和京津冀地区的77.1%。从城镇化率来看，2021年成渝城市群的城镇化率约为63.3%，相比于珠三角、长三角地区的87.5%、71.45%有较大差距。

表6-4　2021年中国五大城市群社会经济发展基本情况

城市群名称	常住人口（万人）	占全国人口比重（%）	城镇化率（%）	GDP（万亿元）	占全国比重（%）
京津冀城市群	11 000	7.8	69.4	9.6	8.6
长三角城市群	16 500	11.7	71.45	27.6	24.1
珠三角城市群	7 800	5.5	87.5	10.1	8.79
成渝城市群	10 300	7.3	63.3	7.4	6.5
长江中游城市群	11 000	7.8	60.9	9.7	8.5

资料来源：仲量联行《中国5强：从世界级城市到世界级城市群》。

2. 核心城市背向发展

在城市群发展模式中，“双核”中心城市是指在一定的地理区域或行政区域（如省或州）内存在两个在行政级别、地理位置、经济发展、人口总量、交通设施、资源禀赋等方面均具有一定地区中心带动、辐射与集聚作用的大城市。“双核”中心城市之间的关联度，既包括互补的涓滴效应，也包括相互竞争的虹吸效应。

2021年10月，中共中央、国务院印发《成渝地区双城经济圈建设规划纲要》，提出唱好“双城记”，共建经济圈，合力打造区域协作的高水平样板，在推进新时代西部大开发中发挥支撑作用。作为成渝城市群的“双核”中心城市，重庆和成都两地资源禀赋、区位条件大致相当，加之历史原因，两地均形成了以电子信息、装备制造为主导的工业体系，因此在产业发展等方面仍是竞争大于合作。从2020年川渝两地规模以上工业企业的营业收入看，营收位于四川、重庆前15的产业中有13个产业重叠，两地在集成电路、新型显示、智能终端、新一代信息技术、汽车制造等细分领域存在同质化竞争和资源错配现象，尚未形成跨区域产业联动协同发展模式，弱化了地区产业链和产业集群功能。从商务贸易来看，虽然重庆是四川的第一大贸易伙伴，但是四川却只是重庆的第四大贸易伙伴，成渝地区内部贸易占比远低于长三角地区；且两地出口产品相似度高达95%，在国内相邻省份间出口同质化最高。

3. 次级城市发育不足

按照“中心—外围”结构等经典理论，城市集群内应形成“核心城市—次核心城市—中小城市—小城镇”协调发展的均衡格局。

从人口来看（见图 6-1），重庆主城区、成都市人口均超过 2 000 万，但如绵阳市等次级中心城市常住人口不足 500 万，城镇常住人口不足 300 万人，难以有效支撑城市群的快速发展。

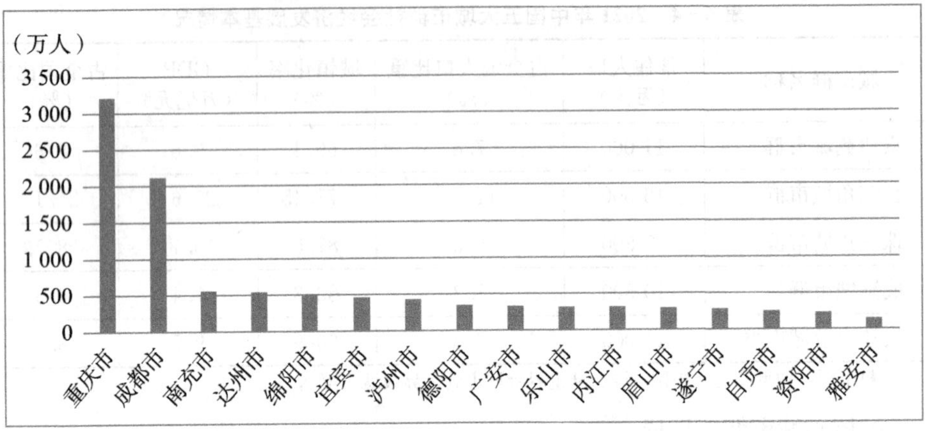

图 6-1　2021 年成渝城市群各市常住人口

资料来源：2021 年各市国民经济和社会发展统计公报。

从当前成渝城市群的发展情况来看（见表 6-5），成都、重庆均以各自主城区为核心，成都市区建成区面积、重庆主城区面积，均超过川东地区、渝西片区的城市建成区面积总和。这就意味着成都、重庆虽“双核独大”，但难以发挥对其他城市的辐射带动作用。城市群内尚未形成合理的城市梯次和功能梯度布局，尤其缺少发育成熟的次核心城市，难以有效分担核心城市在人口经济集聚方面的重要职能。

从经济总量来看，区内经济发展空间分布不均衡，呈现“双核独大”但“中部塌陷”的“哑铃式”结构。2021 年，重庆主城区和成都市 GDP 分别为 2.15 万亿元、1.99 万亿元，对重庆市、四川省 GDP 的贡献度分别达到 77%、37%，但如图 6-2 所示，无论是北翼的绵阳—德阳区域、南翼的宜宾—泸州—永川—江津区域还是东北翼的万州—达州—开州区域，GDP 均未超过 5 000 亿元。从人均 GDP 看，2021 年重庆市主城区和成都市的人均 GDP 分别为 10.16 万元/人和 9.51 万元/人，分别是重庆市、四川省整体人均 GDP 的 1.17 倍和 1.48 倍。

表 6-5　2021 年成渝城市群各都市圈、城市带社会经济指标

指标	成渝地区双城经济圈	重庆都市圈	成都都市圈	川北川东北城市带	川南城市带	川西城市带	渝东北渝东南城市带
下辖行政区范围	与成渝城市群下辖行政区范围一致	重庆市 21 个区和四川省广安市	成都、德阳、眉山、资阳	广元、巴中、南充、绵阳、达州、广安、遂宁	乐山、自贡、宜宾、内江、泸州	攀枝花、雅安、阿坝藏族羌族自治州、甘孜藏族自治州、凉山彝族自治州	重庆市渝东北生态涵养发展区 11 区县、渝东南生态保护发展区 6 区县
划入成渝城市群范围	全域	全域	全域	绵阳（除北川县、平武县）、广元、南充、遂宁、达州（除万源市）	全城	雅安（除天全县、宝兴县）	渝东北的万州、梁平、丰都、垫江、忠县、开州（部分）、云阳（部分），渝东南的黔江、南川
土地面积（万平方千米）	18.5	3.50	3.31	8.32	4.80	31.54	5.37
七普常住人口（万人）	不低于 9 600	2 438	2 966	2 369	1 763	944	1 093
人均 GDP（元）	76 999	93 831	84 335	49 306	62 191	50 580	58 896
社会消费品零售总额（亿元）	34 554	10 911	11 337	5 912	4 657	1 557	3 455
人均社会消费品零售额（万元）	3.6	4.48	3.83	25	2.64	1.65	3.16

资料来源：仲量联行《成渝城市群，中国第四极》研究报告。

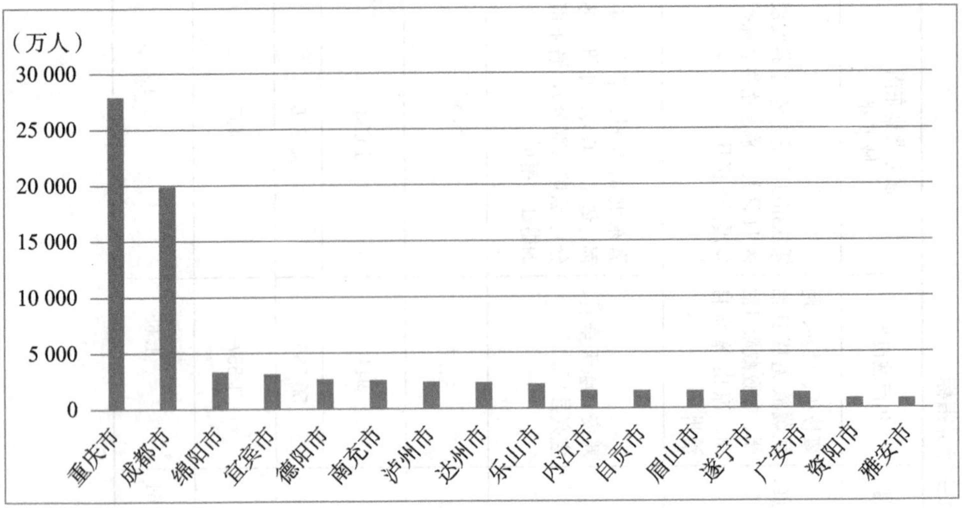

图 6-2　2021 年成渝城市群各市 GDP

资料来源：2021 年各市国民经济和社会发展统计公报。

4. 基础设施互联互通程度不高

成渝城市群内交通基础设施建设历史欠账较多，城际高铁建设水平不高，仍未实现 1 小时通勤。成渝地区相邻 23 条省道中，有 12 条等级不匹配；毗邻地区高速公路仍存在“一条路两种费”“省市界间两种限速”等情形。重庆、成都与其他城市间的快速轨道交通仍在建设中，城际高速网络尚未形成，人流、物流、信息流未实现顺畅流通。城市群对外的运输通道也有待完善，面向京津冀、粤港澳大湾区等方向缺乏直接联系的大能力通道；铁路面积密度、高速公路面积密度均远低于长三角、粤港澳；机场货邮吞吐量低于郑州等内陆城市；西部陆海新通道能力不足、运行不畅，以重庆、成都等为起点的中欧班列运输有待优化；中欧班列、西部陆海新通道、长江黄金水道三大战略通道衔接水平有待提升。

5. 协同发展机制不健全

目前成渝城市群地方保护和市场分割现象严重，行政壁垒未被完全破除，要素流动不畅，区域内统一市场和信用体系建设滞后，城市群一体化发展成本共担和利益共享机制尚未破题。举例而言，川南片区的轨道交通规划，尚未与邻近的重庆渝西片区对接。再比如，目前成渝城市群正在形成以成都为核心的医药、化工、能源以及服务业的集聚地和以重庆为核心的制造业、物流运输基地，但区域内其他城市产业协同尚未实现，大都以机械、冶金、电子等产业为支柱各自为战。与其他城市群相比，成渝城市群高层次的联席会议制度亦滞后多年，区域一体化协作机制尚不成熟。

三、成渝双城合作态势

随着全球化步伐的逐渐加快，加之区域问题的日益凸显，以及地方政府公共事务的叠加，通过有效的区域合作、实现可持续的区域治理机制成为区域发展的必然要求。为此，国家高度重视区域合作工作，力求促使各地区协调发展、协同发展、协作发展。重庆、成都两个城市具有体量相当、距离相近、人文相同等优势，完全可以通过紧密的区域合作，达到“1+1>2”的合作效果，将成渝城市群打造成为我国第四个增长极、西部地区最大的一体化发展区域。

成渝两地政府合作由来已久。早在2001年底，成都市主要领导赴渝签订《重庆—成都经济合作会谈纪要》，提出打造“成渝经济走廊”的同时，也议定了在交通、商贸、汽摩及零配件、旅游等方面进行全面的交流与合作。2004年2月，重庆市代表团奔赴四川考察，双方提出“1+6”合作协议，签订《关于加强川渝经济社会领域合作共谋长江上游经济区发展的框架协议》，在交通、旅游、农业、公安、文化、广播电视等6个方面加强合作。2007年4月，两地共同签署了《关于推进川渝合作共建成渝经济区的协议》，首次共同确定了“成渝经济区”的地理范围，确定建立统一的工作和协调机制，并就基础设施建设、一体化市场体系、产业协作、共建生态屏障等一系列问题达成协议。随后，成渝城市群以2011年获批的《成渝经济区区域规划》为依托，以《成渝城市群发展规划》为指导，逐步开展区域性的合作。在《成渝经济区成都城市群发展规划（2014—2020年）》中强调成都经济区的合作与发展问题，促进形成新型城镇发展格局；在《川东北经济区发展规划（2014—2020年）》中规划落实了广元、南充、广安、达州和巴中5市34个县（市、区）未来产业体系构建。重庆、成都“双核”城市间的合作也随之更近一步。

2015年5月，由四川省政府和重庆市政府联合签署的《关于加强两省市合作共筑成渝城市群工作备忘录》，明确提到成渝将共同推动交通、信息、市场三个“一体化”；共同加强公共服务互助、资源环境保护与利用联动、产业发展合作以及建立双边合作工作机制，加强规划引导和政策互动。2016年7月，《川渝合作示范区（广安片区）建设重点工作方案》发布。2018年6月，四川省党政代表团赴重庆市学习考察。其间，川渝签署《深化川渝合作深入推动长江经济带发展行动计划（2018—2022年）》和12个专项合作协议，双方合作向纵深推进。2019年7月，重庆市党政代表团赴四川学习考察，签署了《深化川渝合作推进成渝城市群一体化发展重点工作方案》《关于合作共建中新（重庆）战略性互联互通示范项目“国际陆海贸易新通道”的框架协议》两个重要文件及16个专项合作协议。根据《深化川渝合作推进成渝城市群一体化发展重点工作方案》，两地将围绕 9 大方面 36 项重点任务共同推进成渝城市群一体化发展（见表 6－6）。

表 6－6　川渝合作 9 大方面 36 项重点任务

9 大方面	36 项重点任务
一、推动战略协同和规划衔接	1. 共同落实中央关于新时代推进西部大开发形成新格局重要战略部署。 2. 共同争取成渝城市群一体化发展上升为国家战略。 3. 加强成渝城市群一体化发展规划衔接。
二、推动生态环境联防联治	4. 共建生态环境联防联治机制。 5. 加强跨省市水污染防治。 6. 加强大气污染防治力度。 7. 深化生态建设合作。 8. 提升水资源保障能力。
三、推动基础设施互联互通	9. 构建交通运输一体化网络体系。 10. 构建高速共享信息网络。 11. 加强能源领域合作。
四、推动开放通道和平台建设	12. 构建川渝对外开放通道。 13. 优化对外开放平台。 14. 推进口岸开放合作。
五、推动区域创新能力提升	15. 推动军民融合科研生产合作。 16. 促进科技成果转化对接合作。 17. 加强农业科技合作。 18. 推进标准化和知识产权改革创新。 19. 加强土地制度改革试点合作。
六、推动产业协作共兴	20. 共建高端装备制造业集群。 21. 共建智能制造和电子信息产业集群。 22. 共建大健康产业集群。 23. 共建国际文化旅游目的地。 24. 开展农业产业合作示范。 25. 共建现代物流产业集群。 26. 推进园区合作共建。 27. 加强建筑领域合作。
七、推动市场一体化发展	28. 加快推进金融市场一体化。 29. 加快推进劳动力市场一体化。 30. 加快推进社会信用体系协作。
八、推动公共服务一体化发展	31. 推动公共服务对接共享。 32. 推动社会保障一体化。 33. 推动食品监管一体化。 34. 加强应急管理合作。

续表

9 大方面	36 项重点任务
九、推动合作平台优化提升	35. 推进川渝合作示范区建设。 36. 促进毗邻地区一体化发展。

在“2+16”协议的引领下，两年多来，成渝双方全方位加强战略协作、政策协同和工作协调，从基础设施“连线成网”到携手构建现代化产业体系，从大力推进改革创新到打造开放新高地，共同推动成渝城市群一体化建设全面提速。2020 年初，中央财经委员会第六次会议召开，专题部署推动成渝地区双城经济圈建设，使之上升为国家战略。同年 3 月，在推动成渝地区双城经济圈建设四川重庆党政联席会议第一次会议上，重庆市通报了《深化四川重庆合作推动成渝地区双城经济圈建设工作方案》和《推动成渝地区双城经济圈建设工作机制》，四川省通报了《四川重庆两省市共同争取国家支持的重大事项》和《深化四川重庆合作推动成渝地区双城经济圈建设 2020 年重点任务》，标志着成渝地区双城经济圈建设为成渝由竞争转向合作提供了更良好的机遇。两年多的时间里，200 多份合作协议陆续签署，2 个国家级和 8 个省市级川渝毗邻地区合作共建区域发展功能平台方案编制全部启动。

在成渝地区双城经济圈建设中，重庆谋局向西发展，成都谋局向东发展，“双核”城市正抓住发展契机，相向而行、同频共振，共同打造“高质量发展的重要增长极”，在以下六个维度深化对接合作（见表 6-7）。

表 6-7　成渝发展战略定位

维度	重庆	成都
统领目标	建成高质量发展高品质生活新范例	建成践行新发展理念的公园城市示范区
核心目标	建设国际化、绿色化、智能化、人文化现代城市	构建支撑高质量发展的现代化产业体系、创新体系、城市治理体系
发展路径	在全面深化改革和扩大开放中先行先试	厚植高品质宜居优势，提升国际国内高端要素运筹能力
城市定位	国家重要先进制造业中心、西部金融中心、西部国际综合交通枢纽、国际门户枢纽	区域经济中心、区域科技中心、世界文化名城、国际门户枢纽
空间格局	以长江、嘉陵江为主轴，沿三大平行槽谷组团式发展	形成“一山连两翼”城市发展新格局
重点区块	两江新区、西部（重庆）科学城	天府新区、西部（成都）科学城

（一）产业协同协作

《成渝地区双城经济圈建设规划纲要》明确指出，成渝双城经济圈要以全球新一轮科技革命和产业链重塑为契机，坚持市场主导、政府引导，强化机制创新，优化、稳定、提升产业链供应链，加快构建高效分工、错位发展、有序竞争、相互融合的现代化产业体系。两年来，成都、重庆扎实推进成渝地区双城经济圈建设，共抓产业协作“一条链”推动高质量发展。双方已达成多个产业合作协议，特别是在共建世界级先进制造业集群等方面颇有建树。在2021年5月举行的重庆四川党政联席会第三次会议上，《成渝地区双城经济圈汽车产业高质量协同发展实施方案》《成渝地区双城经济圈电子信息产业协同发展实施方案》先后通过，这也是成渝两地都看好的、最有可能冲击世界级产业集群的两个产业领域方向。2021年末，成渝两市还定下了共同发展汽车产业的新目标——两市经信部门签署《共建世界级先进汽车产业集群战略合作协议》，将以新能源和智能网联汽车为主攻方向，在规划协同、技术攻关等方面展开合作，共同培育世界级汽车产业发展集群，计划到2025年，两市汽车产量将达到300万辆，实现6 000亿元产值。

成渝工业园区的协作互动同样有序进行。2021年5月，首批20个产业合作示范园区授牌，来自德阳、江津等市、区的产业园区榜上有名。这些园区通过聚焦电子信息、汽摩、装备制造、消费品等重点产业集群，结合自身资源禀赋、产业基础、交通区位等条件，按照功能共建型、产业配套型、资源开发型等多类方式，“两两结对”组成了多个产业合作示范项目，在功能共建、产业共建、产业配套等多方面进行合作。

案例

汽车产业作为成渝两地的优势产业，其协同发展对成渝地区双城经济圈构建现代化产业体系、打造世界级产业集群来说至关重要。截至2021年底，重庆有汽车生产企业41家，其中整车生产企业21家、改装车生产企业20家，汽车整车年产能规模达到400万辆，已形成以十多家整车企业为骨干、上千家配套企业为支撑的“1＋10＋1000”的优势产业集群。而成都已聚集包括一汽大众、一汽丰田、一汽解放、东风神龙（雪铁龙、标致）、四川领吉、沃尔沃等国际国内知名整车企业33户，汽车关键零部件企业近1 000户，涵盖整车制造、动力传动系统等产业链上下游各个环节。

2021年，成渝两地汽车产业在产业配套、校企合作、协同研发等诸多领域开展深度合作。比如，两地通过“成渝地区双城经济圈汽车产业链供需信息线上平台”，实现迅速供需配套。2021年，汽车产业供需对接平台企业用户数在2020年基础上扩充到3 370家，推动成渝汽车本地配套率超过70％。

（二）科技创新合作

2021年2月25日，科技部发布《关于加强科技创新促进新时代西部大开发形成新格局的实施意见》，明确提出支持成渝科技创新中心建设。《成渝地区双城经济圈建设规划纲要》明确要求“成渝地区加快建设具有全国影响力的科技创新中心”，创新驱动高质量发展成为已成为成渝两地共同的战略行动。成都市统计局发布的数据显示，2021年成都市科技经费投入力度持续加大，全市共投入研究与试验发展（R&D）经费631.92亿元，占全省R&D经费投入52.03%，比上年增加80.52亿元，增长14.6%。2021年重庆R&D经费投入超过600亿元，较2017年增长65.6%；R&D人员总量超过20万人，较2017年翻番。

两年多来，成渝两地累计出资6 000万元，整合两地创新资源总价值约122亿元，联合实施50个重点研发项目，有效解决了10余项技术创新难题。国家新一代人工智能创新发展试验区、国家川藏铁路技术创新中心（成都）等一批重大平台相继落地，重庆金凤实验室、天府兴隆湖实验室等数个重点实验室先后揭牌运行，成渝双方在共同推进关键核心技术攻关、合力打造科技协同创新高水平样板上稳步前行。

2021年底，重庆市与成都市有关部门和管委会签署《加强双核创新联动推进共建具有全国影响力科技创新中心合作协议》等，成渝科技创新合作迈入新篇章——重庆两江新区、四川天府新区联手成立八大产业联盟；成渝两地科技部门共同发布2021年“川渝联合实施”重点研发项目申报通知，聚焦四大领域联合开展技术攻关；成渝共同发起设立总规模50亿元的双城经济圈科创母基金，成立成渝地区技术转移联盟，组建川渝科技资源共享平台等。

（三）公共服务合作

“共享包容，改善民生”是建设成渝地区双城经济圈的主要原则之一，《成渝地区双城经济圈建设规划纲要》明确指出，要增加优质公共产品和服务供给，扩大民生保障覆盖面，强化两地公共服务共建共享，更好满足人民群众对美好生活的追求，不断增强人民群众获得感、幸福感、安全感。

在基本公共服务供给方面，成渝两地推进基本公共服务标准化便利化，共享教育文化体育资源，推动公共卫生和医疗养老合作，积极强化公共服务共建共享。两地签署《教师教育协同创新合作协议》，积极组建教育发展联盟，共同建设“国家教师发展协同创新实验基地”；联合出台《川渝两地养老机构设立备案办事指南》，组织实施成渝地区双城经济圈养老服务人才联合培训及技能评定，合作建设养老服务机构。

在政务服务方面，自2020年10月四川省人民政府办公厅、重庆市人民政府办公厅联合印发第一批“川渝通办”事项清单以来，2021年3月和2022年2月又分别发布了第二批、第三批“川渝通办”事项。成渝地区双城经济圈内一系列便民事项相继落地。两地发布的311项“川渝通办”事项中，包含国家层面“跨省通办”事项144项，川渝地方特色事项167项。这些事项涉及民政、税务、公安、人社、交通、商务等30个行业领域；涉及企业生产经营事项190项，如申办营业执照、异地缴税、企业职工基本养老保险互转等；涉及群众日常生活事项121项，如异地就医登记备案、身份证换领、提取住房公积金等。根据四川省人民政府网站专题报道相关数据，截至2022年8月，“川渝通办”发布的311件事项清单中已有300余个事项实现落地可办，累计办件量超过1 000万件，有效满足了两地群众的工作和生活需求。

（四）基础设施联通

《成渝地区双城经济圈建设规划纲要》明确要求加快完善传统和新型基础设施，提升互联互通水平。以交通重点项目为引领，成渝两地共建基础设施“一张网”越织越密，多条出川出渝、通江达海的大通道正加快形成。

高速公路方面，截至2021年底，渝广高速支线前锋至小沔段高速公路、重庆永川至泸州高速公路、重庆至贵州高速复线、重庆合川至四川安岳高速公路、重庆大足至四川内江高速公路等建成通车，川渝间高速公路通道达到16个、在建4个，成渝“双核”间形成4条高速公路大通道，时速350千米的成渝客专完成提质改造，重庆至成都实现1小时通达。

铁路方面，成渝中线高铁于2021年9月26日全面启动建设，是成渝城市群内最具标志性、引领性的基础设施共建项目。该项目建成后，将强化成渝双核主轴，完善铁路网络布局，成渝两地将实现高铁50分钟通达；促进区域经济社会协调发展，受益人口接近3 000万人。此外，中欧班列（成渝）、中老、中越、中缅印跨境国际班列也在持续拓展。

此外，水运方面，两地共建长江上游航运中心，推动航运能级更高、航道更通畅；航空方面，两地正加速建设川渝世界级机场群，以成都天府、重庆江北枢纽机场为核心，将成渝地区与世界其他地区的时空距离迅速拉近。

（五）合作机制创新

“探索经济区与行政区适度分离”是《成渝地区双城经济圈建设规划纲要》的引领性、支撑性部署，是中共中央、国务院赋予成渝地区的一项重大改革任务，亦是化解我国“区域协作需求与行政条块分割之间的矛盾”的重要探索。2020年5月，四川发布《关于规划建设省级新区的指导意见》，强调积极探索经济区与行政区适度分离管理模式。

行政区是国家行政管理的区域组织系统，具有不同层级，执行行政管理职能。经济区是国家经济系统的组成部分，是社会分工、资源禀赋、交通条件等因素共同作用的结果，也具有不同层级，承担着集聚资源要素、进行专业化生产的功能。随着生产力水平提升和社会分工不断深化，区域经济发展需要更多的资源要素和更广阔的市场空间，逐步形成跨多个行政区的经济区。因此，构建适应经济区与行政区适度分离的体制机制，是区域合作取得成功的关键。

重庆和成都中心城区的城镇化率基本都超过了 70%，人均 GDP 超过 1 万美元，城市经济发展的扩散效应正在逐步显现。探索经济区与行政区适度分离，将加快提升两个中心城市的辐射带动能力，开创成渝城市群建设的新局面。因此，在成渝地区双城经济圈建设背景下，两地成立了成渝轴线区（市）县经济协同发展联盟，多次召开协作会、联席会，推动两地毗邻的各区、县、市开展全方位合作。比如推进川渝合作示范区潼南、广安两个片区建设，先后批准设立川渝高竹新区、遂潼一体化发展先行区等试验区，重塑规划管理体系、开发建设体制和利益联结机制，探索行政区与经济区适度分离。

此外，两地共同推进城乡融合发展改革示范等重大改革，推动解决区域发展空间布局上的重大问题；2022 年 2 月，《成渝地区双城经济圈经济区与行政区适度分离改革方案》正式审议通过，明确了建立重大事项一体推进机制、创新政策协同联动机制、完善要素市场化配置机制、探索共建共赢利益联结机制等重点任务……高效协同的顶层设计，有力推动了成渝双核联动进程的不断提速。

案例

高竹新区、遂潼先行区等试验区正在按照“存量收益由原行政辖区各自分享、增量收益五五分成”的原则制定利益分配方案，探索跨省投资、成本分担、利益共享的新模式。

在高竹新区、遂潼先行区，试验区作为独立经济单元，通过规划编制、基础设施、公共服务、开发建设、运行管理“五个一体化”实现经济活动一体开展，将村镇管理、民生事业、基层治理“三个属地化”交由原行政辖区负责，实现社会事务分区管理。

试验区内，土地、财税、人才等政策将择优使用、集成共享。对于企业而言，在区内注册可自由选择登记机关，可在川渝两地的政策中选择对自己有利的政策，如企业可享受四川较低的要素成本，也能享受重庆更好的扶持政策。

利益如何分配，是此项改革的重中之重。高竹新区、遂潼先行区等试验区正在按照“存量收益由原行政辖区各自分享、增量收益五五分成”的原则制定利益分配方案，探索跨省投资、成本分担、利益共享的新模式。

参考文献

［1］锁利铭．地方政府间正式与非正式协作机制的形成与演变［J］．地方治理研究，2018，77（01）：25－39＋79.

［2］蒋莹．唱好成渝“双城记”［J］．中国发展观察，2021，273（21）：28－31.

［3］国家发展和改革委员会．推动成渝地区双城经济圈建设打造高质量发展重要增长极［N］．人民日报，2021－10－21.

［4］王一鸣．实施区域协调发展战略［N］．经济日报，2017－11－16.

［5］钟茜妮，邹悦．“双城”起势：以成渝开新局［J］．先锋，2022，635（09）：54－56.

［6］杨继瑞．唱好“双城记”建强“川干支”［N］．四川日报，2022－11－28.

［7］别致．唱好“双城记”奏响最强音［J］．当代党员，2022，559：34－36.

［8］罗吉，王亚华，赵础昊．双城关联度测度：以成渝地区双城经济圈为例［J］．经济体制改革，2022，236（05）：75－82.

［9］陈晓清，曹璇．构建双城经济圈工业文化发展新格局［J］．中国工业和信息化，2022，50（10）：47－52.

［10］尹虹潘．成渝城市群空间经济格局与城际经济关联［J］．西南大学学报（社会科学版），2019，45（03）：44－53.

［11］夏元，白麟．“一条链”协作助推川渝经济高质量发展［N］．重庆日报，2022－01－04.

［12］陈碧红．川渝再次“加码”新平台［N］．四川日报，2022－06－30.

［13］宋妍妍，白洋．西部（成都）科学城主体功能初步形成［N］．成都日报，2022－06－07.

［14］涂建军，况人瑞，毛凯，李南羲．成渝城市群高质量发展水平评价［J］．经济地理，2021，41（07）：50－60.

［15］杨亮洁，杨晓蓉，杨永春．城市内生竞争力与外生竞争力耦合协调研究——以成渝城市群为例［J］．人文地理，2021，36（06）：76－86.

［16］易淼．新时代推动成渝地区双城经济圈建设探析：历史回顾与现实研判［J］．西部论坛，2021，31（03）：72－81.

［17］张志强，熊永兰．成渝地区双城经济圈一体化发展的思考与建议［J］．中国西部，2020（02）：1－12＋2.

［18］张永恒．深化推动成渝地区经济区与行政区适度分离改革［J］．重庆行政，2022，23（06）：21－23.

第七章　西部地区城镇化与县域发展

摘　要

县域作为城乡体制中承上启下的关键环节，是促进国家经济社会发展、维护国家长治久安的重要基础。截至2021年底，我国县域约占国土面积的90%，占全国人口的52.5%，占GDP的38.3%。在中国经济迈入高质量发展的新时期，县域成为我国推进新型城镇化建设的重要载体。发展壮大县域是从根本上改变区域发展中存在的不平衡、不充分的问题，是推动城镇化建设、实现城乡一体化发展的重要动力，是促进区域经济快速发展的重要因素。面对新时期县域新型城镇化高质量发展的任务，梳理西部地区县域的基本情况、城镇化建设现状，以及在西部地区找到具有代表性的典型县域，并推广其发展模式和治理经验，将给广大西部地区县域带来启示。

Abstract

Counties form a connecting link between the preceding and the following role in urban-rural system, which are an important basis for promoting national economic and social development and safeguarding the country's long-term stability. By the end of 2021, counties account for about 90 percent of the land area, 52.5 percent of the national population and 38.3 percent of GDP. In the new era of China's high-quality economic development, county area has become a crucial carrier to promote the construction of new urbanization. Developing counties is an important measure to solve the problem of unbalanced and inadequate regional development, a essential driving force to promote urbanization and realize the integrated development of urban and rural areas, and a vital factor to promote the rapid development of regional economy. Facing the task of high-quality development of new-type county-urbanization in the new era, sorting out the basic situation and current construction of county-urbanization in the western region, as well as finding typical counties and promoting their development mode and governance experience will bring enlightenment to the vast number of counties in the western region.

一、西部地区县域发展基本情况

（一）西部地区县域数量情况

“县域”是在“县”这一行政单位管辖范围内的区域的统称。在“县域城镇化”这一表述中，县域并不是城镇化的主语，而是城镇化的定语，是城镇化的空间单元，“县域城镇化”实际上指的是县域范围内的城镇化。按我国目前的规定，县域内的城镇包括县城区（含“城关镇”和县级市区）以及县城以外的建制镇，其余地区为农村地区。因此，县域城镇化的核心表征就是人口在空间上由农村向县城或建制镇的转移。在人口转移的这一进程中，县域内的经济活动由单一的农业转变为三次产业综合发展，与此同时伴随出现全新的空间形态；县域内的城镇受到了城市文明的辐射，其物质文明和精神文明也在持续地向周围的农村地区扩散，从而导致人们的思想观念和生活方式发生变化。

按照中国现行的行政区划，本章节中描述的县域即县级行政区，包括地级市的市辖区、县级市、县、自治县、旗、自治旗、林区、特区等八种。我国西部地区幅员辽阔，包括重庆市、四川省、陕西省、云南省、贵州省、广西壮族自治区、甘肃省、青海省、宁夏回族自治区、西藏自治区、新疆维吾尔自治区、内蒙古自治区的乌兰察布、呼和浩特、包头、鄂尔多斯、锡林郭勒、阿拉善盟，涉及12个省、自治区和直辖市。截至2022年，西部地区共有市辖区数量263个，县级市数量115个，县数量581个，自治县数量80个，旗数量49个，自治旗数量3个，特区1个，林区0个，合计县域数量达1 092个，如表7－1所示。

表7－1　西部地区县域数量（个）

省份	市辖区	县级市	县	自治县	旗	自治旗	特区
四川	55	19	105	4	0	0	0
云南	17	18	65	29	0	0	0

续表

省份	市辖区	县级市	县	自治县	旗	自治旗	特区
贵州	16	10	50	11	0	0	1
广西	41	10	48	12	0	0	0
新疆	13	28	60	6	0	0	0
陕西	31	7	69	0	0	0	0
内蒙古	23	11	17	0	49	3	0
重庆	26	0	8	4	0	0	0
青海	7	5	25	7	0	0	0
宁夏	9	2	11	0	0	0	0
甘肃	17	5	57	7	0	0	0
西藏	8	0	66	0	0	0	0
合计	263	115	581	80	49	3	1
共计	1 092						

资料来源：中华人民共和国民政部网站。

（二）西部地区县域经济发展情况

当前，我国的县域经济发展环境发生了深刻而复杂的变化。“十四五”期间，县域经济在国家的顶层设计中得到了越来越多的关注，而实现县域经济的高质量发展也成为应对复杂的发展环境、改善地区发展不平衡和不充分问题的关键举措。

《中国西部地区县域发展监测报告 2021》显示，2000—2020 年，西部大开发战略实施的 20 年间，县域对西部地区经济增长综合贡献率达 61.0%。一方面，县域自身经济社会发展迅猛，县域 GDP 从 0.94 万亿元增长到 9.47 万亿元（见图 7-1），其体量占西部地区经济总量的 46.2%；另一方面，县域为城市经济发展带来更新、更大的贡献，从 2000 年初到 2020 年初，西部地区陆续有 95 个经济强县调整为市辖区，融入城市的发展体系当中，县域对城市经济的贡献规模达 3.04 万亿元；此外，县域也向城市输送了大量人口，2000 年，西部地区县域常住人口为 2.83 亿人，到 2020 年减少到 2.23 亿人，减少了 21.2%，占西部地区总人口的比重由 79.6%下降到 58.2%。

以陕西省为例，2021 年，陕西 7 个县级市和 69 个县的 GDP 达 12 557.44 亿元，同比增长 7.4%，高于全省 GDP 增速 0.9 个百分点，这是自 2017 年以来再次超过全省增速。陕西新增的富平、吴起、黄陵、旬阳 4 个县（市）跃上县域 GDP 200 亿元台阶，神木市、府谷县稳居全国百强县榜单，神木市生产总值 1 848.18

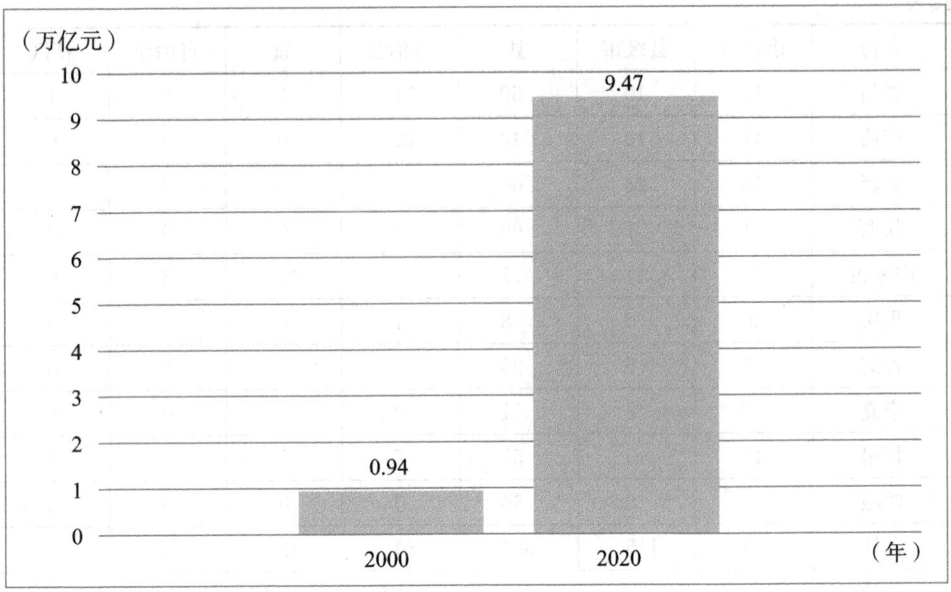

图 7-1　2000—2020 年西部地区县域 GDP

资料来源：《中国西部地区县域发展监测报告 2021》。

亿元，重返全国 GDP 前十县（市）。据省发展改革委调查资料显示，2021 年陕西全省县域农业增加值 1 814.06 亿元，较上年增长 116.11 亿元；2022 年上半年，全省县域工业增加值 3 793.56 亿元，增长 5.8%；服务业增加值 2 019.00 亿元，增长 3.9%。然而，尽管县域经济在西部地区表现突出，陕西省仍面临着县域整体实力不强、县域发展不平衡不充分、县域产业培育发展不足、县域综合承载力不强等问题。这一现象，不单单是陕西省独有的，而是基于省份尺度的西部地区整体县域经济的缩影。

(三) 西部地区县域城镇化发展情况

近年来，中国县域平均人口维持在 45 万人左右，县城平均人口从 2010 年的 8.50 万人逐步增长到 2019 年的 10.47 万人，同期县城人口占县域人口的比重从 19.24%提高到 23.13%，年均提高 0.43 个百分点，低于总体城镇化推进速度，西部地区的县域城镇化情况也与此特征相似。

由于县域城镇化主要是指人口由农村向县城或建制镇转移，在统计意义上，县城或建制镇的人口合并统计为镇区人口，镇区人口和乡村人口合并统计为农村地区总人口，因此可以用镇人口数占农村地区总人口数的比例来计算县域城镇化率，近似地反映县域城镇化的水平，结果如表 7-2 所示，其中的县域城镇化率＝镇人口数/农村地区总人口数×100%。

表 7-2　西部地区县域人口和城镇化率基本情况

省份	镇人口数	农村地区人口数	县域城镇化率	2020 年城镇化率
重庆	5 920 039	15 710 170	37.68%	69.50%
内蒙古	6 781 056	14 602 736	46.44%	67.48%
宁夏	1 690 065	4 214 065	40.11%	59.86%
陕西	9 113 596	23 872 865	38.18%	62.66%
青海	1 435 280	3 799 874	37.77%	60.08%
四川	17 034 233	53 243 187	31.99%	56.73%
新疆	5 323 131	16 561 854	32.14%	52.40%
广西	12 382 976	35 338 824	35.04%	54.20%
贵州	10 369 821	28 436 023	36.47%	53.15%
甘肃	5 972 151	17 924 650	33.32%	52.23%
云南	11 273 005	34 853 718	32.34%	50.05%
西藏	468 141	2 812 798	16.64%	35.73%

资料来源：《中国人口普查年鉴 2020》。

由于县域城镇化率数据为第七次全国人口普查数据，即统计时间为 2020 年，因此将其与 2020 年该省份的城镇化率做对比，可以发现，大部分省份的县域城镇化水平为 30%左右，说明县域城镇化的进程相较于城镇化的进程速度较慢；西藏自治区和内蒙古自治区之间县域城镇化率相差 30%左右，除此之外，西部地区的县域城镇化水平相差不大。总体来看，西部地区中，西北地区的县域城镇化率要略高于西南地区。西部地区县域城镇化的进程总体上是良性发展的，西部地区的东部边缘地区逐渐形成一条东北—西南走向的西部县域城镇化高速增长地带，而西部地区县域城镇化空间分异和经济发展水平的空间分异趋向于协调一致。这表明，县域经济发展情况和城镇化进程是息息相关的。

二、西部地区县域城镇化发展现状

（一）长板优势

1. 城市群带动效应强

“十四五”规划纲要指出，发展壮大城市群和都市圈，推动城市群一体化发展，全面形成“两横三纵”城镇化战略格局。根据相关规划，我国共布局了

19个国家级城市群，位于西部地区的包括需要优化提升的成渝城市群，需要发展壮大的关中平原城市群、北部湾城市群，需要培育发展的黔中、滇中、呼包鄂榆、兰州—西宁、宁夏沿黄、天山北坡等城市群。从规划可以看出，将成渝城市群与京津冀城市群、长三角城市群和珠三角城市群这三大世界级城市群进行并列，足以表明其地位之重要。关中平原城市群目前的建设已有雏形，属于相对有潜力的城市群。北部湾城市群虽然包括了海南省和广东省，但是在这个城市群中最重要的一大战略当属西部陆海新通道。这条通道主要涉及重庆、四川、广西三个省级行政单位，辐射重庆、成都、贵阳、南宁等城市，最终落脚在广西的北部湾；这条通道将正式升级为国际门户港口的北部湾与重庆、四川、贵州等地连接起来，这必然带动北部湾城市群地位的提升，而作为重要腹地的重庆、四川、广西等西部省级行政单元，将从其发展中获益。

随着城市群的大力建设以及区域协调战略的实施推行，县域城镇化表现出一大重要特征，即西部县域城镇化发展较快的县，在空间上已由沿重要城市向外扩延，变为沿重要城市和交通线组成的经济增长轴扩延。城市群是经济增长轴的重要空间载体，成渝城市群、呼包银榆城市群、关中平原城市群、滇中城市群等城市群建设成效较好，城市群内重要中心城市及其城镇体系的集聚扩散效应促使西部地区县域得到进一步发展；加之城市群附近交通便利、设施完善，拥有更多的资源可以辐射到周边县域，县域发展也依托着城市群发展而进行。随着西部地区城市群的持续深入建设，以成渝城市群和关中平原城市群为代表的两大核心引擎将逐渐带动西部县域经济增长，推动西北地区与西南地区齐头并进，县域发展也将迈向新的台阶。

2.县域资源禀赋优越

西部地区在自然资源、人文资源方面拥有着独特的优势条件，这些资源是西部地区产业发展的重要基础，是推进城镇化的必要条件。

在自然资源方面，西部地区是我国自然资源的富集区，其矿产资源占全国60%以上，矿产资源工业储量的潜在价值近50%；重要金属资源占全国总储量2/3以上；水能资源占全国85%以上，可开发量占81%以上；天然气资源占全国的78.75%；后备耕地占全国的72.13%，后备林地占全国的54.15%，后备草地占全国的66.53%。将这些自然资源进行充分开发利用，能够为周边县域带来更多的就业机会，并促进更多的人口从农村来到县域，获得更好的工作和生活，从而带动县域经济的发展。

在人文资源方面，西部文化具有鲜明的民族特色、地域特色和多样性，多种文化在这里交汇、融合、创新和发展。从地域和文化个性上看，它至少可以划分为几个大的文化圈：黄河流域为中心的黄土高原文化圈、西北地区的伊斯兰文化圈、北方草原文化圈、天山南北为核心的西域文化圈、青藏高原为主体的藏文化圈、长江三峡流域和四川盆地连为一体的巴蜀文化圈、云贵高原及向东延伸的滇黔文化圈等，这些文化圈具有各自相对明显的个性或风格。除此之外，西部地区独特的自然风光和历史文化带来了丰富的旅游资源，极具保护价值和开发价值。例如黄果树、九寨沟、石林等景点，秦始皇陵兵马俑、敦煌莫高窟、新疆楼兰故城遗址等一大批文化古迹中外闻名。对于县域来说，相较于发展更快的大城市，县域的独特文化保留得更加完整，更具有传统韵味。对西部地区县域的文化资源进行合理的开发与利用，使其成为县域经济发展的有利条件，能够促使县域找到突破发展的关键点，实现县域高质量发展。

此外，西部地区与印度、俄罗斯、越南、缅甸、老挝等10余个国家接壤，陆路边界长1.8万余千米。边境地区接壤的行政单位多以县（市）为主，这些县域是我国边境地区面向南亚、东南亚辐射中心的重要门户。随着经济全球化不断推进，我国对外开放的脚步愈加扎实，边境地区的县域外向型经济将加快发展。推进西部边境县域高质量发展，有利于在我国构建陆海内外联动、东西双向互济的开放格局中发挥更加积极重要的作用。

3.政策扶持力度增强

西部地区县域能够享受到一系列的政策优惠，获得的政策倾斜力度更大，如西部大开发战略、东西协作政策、民族区域自治制度、乡村振兴政策、西部地区生态建设相关政策等。这些政策叠加发力，有力地促进了西部地区县域经济的发展。

目前，我国脱贫攻坚目标任务已经全面如期完成，乡村振兴战略提上日程，东西部扶贫协作也进一步升级为东西部协作，东西部关系也从最初的“单向依存”发展到“互利合作”。在东西协作过程中，东部地区的产业、资金、信息、技术、人才等资源向西部地区县域充分流动、配置、溢出和扩散。比如，加大对西部地区县域基础设施的投资力度，一方面有力提高了其道路运输、物流体系、电网升级等基础设施水平，另一方面，以县域交通枢纽为核心的区域性物流体系建设也便利了县域与大城市之间、县域之间、县域与农村之间的物品供给服务，扩大了城乡内需和县域的消费潜力。对西部地区县域的教育、医疗、文化等公共服务资源进行合理分配和协调，为改善我国县域地区公共服务的质量和水平打下了良好的基础，进一步为西部地区县域城镇化创造了有利条件。

（二）短板劣势

1.县域城镇化差异大，个别县域实力强，总体实力弱

县域城镇化发展和经济发展趋向是协调同步进行的。与经济发展状况一致，

西部地区县域发展差异较大，分化严重。西南地区已成为我国西部地区经济增长的“西南高地”，在海陆新通道、成渝城市群、“一带一路”建设、大数据战略行动等区域发展战略的基础上，县域城镇化已形成了一股强劲的新动能。而西北地区经济增速和城镇化增速都有所放缓，部分实力强劲的县域经济结构仍以能源、化工等资源型重工业为主，资源型产业带来的资源枯竭、环境污染等问题使县域面临较大转型压力。此外，即使在同一区域内，县域经济发展也不平衡，造成城镇化进程不平衡的状况。

西部地区县域城镇化水平差异很大，大致可以分为三个层次。第一层次的县域已经具备加快城镇化进程的条件，它们一般临近省会城市或城市群内其他大城市，交通条件便利，因为受到城市经济的辐射而有支柱性产业，实力雄厚，有足够的工作机会和公共基础设施能够接纳周边农村的人口，因此城镇化水平较高；第二层次的县域基本具备推进城镇化的基础，产业布局逐渐优化，对于周边地区农村人口的吸引力逐渐增强；第三层次的县域还缺乏推进城镇化的必要条件，一般远离大城市，基础设施缺乏且落后，产业基础差，除了零星的个体商业企业外，几乎没有其他非农产业作支撑，因此就业容量小，城镇化水平低，属于比较典型的“有镇无市”的“空壳县域”。

造成西部地区县域城镇化水平差异大的最主要原因是第二、三产业发展不足导致的县域发展动力缺乏。这种动力缺乏不仅造成了县域城镇化水平不均衡，更严重的是使西部地区县域城镇化水平普遍偏低，城镇化质量较差，即使在西部地区发展得较好的县域，若将其放置在全国视野下对比，也可以发现其发展水平较为落后。

2. 县域城镇化水平低，人口产业承载能力弱

第七次全国人口普查公报显示，东部地区人口为 563 717 119 人，占 39.93%；中部地区人口为 364 694 362 人，占 25.83%；西部地区人口为 382 852 295 人，占 27.12%；东北地区人口为 98 514 948 人，占 6.98%。西部地区地域面积广阔，人口多集中在较发达的大城市或者农业基础好、基本上可以实现自给自足的农村，多数县城和建制镇人口较少，人口容量也非常小，县域城镇化总体水平低。

城镇化进程在某种程度上是农村转移人口的迁徙流动过程。基于人口流动的推拉理论，造成和影响人口流动的因素包括：原住地的推力、迁入地的拉力、中间障碍和迁徙者的个体特性。西部地区农村发展水平基本上是稳定的，即农村的推力是固定的；那么，县城和建制镇的拉力对于农业转移人口的迁徙有很大影响。目前，西部地区部分县域拥有比较丰富的矿产资源、生物资源、水利资源和旅游资源，县城所在的城关镇和少数重点城镇也有一定的工业基

础，近年来也相继建成了工业开发区和工业园区，具备了发展第二、三产业的基本条件，能为当地农村劳动力提供相对稳定和充足的就业岗位，实现农村人口就地城镇化，提高县域城镇化水平。但仍有大量县域的第二、三产业发展速度太慢，城镇的生产、生活服务水平不高，很难吸引农村劳动力进入县城和建制镇工作和生活。

此外，西部地区县级财政压力大，县域建设发展资金短缺，直接导致西部地区县域城镇化建设水平低。西部大多数县域的财政状况并不是很好，有些地方已经出现了入不敷出的情况。这主要是因为西部地区县域的非农业产业基础薄弱，税收基数小，财政吸收能力受到限制。同时，根据我国的当下财政管理制度和金融管理体系，县域政府是政府的一级行政机构，必须保证基础教育、医疗、社会保障等基本公共服务的供给，在财力极为有限的条件下，对于工业化建设、城镇化建设的投资十分有限。

3. 县域城镇化质量差，基础设施和公共服务设施落后，功能定位不清

与东部发达地区相比，西部地区的基础设施和公共服务设施建设水平较低，在县域地区尤为显著。在基础设施方面，交通成为制约县域城镇化发展的瓶颈。西部地区大部分县域的公路品质较差，交通网络密度和可达性较低，交通运输能力较弱，运输费用较高。在公共服务设施方面，与西部地区大城市和东部地区的城市、县域相比，西部地区县城和建制镇的学校、医院、图书馆等公共服务机构数量少、质量低、公共服务水平低，是导致西部地区县域难以集聚产业和人口的一个重要原因。

西部地区城镇化建设质量差也表现在其城镇化缺乏统一规划，县城和建制镇的功能定位不明确。城乡分割的管理制度，导致县域的规划部门往往忽略了对于县域内部的城镇体系的科学规划和建设；即使有县级规划，大都参照借鉴其他发达的县域来进行，而不能充分体现自身县域的特色，同时也没有能很好地反映出新时期城乡统筹发展的基本思想和工作理念。综上，缺乏规划、规划的科学性和前瞻性不强、城乡统筹发展的基本思想未能得到体现，以及县域建设发展资金短缺，导致县域城镇化建设不符合科学健康的城镇化发展趋势：一方面，浪费了县域地区本就有限的各项资源；另一方面，使得县域的产业和人口未能得到应有的发展，县域的发展前景和发展步伐更加模糊。

（三）西部地区百强县分析

1. 西部地区与各区域比较分析

对比近年工信部赛迪智库发布的《中国县域经济百强研究》，可以看出东中西部地区县域发展特征和实力变化情况。中国县域经济的区域发展极不平衡，百强县的区域分布仍存在较大区域差异。

如表 7-3 所示，2022 年县域百强县中东部地区占 65 席，仍以绝对优势独占鳌头；中部地区占 22 席；西部地区占 10 席；东北地区占 3 席。

表 7-3　2022 年各地区入围百强县域数量　（单位：个）

地区	入围百强县域数量
东部地区	65
中部地区	22
西部地区	10
东北地区	3

资料来源：《2022 赛迪中国县域经济百强研究》。

与 2021 年相比，不同区域间进入百强的县域数量保持不变。其中，江苏、浙江、山东三省份表现依旧强势，与上年进入百强县数量保持一致。黑龙江、吉林、山西、甘肃、青海、新疆、宁夏、重庆、西藏、广西、海南等 11 个省份的县域均无缘百强县，在这其中，7 个省份都集中在西部地区，由此可见，西部地区的顶级强县虽然在西部地区有着良好的发展前景，但对比东部地区、中部地区，仍然发展滞后、实力较弱。

2. 西部地区百强县时空分布分析

对比近三年的西部百强县在各省份的分布情况（见图 7-2），可以发现其变化较小，各省份分布不平衡问题仍然突出。四川入榜数量由 2020 年的 30 席上升至 36 席，云南由 10 席上升至 14 席，重庆由 4 席上升至 6 席（2021 年西部百强县评价对象未包含重庆的县域）；陕西、内蒙古入榜数量逐渐减少。陕西由 2020 年 11 县（市）入榜西部百强县降至 7 席，内蒙古由 13 席降至 6 席；贵州、广西、新疆、青海、宁夏五省份入榜数量保持相对平稳。

西部地区县域经济发展呈现出极不平衡的状态。2022 年西部地区 12 个省份中共有 10 个省份的县（市、自治县）进入西部百强县。如图 7-3 所示，从地域分布情况来看，2022 年，四川共有 36 个县（市）上榜西部百强，占据总量的三成以上，在西部地区县域发展中具有绝对优势；云南、贵州两省份上榜县（市）均超过 10 个，属于西部地区县域发展的中坚力量。上述 3 个省份在西部发展中凭借着自身的独特优势，占据着超过 50%的西部地区发展强县。第二梯队则由广西、新疆、陕西、内蒙古、重庆五省份构成，其上榜数量在 6～9 个，内部差距不大，实力相近。青海、宁夏分别有 1 个县级市入榜，组成了西部百强县的第三梯队。而甘肃、西藏两省份均无缘进入西部县域百强榜。

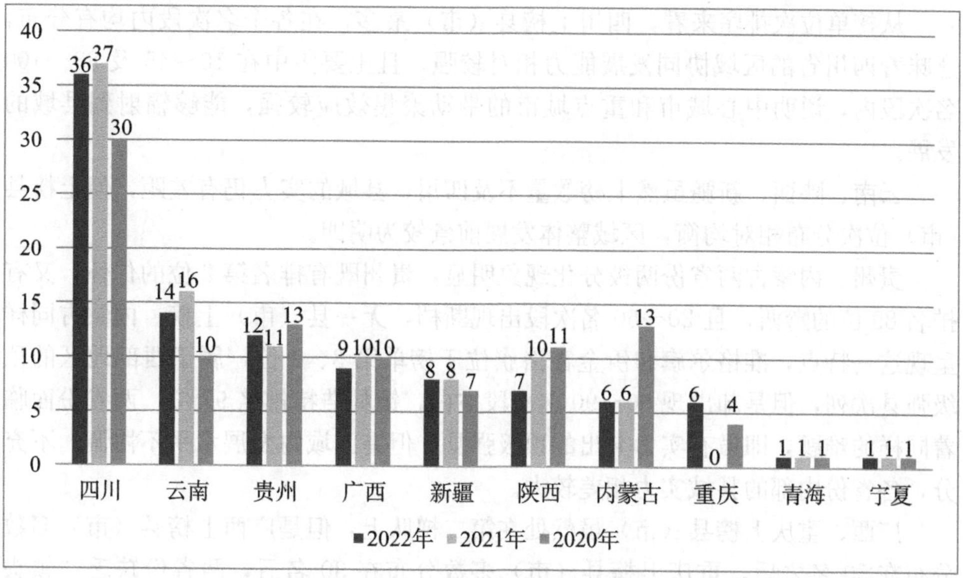

图 7-2　2020—2022 年西部百强县各省份分布情况

资料来源：《2020 赛迪西部县域经济百强研究》《2021 赛迪西部县域经济百强研究》《2022 赛迪西部县域经济百强研究》。

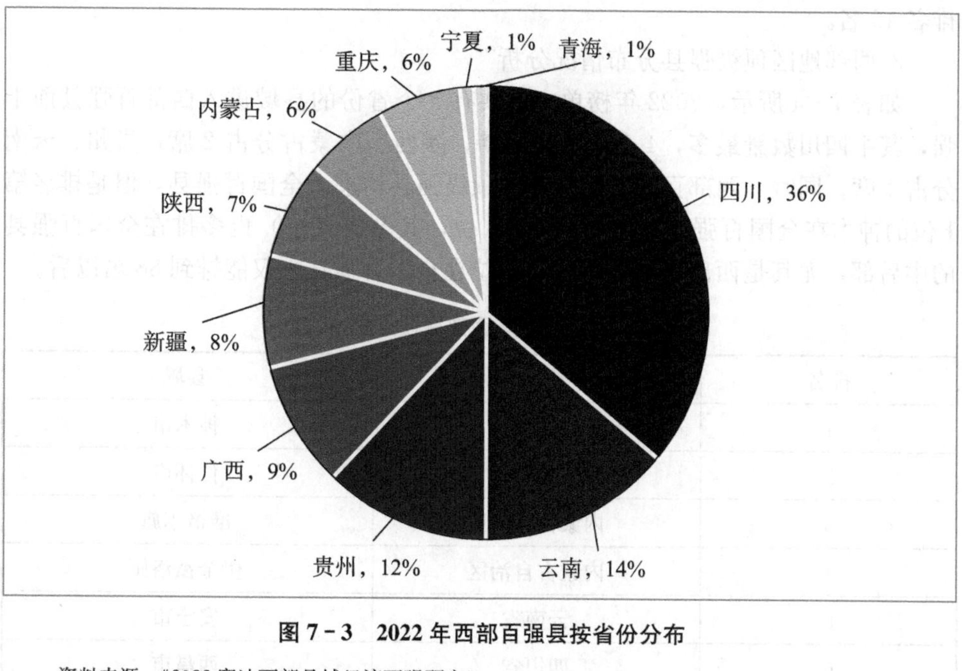

图 7-3　2022 年西部百强县按省份分布

资料来源：《2022 赛迪西部县域经济百强研究》。

从榜单位次排序来看，四川上榜县（市）最多，在各个名次段内均有分布，意味着四川省的区域协同发展能力相对较强，且主要集中在10～45及80～100名次段内，说明中心城市和重点城市的带动聚集效应较强，能够辐射到县域的发展。

云南、陕西、新疆虽然上榜数量不及四川，县域的实力仍有差距，但上榜县（市）位次分布相对均衡，区域整体发展前景较为明朗。

贵州、内蒙古两省份两极分化现象明显，贵州既有排名第2位的仁怀，又有排名89位的黔西，且20～60名次段出现断档，无一县（市）上榜。内蒙古同样呈现这一特点，准格尔旗和伊金霍洛旗位于榜单第3、4位，属于西部地区的顶级强县次列，但是却出现50～90名次段空白，锡林浩特排名91位。两省份面临着同样的难题，即虽有实力突出的顶级强县，但是区域内发展水平不协调、不充分，各省份内部的县域实力相差较大。

广西、重庆上榜县（市）虽然处在第二梯队上，但是广西上榜县（市）多数分布在50名之后，重庆上榜县（市）多数分布在30名后，两省份缺乏“领头羊”带路，其头部力量亟待壮大。

不容小觑的是宁夏和青海两省份，虽然分别只入围了1个县（市），但其入围县（市）实力强劲，位次突出，尤其是宁夏的灵武排名12名，青海的格尔木排名46名。

3.西部地区顶级强县分布情况分析

如表7-4所示，2022年榜单中，共有5个省份的县域进入西部百强县前十强，其中四川数量最多，4个县级市上榜，陕西、内蒙古分占2席，贵州、云南分占1席。同时，西部百强县中的前十顶级强县均进入全国百强县，但是排名第1位的神木在全国百强县中仅排名第34位，其余县（市）也多排在全国百强县的中后部，尤其是西部百强县中的后6位在全国百强县中仅能排到88名以后。

表7-4　2022年西部百强县前10名

排名	省份	县域
1	陕西省	神木市
2	贵州省	仁怀市
3	内蒙古自治区	准格尔旗
4	内蒙古自治区	伊金霍洛旗
5	云南省	安宁市
6	四川省	西昌市

续表

排名	省份	县域
7	四川省	简阳市
8	四川省	彭州市
9	陕西省	府谷县
10	四川省	射洪市

资料来源：《2022 赛迪西部县域经济百强研究》。

通过对比 2020—2022 年西部百强县前十强变化情况（见表 7-5）可以发现，前五强基本稳定在同一位置，前后波动不大，始终为陕西神木、贵州仁怀、内蒙古准格尔旗、内蒙古伊金霍洛旗、云南安宁。除此之外，可以看出内蒙古在西部地区顶级强县上占据着一定地位，而四川近几年进步神速，以射洪为代表的四川各县域排名迅速提升，实力不断攀升，表现出强劲的发展势头。

表 7-5　2020—2022 年西部百强县前十强变化情况

省份	县域	2022 年排名	2021 年排名	2020 年排名
陕西省	神木市	1	1	3
贵州省	仁怀市	2	2	2
内蒙古自治区	准格尔旗	3	3	1
内蒙古自治区	伊金霍洛旗	4	4	4
云南省	安宁市	5	5	5
四川省	西昌市	6	8	9
四川省	简阳市	7	10	13
四川省	彭州市	8	12	12
陕西省	府谷县	9	7	8
四川省	射洪市	10	21	24
新疆维吾尔自治区	库尔勒市	11	6	6
新疆维吾尔自治区	昌吉市	15	9	7
宁夏回族自治区	灵武市	12	13	10

资料来源：《2020 赛迪西部县域经济百强研究》《2021 赛迪西部县域经济百强研究》《2022 赛迪西部县域经济百强研究》。

总的来看，百强县中的顶级强县已具有较为完善的产业体系，城乡发展相对协调，经济增长稳步而持续，在某一方面或某些方面具有明显的经济增长动力。

三、西部地区县域发展典型案例

（一）宁夏回族自治区灵武市

1. 总体情况

灵武市地处呼包银榆城市群的银川都市圈，是宁夏回族自治区下辖县级市，由银川市代管。灵武市经济发展水平和综合实力在呼包银榆城市群内的县域中名列前茅，同时灵武也承担着宁夏地区脱贫攻坚和移民安置的重要使命，是西部地区实现以县城为重要载体的新型城镇化建设的突出榜样。

灵武市位于宁夏平原中部、黄河东岸，总辖区面积 4 010 平方千米，下辖 6 镇 2 乡 1 个街道办事处、19 个社区、75 个行政村、4 个农林场、1 个国家级自然保护区。第七次全国人口普查数据显示，灵武市常住人口为 29.4 万人，城镇化率 68.3%，回族及其他少数民族占 44.8%。常住人口相较于第六次全国人口普查的 26.2 万人增长 12.2%，城镇化率增长 20%。地理区位优势明显，河东机场、银西高铁与 3 条高速、4 条国道建构起高效便捷的交通网络，依托优异的区位交通优势，灵武发展成为全国重要的羊绒加工集散基地、商品粮基地。

“十三五”以来，灵武市经济发展成果突出，GDP 由 2017 年的 439 亿元升至 2021 年的 639 亿元，年均增长 7.2%，其中第一产业增加值 15.91 亿元，比上年增长 10.0%；第二产业增加值 536.68 亿元，比上年增长 3.8%；第三产业增加值 86.45 亿元，比上年增长 9.0%；人均 GDP 达到 21.7 万元（见图 7 - 4），位列全区首位；规模以上工业增加值年均增长 8.6%；社会消费品零售总额由 33 亿元增至 36 亿元；城乡居民人均可支配收入分别由 3.06 万元、1.36 万元提高到 3.89 万元、1.89 万元。灵武市连续 9 年荣登“中国县域综合实力百强”榜单，位列中国工业百强县（市）第 53 位、跻身全国中小城市投资潜力和县级市基本现代化指标百强，位居 2021 年“全国新型城镇化质量百强县（市）”第 92 位，经济和社会发展水平领跑银川城市群，在呼包银榆城市群中也名列前茅。

2. 产业发展与转型升级

灵武市经济取得优异成绩的背后，一方面是产业结构调整优化和传统产业转型升级的奋斗成果，另一方面是现代农业、现代纺织、循环经济三大产业发展的崭新征程。图 7 - 5 为 2021 年灵武市三大产业增加值占比情况。

在优势产业——重化工业发展方面，灵武市取得突出明显成绩。灵武市矿产资源丰富，已探明天然气储量 8 000 亿立方米、煤炭储量 273 亿吨。辖区现有煤矿 19 家，年设计总生产能力 8 100 万吨。依托丰富的煤炭和天然气资源，灵武市的第二产业是当地经济的支柱，也是宁夏回族自治区唯一、西北地区最大的

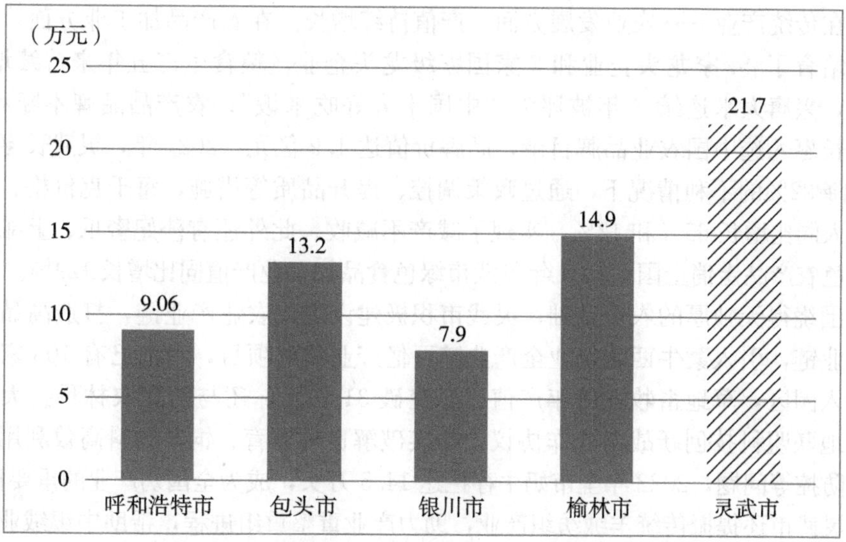

图 7-4　2021 年呼包银榆城市群与灵武市人均 GDP 统计图

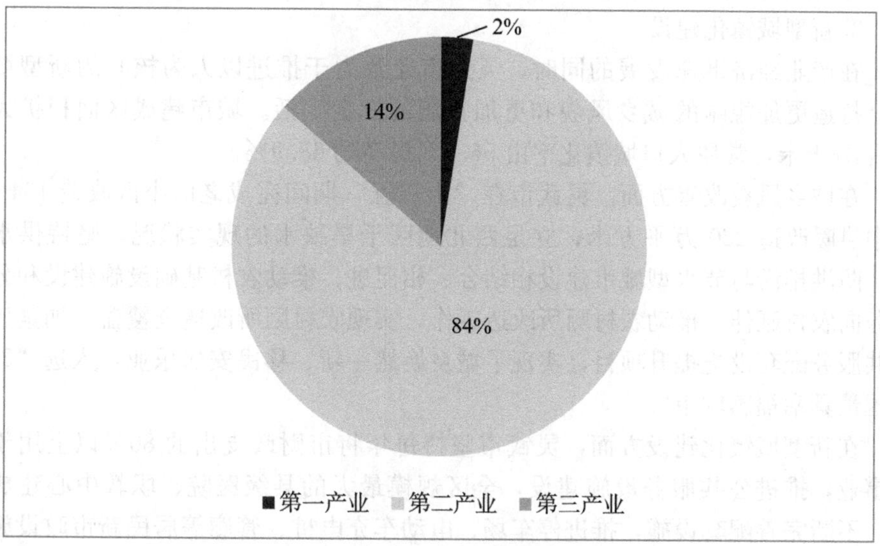

图 7-5　2021 年灵武市三大产业增加值占比情况

"国家城市矿产"示范基地，2021 年规模以上产值同比增长 110%。辖区内的宁东能源重化工基地也是呼包银榆城市群的核心产业集群，还是我国能源"金三角"重要一级。"十四五"期间灵武市也正朝着"打造千亿级产业强市"的目标奋勇前进。

在传统产业——农业发展方面，产值持续增长。在农产品加工业方面，灵武市已培育了44家龙头企业和2家国家级龙头企业，粮食生产五年来持续增长，其中，兴唐大米连续3年被评为“中国十大好吃米饭”；农产品品牌不断壮大，灵武长枣入选中国农业品牌目录，品牌价值达4.9亿元。2021年，灵武长枣在产量下降32%的不利情况下，通过政策调控、提升品质等措施，每千克价格、总销售收入同比增长65%和12%，实现了减产不减收。此外还有莎妃蜜瓜、上滩韭菜等特色农产品走俏全国，2021年灵武市绿色食品加工业产值同比增长129%。

围绕得天独厚的农业基础，灵武市积极建设现代农业产业链，打造高品质牛奶产业链，引入蒙牛西北奶业全产业链百亿产业集群项目，目前已有103家企业已进入园区，草地畜牧业的年产值已经突破31亿元，还与西北农林科技大学签订校地联盟科技创新战略合作协议，切实破解良种繁育、饲草饲料高效利用以及疾病防控等问题，2022年全市奶牛存栏达14.5万头，成为全国奶产业的重要板块。此外灵武市还提振传统羊绒纺织产业，助力产业重整重组进程，帮助中银绒业成功保壳脱困，引入浙江新澳、江苏舜昌、国斌亚琦等企业投资建厂，带动了针织和亚麻产业的发展，38个中小型羊绒企业稳步恢复，规模以上产值同比增长175%。

3.新型城镇化建设

在产业经济迅速发展的同时，灵武市还致力于推进以人为核心的新型城镇化，打造更加靓丽的城乡风貌和更加宜居的社会生活。城市建成区面积扩大到20平方千米，常住人口城镇化率由56.9%提高到68.9%。

在城乡风貌改善方面，灵武市在“十三五”期间完成老旧小区改造134个，集中供暖改造220万平方米；立足西北地区干旱缺水的现实状况，坚持供水改造、防洪排涝与节水型城市建设相结合、相促进；推动农村基础设施建设和公共服务向农村延伸，推动农村厕所改造工作，实现农村厕所改造全覆盖；加紧建设公共服务配套设施提升项目，实现了城乡焕然一新、移民安居乐业，入选“2020中国最具幸福感城市”。

在新型城镇化建设方面，灵武市坚持每年将市财政支出的80%以上用于民生事业，推进公共服务设施建设，全区规模最大的县级医院、职教中心建成投用；不断完善配套设施，推进停车场、电动车充电桩、管廊等居民新市政设施需求的增建扩建；积极推进文化遗产的保护和宣传，2018年被民政部评定为“中国地名文化遗产千年古县”，正式跻身全国100个“千年古县”之列。在城市建设推进的同时，灵武市还深入打好污染防治攻坚战，大气、水源、土壤污染防治任务全面完成，空气质量优良天数持续领跑银川等城市，入黄水质一直保持在地表水Ⅳ类以上，森林覆盖率从15.3%上升到20.7%，荣获全国防沙治沙先进集体。经过不懈努力，灵武市获得了“国家卫生城市”和“国家园林城市”的荣誉，并获评“国家新型城市化质量百强”称号。

4.脱贫攻坚与移民安置

灵武市坚决扛起脱贫攻坚的政治责任，切实保障了域内 2 523 户 10 565 名贫困人口的全部如期脱贫。同时，灵武市还积极承担起宁夏南部贫困地区的移民搬迁任务。2021 年，灵武市劳务移民就业率达 86%，人均可支配收入达 1.25 万元，同比增长 15.6%。

灵武市先后采取三大措施帮助移民就业脱贫。一是深挖农业潜力、发展特色种植。累积鼓励移民建设温室 1 105 栋，大跨度拱棚每棚年收入 5 万元以上，二代日光温室每棚年收入 3.5 万元以上，让移民摆脱了原有恶劣生态环境下的种植条件，也顺利实现了增收致富。二是充分发挥龙头企业示范带动作用。引进夏能蜜瓜、新澳农牧公司等种养殖龙头企业，为移民提供优质品种种苗和种植技术服务指导和培训，不断提高移民种植技术和管理水平。2021 年以来，通过龙头企业（合作社）带动移民就业 500 余人，移民每年享受收入 10%的比例分红。三是创新养殖“托管带”就业模式。高标准规划建设灵武养殖示范基地，通过养殖基地带动移民就业 271 人。例如：郝家桥镇泾兴村 593 户移民向园区奶牛养殖企业托管奶牛 729 头，每头年分红 1 500 元；湖羊养殖企业全覆盖脱贫户托管湖羊 5 026 只（每户 2 只），每户年分红 240 元。

镇河塔社区是目前灵武市劳务移民安置的重点地区，截至 2021 年底累计从泾源、彭阳、隆德、西吉 4 个县接收“十三五”劳务移民 1 980 户 7 872 人。社区采用养殖托管分红、组织劳务输出、产业园区就业等方式，推进移民稳就业、促增收。推动成立了全区首家由移民集中安置社区主导的劳务有限公司——灵武市城南工人建筑劳务有限公司，由镇河塔社区为公司提供办公场地和业务指导，通过社区平台化运营为移民提供更多就业便利（见图 7-6）。此外，社区也同样联系了本地的优质奶牛养殖企业兴源达农牧、新澳农牧推广实施奶牛托管服务，采取“养殖企业＋担保公司＋农商行＋脱贫户＋供销合作社”新模式助力劳务移民就业脱贫。

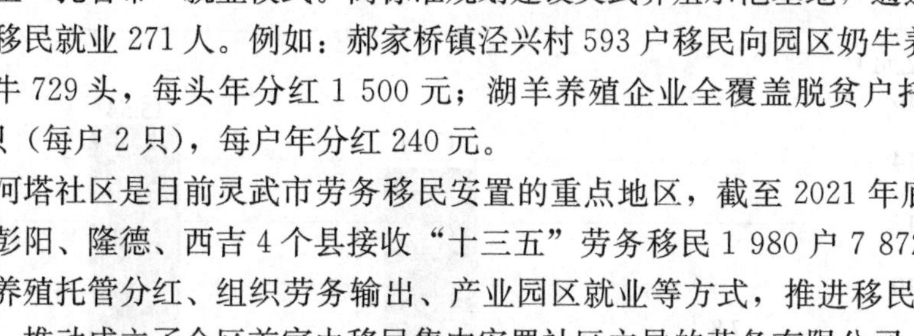

图 7-6　灵武市镇河塔社区劳务移民扶贫车间

（二）西藏自治区白朗县

1. 总体情况

白朗县地处西藏自治区南部，雅鲁藏布江主要支流——年楚河中游，隶属于西藏自治区日喀则市，距市区 49 千米，日亚公路纵贯县城，距离拉萨市 262 千米，交通便利。行政区划总面积 2 810 平方千米，耕地面积 12.74 万亩，平均海拔 4 000 米以上，辖二镇九乡，即洛江镇、嘎东镇、巴扎乡、强堆乡、杜琼乡、曲奴乡、旺丹乡、玛乡、嘎普乡、者下乡、东喜乡，111 个行政村，8 918 户。

白朗县是西藏自治区粮食主产县、农村改革试点县、国家现代农业示范区、国家农业科技园区核心区、国家级农产品质量安全县、国家级蔬菜标准化种植示范区、国家级电子商务进农村综合示范县、国家现代农业产业园创建县、全国农业全产业链典型县、国家首批创新型县和中国特色农产品优势区（白朗蔬菜）。2022 年白朗县全年实现 GDP 15.54 亿元（见图 7－7），增长 5%；地方一般公共预算收入 2 200 万元；农村居民人均可支配收入 22 536 元（见图 7－8），增长 13.5%。

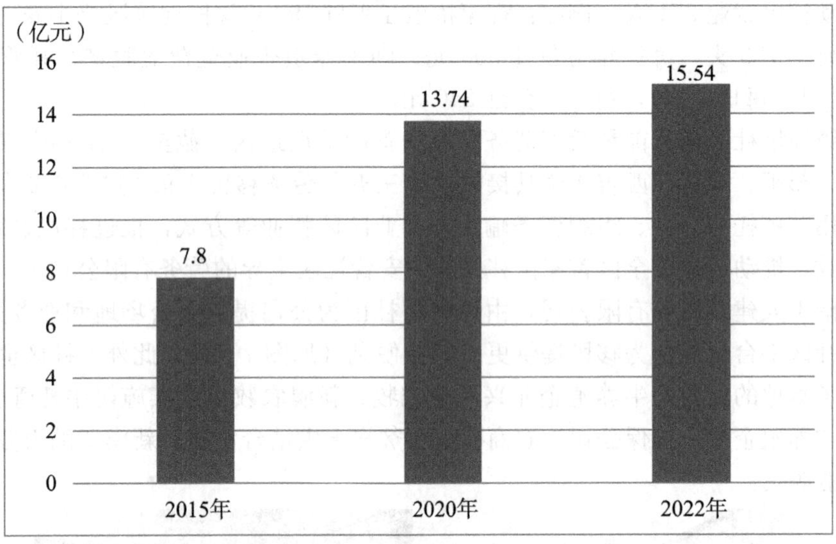

图 7－7　白朗县近年 GDP 情况

资料来源：2022 年、2021 年白朗县政府工作报告。

第七次全国人口普查数据显示，白朗县常住人口为 4.4 万人，与 2010 年第六次全国人口普查数据的 42 551 人相比，增加 2 013 人，增长 4.73%，年平均增长率为 0.46%；其中，居住在城镇的人口为 0.6 万人，占 13.49%；居住在乡村的人口为 3.9 万人，占 86.50%。

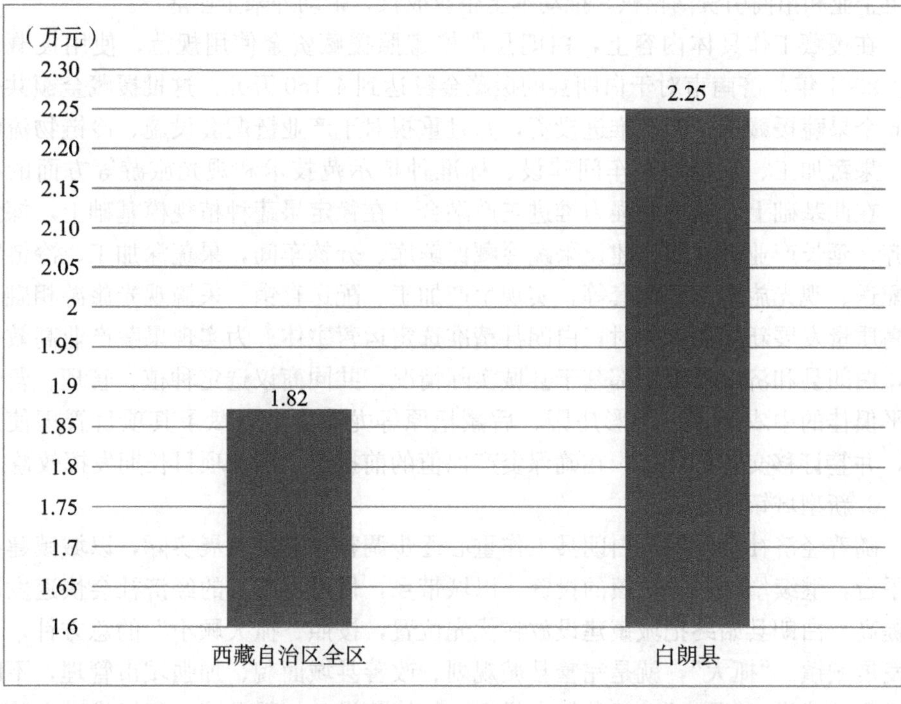

图 7－8　白朗县 2022 年农村居民人均可支配收入情况对比

资料来源：2022 年白朗县政府工作报告。

2. 东西协作优势强劲

党的十八大以来，在国家的大力支持和山东援藏的帮助下，白朗县积极发展高原特色农牧业，形成了万亩有机蔬菜基地、万亩有机青稞基地、万亩有机枸杞基地。目前，白朗县已成为著名的高原青稞之乡和西藏果蔬摇篮。“全国蔬菜看寿光，西藏蔬菜看白朗”的口头语在西藏自治区已经名副其实。

山东省济南市历届援藏干部紧紧围绕白朗县脱贫攻坚和全面建成小康社会两大任务目标，在产业发展、社会民生、基础设施建设等援藏工作重点方面发力，坚持科学援藏、生态立藏、产业强藏、富民兴藏，助力白朗县“输血变造血”全面建成小康社会。

从 1998 年起，白朗县在山东省济南市援藏干部的协助下，确定了以农业为主，发展果蔬温室大棚设施为主要目标的发展战略。基于此，白朗县开始建设大棚，试种蔬菜。经过十余年的发展，虽然白朗县蔬菜种植已具备一定规模，但总体上仍然偏小偏散，协作能力较差，共同发展水平较低。为解决缺乏带动能力强的龙头企业和优质经营主体的问题，白朗县加大科技投入和人才支持。同时，白朗县并举培育本土企业和招商引资两招棋，推动本土企业成长，带动外来企业落户。

在援藏工作具体内容上，白朗县严格遵照援藏资金使用规范，使用援藏资金。2021 年，济南市对于白朗县的援藏金额达到 4 150 万元。这批援藏金额共分为 6 个果蔬援藏项目同步推进投资，并且重视对于产业链配套设施、冷链物流配送、果蔬加工、枸杞加工车间建设、标准种植示范技术和观光旅游等方面的提升。在此基础上，白朗县强力推进三产融合，在稳定果蔬种植规模基础上，探索补齐、延长产业链，通过建设果蔬冷藏保鲜库、分拣车间，果蔬深加工、冷链物流配送、观光旅游基础配套等，实现生产加工、配送直销、采摘观光旅游相融合的高质量发展新局面。同时，白朗县精准选定运营主体。为实现果蔬产业高效发展，白朗县和济南援藏干部基于县城实际情况，共同商议选定种植、管理、营销水平俱佳的中农圣域、七彩庄园、后藏杞原等龙头企业，赋予其项目管理使用权，并签订移交管护协议，在确保资产保值的前提下，确保项目长期发挥效益。

3. 新型城镇化建设

随着经济社会发展，白朗县工作重心逐步调整，立足发展实际，以城镇建设为平台，继续增加对于城镇的投资，以城带乡，促进白朗县的经济社会快速发展和提高。白朗县始终把城镇建设放在优先位置，按照“抓大顾小”的总方针，大力发展城镇。“抓大”，就是完善县城规划、改善县城面貌、加强城市管理，不断推进县城建设；“顾小”，就是加大投入、加快建设、加强示范，积极推进农牧区小城镇建设。自此，白朗县经济社会发展速度明显加快，城镇化建设不断发展。

白朗县积极开展脱贫攻坚、乡村振兴。“十三五”期间，白朗县“两不愁、三保障”全面实现，通过落实帮扶举措，动员非公组织与社会组织积极投入“百企帮百村”活动，带动建档立卡贫困户就业，推动“输血”向“造血”延伸，实现了 11 个乡镇全部摘帽，110 个贫困村居全部退出，1 946 户 9 237 人全部脱贫摘帽，贫困人口可支配收入从 2015 年底的 2 279 元增加到 2020 年底的 13 733 元。

白朗县坚持区域协调发展战略，统筹公共资源均衡配置，推动基础设施明显提升。“十三五”期间，白朗县完成固定资产投资 64.47 亿元。基础设施日趋完善，棚户区改造全部完成，11 个乡镇 94 个村级标准化活动场所建成并充分发挥阵地堡垒作用，31 个灾后恢复重建项目圆满收官，县城和嘎东避险广场建成启用，垃圾无害化处理设施和垃圾填埋场全面投入使用。交通设施全面改善，S204 县城段拓宽改造、珠峰（白朗）产业园区公路、天曲河大桥等重点项目施工完成，实现乡镇公路全通达、通乡油路全覆盖以及 85%的农村公路全面通畅。

在农田水利方面，白朗县同样取得了明显的成绩，新增加并改善了耕地、牧草灌溉面积 1.5 万亩，使有效灌溉面积达到 12.74 万亩，126 个村的农村安全饮水工程、水土保持项目等全部竣工。

以科教文卫为抓手，白朗县积极推进公共服务资源的有效供给和优化利用。教育事业蓬勃发展，持续推进15年免费教育，新建村居双语幼儿园35所，教育资源持续共享，教育教学质量明显提升。文化事业不断提升，乡镇通邮率达100%，乡村通宽带网率达100%，乡村通话率达100%，旺丹卡垫入选区非物质文化遗产名录，嘎东藏靴评为区文化产业示范基地，农牧民运动会等文体活动成功举办。医疗服务水平明显提高，县医院成功创建二级乙等医院，健康体检、大病统筹、医疗救助等措施全面推行，全县村卫生室达105家、村医达212人，就诊率提高至80.15%。群众文明意识不断，扎实推进生态文明高地创建，积极创建"绿水青山就是金山银山"的实践与创新基地，创建2个自治区级生态文明建设示范乡镇、51个自治区级生态文明建设示范示范村，生态文明思想深入人心，绿色融入群众生活。

4. 特色产业发展

白朗县是西藏自治区传统的农业大县，发展形成了有机果蔬、优质青稞、有机枸杞、高原畜牧业及民族手工业五大优势产业，享有"西藏粮仓"的美誉。白朗县创立了区域公用品牌"五彩天域"，这让白朗县成为高原产业发展的标杆样板，为白朗县发展注入强大活力。白朗县政府计划总投资6.8亿元打造71个扶贫基础产业项目，按照宜农则农、宜牧则牧、宜商则商的三大原则来发展种植蔬菜、青稞、畜牧和民族手工业，谋划布局"三区一廊十园"产业发展布局，大力推广"园区＋龙头企业＋合作社＋农户"的模式，惠及困难群众脱贫。

目前，蔬菜产业已经成为白朗县的支柱产业、特色产业、优势产业，2020年全县7 000多户中有3 200多户直接参与蔬菜产业，全县蔬菜种植面积已经从最初的0.3亩发展到1.44万亩，3 200户群众仅靠蔬菜产业，户均年增收达1万元以上。借助蔬菜产业，白朗县把贫困群众聚在产业链上，让群众富在产业链上，不断建立绿色蔬菜产业和贫困群众的利益联结机制，推动农民在保留传统种植方式的基础上转变为蔬菜产业链上的职业工人。

为进一步推进特色产业发展，白朗县积极加强县域商业体系建设，推动电子商务发展，加强农村电子商务与县域商业体系有效融合，实现电子商务与白朗县域经济、社会生活深度融合。白朗县搭建农村电子商务公共服务体系，建设县级电子商务公共服务中心、县域仓储中心、物流分拨中心，以及乡镇级电子商务服务站和村级电子商务服务点。建立农特产品上行体系，策划并注册"朗朗青源""星辰藏玥""五彩天域"等品牌，对藏靴、青稞食品、藏装、唐卡、牛皮画等特色农产品开展品牌挖掘、策划、设计、展示、网络推广及销售。推动电商意识普及，针对白朗县未就业大学生、有创业想法的退伍军人、干部职工、农牧民等主体，进行电商扶贫培训、普及培训、提升型培训等多种形式的电子商务培训共3 140人次。向贫困户、农牧民群众宣传电商扶贫工程，积极推广帮买帮卖、代购代缴，鼓励、引导电商站站长积极推广、销售域内产品，打通物流配送“最后一公里”，多次举办大规模年货集中订货会并配送到位。自2019年9月启动打通物流配送“最后一公里”以来，村站配送包裹数4万余单，日均配送包裹40～50件。截至2022年8月，白朗县通过集中订货会形式完成销售配送额达68.5万元。

（三）宁夏回族自治区西吉县

1. 总体情况

西吉县隶属于宁夏回族自治区固原市，地处宁夏南部，属于黄土高原中心地带，平均海拔2 400米，属典型的温带大陆性气候，年均降水量400毫米左右，但蒸发量较大，人均可利用水资源量仅95立方米，不到全国平均水平的1/20。西吉与其相邻的海原、固原三县并称为“西海固”地区。恶劣的自然环境和过剩的人口规模造成了该地区“集中连片特困、经济欠发达、生态环境脆弱以及自然灾害频发”的困境，千百年来被世人贴上了“苦瘠甲天下”的贫困标签，曾被联合国粮食开发署认定为最不适宜人类生存的地区之一，同时也是国务院所确定的重点扶贫的“三西”地区之一。

西吉县总面积3 130平方千米，现辖4镇15乡295个行政村8个居委，根据第七次全国人口普查结果，常住人口为315 827人，其中城镇人口96 776人，农村人口219 051人，城镇化率为30.6%，远低于全自治区59.35%的城镇化水平。从人口组成方面来看，西吉县汉族人口为129 996人，占41.16%；各少数民族人口为185 831人，占58.84%，其中回族人口为185 606人，占58.77%。

经济发展方面，2021年，西吉县实现GDP 80.69亿元，第一产业增加值20.74亿元，第二产业增加值11.31亿元，第三产业增加值48.64亿元。按常住人口计算，人均GDP 25 453元，比上年增长4.0%，人均GDP在全自治区依然处于较低水平，是六盘山集中连片特殊困难地区61个县区之一，也是我国扎实巩固脱贫攻坚成果的关键地区。产业结构上，农业目前仍是西吉县的核心产业之一，第一产业增加值占GDP的25.7%。西吉县先后取得了“全国粮食生产先进县”“国家级马铃薯标准示范县”“中国马铃薯之乡”“中国西芹之乡”等称号。

社会文化方面，西吉县是著名的革命老区，境内的将台堡是红军长征胜利会师之地。文旅方面，西吉县下有国家森林公园和地质公园特色的AAAA级景区，拥有亚洲最大、世界第二的国家地震堰塞湖遗迹，具有广阔的旅游业发展前景。

2. 攻坚克难摆脱贫困

在党和国家脱贫攻坚和全面建成小康社会的战略目标引领下，在国务院扶贫办、教育部等国家部委以及自治区政府的大力支持之下，在西吉全县干部群众的艰苦奋斗之中，截至 2020 年，西吉县已有 37 372 户、155 581 名贫困人口和 237 个贫困村实现了全面脱贫，贫困发生率由 2014 年的 34%降到了 0。同年 11 月，西吉县获得自治区政府批复，同意其退出贫困县。这标志着宁夏回族自治区贫困人口最多、脱贫难度最大、也是最后一个脱贫的西吉县经过数十年的脱贫攻坚之路最终取得了阶段性胜利，也标志着西海固地区历史性地摆脱了绝对贫困，奔向小康生活。

产业兴旺是脱贫富民的根本之策。立足资源禀赋与发展现实，西吉县不断进行农业产业结构调整，加快现代化产业体系的建设，持续提升农业产能效率，五年间累计投入扶持资金 22.49 亿元，建成 7.8 万亩高标准农田，18.5 万亩实现高效节水灌溉。西吉县大力提高农业机械化水平，发展和壮大有当地特色的优势产业；构建了以牧草、土豆、冷凉蔬菜、杂粮、劳务为主体的"4+1"产业系统，每个农户家庭都有 5 头牛、2 亩蔬菜、10 亩土豆，让每个农户家庭都拥有一个稳定的可持续收入来源；大力发展现代农业，通过打造"西吉马铃薯"等品牌提升农产品价值，积极支持农产品加工业壮大规模，推动一二三产业融合发展。

东西部协作发展也是西吉县经济发展和脱贫致富的重要抓手。西吉县紧盯东部产业转移，落实闽宁协作和中国商飞公司等地区和央企的上亿元帮扶资金。在帮扶之下，西吉县招商引资工作同样成效明显，累积实现落地资金 125 亿元。在闽宁协作、央企定点扶贫的政策扶持下，西吉县加大了园区的基础设施建设力度，引进一批规模体量大、延伸配套好、带动能力强的产业集群，5 年来进驻工业园区的企业数量和产值分别达 28 家、4.8 亿元，全县规模以上工业企业也发展到 13 家。西吉县现代化产业体系正逐渐建立，第二产业增加值稳步提升，也逐渐成为帮助全县居民脱贫致富的关键一环。

除了产业发展的核心驱动之外，西吉县还积极做活现代服务业，利用创新金融服务手段推动扶贫工程。西吉县推动新建改建公路 2 000 余千米，实现了全县所有行政村通硬化路、通客车，成功入选全国深化农村公路管理养护体制改革试点县，同时也被命名为交通运输部全国城乡交通运输一体化示范县。借助交通建设优势，西吉县积极推动电商和物流网络的建设，5 年内完成了 19.53 亿元的社会消费品零售额，平均每年增长 6.8%。同时，在金融服务业方面，西吉县坚持服务实体经济的脱贫致富，累积发放肉牛产业专项贷款 25.46 亿元，新增光伏扶贫收益1 820 万元，注入村集体经济扶持资金 7 280 万元，以金融创新助力农业农村发展，帮助困难群众实现增产增收。

通过在产业发展、承接帮扶以及打造现代服务业等多方面的努力，西吉县的 GDP 从 2016 年的 55.5 亿元跃升至 2021 年的 80.7 亿元，城镇居民人均可支配收入从 21 411 元提高到 31 438 元，年均增长 7.8%；农村居民人均可支配收入从 7 566 元提高到 12 973 元，年均增长 11.4%，顺利实现了脱贫攻坚任务，居民生活水平稳步提高。

3.易地扶贫搬迁

西海固地区由于其恶劣的自然条件和过剩的人口规模，仅依靠就地扶贫难以根本地、长久地解决贫困问题，也难以走出“贫困—人口增长—环境退化”的恶性循环。为此，党和国家提出通过易地扶贫搬迁的模式来帮助区域性贫困地区人民真正实现脱贫致富。西吉县作为我国扶贫的重难点地区，其易地扶贫搬迁进程也是我国全面建成小康社会征程中的重要实践，也值得广大中西部贫困地区研究学习。

宁夏回族自治区从 1983 年实施“吊庄移民”工程开始，历经扬黄灌溉工程移民搬迁、“十一五”中部干旱带县内生态移民、“十二五”中南部地区生态移民，再至“十三五”易地扶贫搬迁结束为止，累积有 123 万余名生活在西海固地区的贫困群众，搬到了更适宜生产生活的地方。其中“十三五”期间，宁夏回族自治区对西海固地区 9 个贫困县（区）共计 8.08 万贫困群众实施了易地扶贫搬迁。

西吉县根据域内自然和经济发展实际情况，分别推出了生态移民和劳务移民两项核心易地扶贫政策。生态移民主要针对西吉县境内生态环境恶劣地区居民移民至银川、石嘴山等宁夏北部自然承载力相对较高的地区，并将其原有土地用于生态修复工作，以实现人与自然的和谐共处；劳务移民是指通过安排部署并推进农村劳动力转移就业工作实现劳动力的移民搬迁和脱贫致富。

西吉县积极推动本地自然环境恶劣地区居民参与生态移民。宁夏回族自治区石嘴山市平罗县庙湖村在 2013 年成为自治区重点建设的生态移民集中安置区，这里有来自西吉县的 1 413 户 7 211 名生态移民，曾有建档立卡贫困户 717 户 3 905 人。西吉县通过移民搬迁的形式在自治区内生态环境较好的地区发展现代农业。相较于在原有贫瘠干旱土地上的务农，生态移民一方面提高了农业生产效率，帮助移民实现了脱贫致富；另一方面缓解了迁出地的人地矛盾，减少了人类活动对生态环境的无序利用与过度开发。

同时西吉县还通过持续加强的跨地区劳务合作，根据不同的就业人群，加强对其职业技能和专业水平的培养，再借助转移就业，让就业人群能够靠自己的本事吃饭、靠自己的双手致富，安排部署并推进农村劳动力转移就业工作，将就业困难人员纳入公益性岗位安置计划。西吉县一方面持续向福建省、新疆维吾尔自治区、浙江省等地区集中输出劳务工人；另一方面与宁夏回族自治区内部其他市县合作开设劳务移民安置点，通过将劳务厂房与移民安置房集中配置的方式，让搬迁去的移民既有居住房屋，又有收入来源，帮助移民尽快实现脱贫致富和安居乐业。此外，西吉县积极引入东部地区产业转移，让本地生活困难群众留在本地务工，以劳务为抓手推动偏远、艰苦地区群众搬迁移民。

4.新型城镇化建设

西吉县在不断推进本地居民脱贫致富的同时，也始终践行以人民为中心的发展思想，进行新型城镇化建设。西吉县积极扩大县城面积，提升服务能级，推动县城建成区面积扩大到11.2万平方千米，城镇化率达到30.6%，帮助上万农业转移人口实现市民化。西吉县开展城市更新行动，改善居民生活环境，用五年时间完成棚户区改造7.1万平方米、老旧小区改造6.9万平方米，在县城排水集污管道和公园广场建设上也有亮点成果。

西吉县不断落实基本公共服务均等化理念，坚持把每年财政总支出的90%以上用于民生。西吉县在教育、医疗及社会保障体系等方面都有长足发展。西吉县坚持教育优先发展策略，十年间累计投入25.81亿元，新建扩建学校294所，义务教育阶段适龄学生入学率达100%；新建扩建县域内多家医院，完成医护人员扩招工作和病房扩容工程；推进构建全民社会保障体系，全县统筹城乡居民社会养老和医疗保险参保率分别达到90%和99%，社会救助与社会关爱体系不断健全。

此外，西吉县还始终坚持城乡融合发展，带动农村地区摆脱贫困现状。首先，西吉县紧抓农村居民收入这一关键指标，一方面开展“高素质农民培育”工作，强化农业种养技术，提升农业生产效率和农产品产值；另一方面推进农村劳动力就业能力提升工程，通过对农村劳动力的有效管理、培训和指导，提高农村劳动力的综合素质和专业水平，为农村劳动力的发展提供有力的帮助和支持，使得每年农村劳动力转移就业人数达到12.5万人以上。其次，西吉县还推动城乡社会保障同步普及、统筹兼顾，切实满足农村居民在医疗、就业、社会救助等方面的保障需求。此外，在民生工程坚持不懈的投入下，西吉县也实现了农村地区安全住房和安全饮用水的全覆盖，为农村幸福生活提供坚实的硬件保障。

(四) 云南省腾冲市

1.总体情况

腾冲市位于云南省西部地区，1913年设腾冲区，2015年撤县设市。全市国土面积5 845平方千米，国境线长150千米，下设10镇7乡2街道，居住着汉、回、傣、佤等25个民族，总人口69.1万人，其中少数民族6.03万人。腾冲市虽地处边境，但却是历史悠久的边关重镇、声名远播的翡翠商城、青山绿水的休闲宝地，被徐霞客称为“极边第一城”，被列入联合国教科文组织的“生物多样性保护区”，并被世界野生动物基金会（WWF）列入A类保护区，被评价为“最适宜人类居住的地方之一”。

腾冲市位于亚欧和印度两大板块的交汇之地，是全球少有的、最具代表性的火山岩和地热共存地区。这个地区有99座火山和88处温泉，由于其丰富的地质条件，形成了火山、湿地、瀑布、温泉暗河等自然景观。此外，腾冲市有着悠久的丝路文化。2400多年前，由中国人所开创的"蜀身毒道"，由腾冲出发，经过缅甸、印度、伊朗和阿富汗，是目前中国与南亚各国最便捷、最短距离的一条国际贸易路线。现在，腾冲市至昆明市已全程高速化，有两条二级国际公路通往缅甸；腾冲机场于2009年通航，现已成为国内最繁忙的支线机场之一。

2021年，腾冲市的GDP为321.9亿元，同比增长9.2%。其中，第一产业实现增加值63.8亿元，增长8.9%；第二产业实现增加值133.7亿元，增长9.9%；第三产业实现增加值124.4亿元，增长8.6%。三次产业结构比为19.8∶41.5∶38.7。全市一般公共预算收入15.5亿元，下降6.9%；一般公共预算支出完成59.96亿元，下降22.9%；金融机构各项存贷款余额分别为326.8亿元、352.1亿元，分别增长0.3%和14.7%；城镇、农村常住居民人均可支配收入分别为39 234元、14 917元，分别增长10%和10.8%；共接待游客1 009.1万人次，完成旅游总收入104.5亿元，下降9.2%。

第七次全国人口普查数据显示，腾冲市人口中，居住在城镇的人口为238 974人，占37.2%；居住在乡村的人口为403 507人，占62.8%，即城镇化率为37.2%。与2010年相比，城镇人口增加103 836人，乡村人口减少105 940人，城镇人口比重比2010年上升16.2个百分点。

2."一带一路"建设区位优势

腾冲的边境贸易有着很长的历史。腾冲以"南丝路"为纽带，发展外贸，创造了辉煌的历史。目前，腾冲拥有国家一级港口猴桥，滇滩、自治和胆扎3条省界通道，已成为中缅经贸合作的重点地区。

近年来，腾冲市充分利用其边境地区的地理位置，围绕"南亚、东南亚地区的重要前哨港口"主动参与"一带一路"建设、孟中印缅和中缅经济走廊建设，推进"驼峰开放""动车入腾""铁路出境""自贸联动"，打造滇西大通道大物流重要枢纽。以猴桥港口为依托，边民互市、进出口贸易和转口加工等产业迅速发展起来，各种边境贸易和物流公司也不断涌现，这给腾冲市的经济带来了新的发展动力。同时，还通过创新通关模式、集中推进跨境运输有序开展等方式，腾冲市的对外贸易不断转型发展、口岸综合效能不断增强。目前，猴桥口岸完成了超过6亿美元的外贸进出口，腾冲边境经济合作区成为规模过百亿元的工业园区。

此外，腾冲市加快构建开放型经济新体制，深化跨境合作，大力推进密支那经济开发区、中国猴桥—缅甸甘拜地跨境经济合作区建设，全力创建中国云南自由贸易试验区联动创新区。在交通方面，腾冲市加快芒市至腾冲猴桥铁路、腾冲至密支那高速路、机场航空口岸开放前期工作，推进猴桥古永转口加工和保税物流片区项目，抢抓大瑞铁路大保段通车机遇，积极探索“航空＋铁路＋公路”联运模式，加快建设区域跨境物流中心。园区建设方面，为响应国家“一带一路”倡议，保山、腾冲两级政府率先在全省开创共建共享的园区经济发展新模式，共建“飞地经济”园区——腾冲“园中园”。这种经济发展新模式，以创新灵活的管理模式为企业营造安心、放心的良好营商环境，实现中小企业聚集化发展。

3. 文旅产业融合发展

近年来，腾冲市坚持以“绿色健康”为主题，集聚“健康食品”“健康医药”“健康体育”“健康旅游”产业，构建以产兴城、以城促产、产城融合的新格局。

腾冲市以“绿色、生态、有机、野生”为核心，以发展大健康产业为目标，大力发展“腾茶”“腾油”功能产品、果蔬休闲食品、畜禽产品等精深加工，确保云丛酒业一体化生产基地建成投产，开工建设2万吨白酒灌装基地，打造绿色食品加工产业集群，入选全国农村产业融合试点示范县。此外，腾冲市还大力发展健康医药产业，积极培植具有腾冲特色和地方优势的药食同源食品制造产业，打响“腾药产业园”金字招牌，引进晨光生物、魅力汉道、腾寿仁德、罗瑞生物、新绿色药业5家生物制药公司。

腾冲市旅游资源丰富，具有良好的生态环境与悠久的历史文化。基于此，腾冲市积极探索文旅产业融合发展新路径，活化利用“名镇、名村、名街”及文博资源，建设华侨博物馆，开发史迪威公路、驼峰航线等滇西抗战文化精品旅游线路，加快打造“最美乡愁”旅游带。在打造以景区景点为主的观光游的同时，腾冲市还创新开发大健康旅游模式，发展“旅游＋中医疗养”“旅游＋健康运动”，将重点培育的医药产业和旅游业融合发展，促进产业良性融合，培育出更具特色的旅游休闲观光景区。例如利用丰富的地热资源，将以火山热海、玛御谷温泉为代表的温泉养生基地打造成腾冲森林康养的精品项目。目前全市共有103个森林康养基地，年产值达11.5亿元。此外，腾冲市大力建设红色旅游、非遗体验、传统民俗等研学基地，以及和顺古镇、银杏村、黑鱼河等影视拍摄基地，大力研发一批腾菜产品和药膳食品，推动产品融合、业态融合、市场融合，创建国家文化和旅游产业融合发展示范区。

凭借着丰富的天然生态资源，以及深厚的人文历史，腾冲文化旅游业从“高速增长”向“高质量发展”转变。截至2022年，腾冲市已经拥有了42个A类旅游景点，被列为第一批国家全域旅游示范区，并且已经连续四年跻身中国县域旅游综合竞争力百强县市，年接待旅游人数超过1 900万人次，旅游总收入由2015年的66.01亿元，上升到2021年的104.5亿元。

4. 新型城镇化建设

腾冲市于2020年入选全国县城新型城镇化建设示范名单。在新型城镇化建设中，腾冲市坚持将“生态立市”作为首要发展战略，不断推进生态城市建设，提高人居生活水平，努力建设“城在园中，园在城中”的现代公园城市。截至2022年，腾冲市已建成城市公园58个，新增公园绿地面积252.11万平方米，人均公园绿地面积13.78平方米，城市绿化覆盖率47.99%，城镇面积达74平方千米，城市建成区30.5平方千米；入选县城新型城镇化建设示范名单、“绿水青山就是金山银山”实践创新基地、国家兴边富民中心城镇试点等名单，被命名为国家园林城市、国家森林康养基地、云南省美丽县城。

在提升城市人居环境品质方面，腾冲市以城市更新为抓手，大力实施城市品质提升行动，推进全国文明典范城市创建，高质量建设“花园城市”：推进老旧小区配套基础设施改造，加快棚户区改造回迁安置，完成烂尾楼清理整治工作，着力整治“城市病”；推进城市绿化提质，加快南诏公园和一批社区公园、口袋公园建设，新增绿化6万平方米以上；推进城市“雨污分流”，实施城市内涝和污水管网空白区专项治理，新建城市雨污管网30千米以上；建成智慧停车场，推进城市停车资源高效利用，新增停车位2 000个以上；深入建设“城市大脑”指挥中心，一体化推进智慧边境、智慧城管、智慧交通、智慧政务、智慧校园等建设，打造服务高度智能化的现代治理体系。

在新型城镇化建设方面，腾冲市不断补短板、提品质，使城乡面貌焕发新颜、基础设施不断完善、城市环境日渐优美、乡村环境美丽宜居。腾冲市被列入县城新型城镇化建设示范名单，累计实施重大项目535项，加快公路和空中交通建设升级，腾猴、腾陇、机场高速等公路建成通车，全市公路里程达5 640千米；机场二期改扩建工程建成使用，累计开通航线37条，成为百万级机场。为进一步普及自来水，推动乡村地区电力、网络全覆盖，腾冲市实施花园水库等30项重大水利工程，新增蓄水库容2 130万立方米，城乡自来水普及率达94.8%；打通中缅油气管道腾冲支线，进行投产通气，实现所有自然村400伏动力电全覆盖；新建网络基站895个，宽带网络实现“村村通”，行政村4G网络和城市重点区域5G网络全覆盖。

在新农村建设方面，腾冲市被评为全国农村生活污水治理示范县、国家农村人居环境整治示范县。2012—2022年，腾冲市先后5批86个村庄被列入“中国传统村庄”名单，在全省范围内位居首位。2022年腾冲市成为云南省两个被列入传统村落集中连片保护利用示范县（市、区）名单的县之一，数量居全省第一、全国第三。和顺古镇、银杏小镇创建为云南省特色小镇，新华、曲石等6个美丽集镇建设加快推进，明光自治、清水虞家营等8个村庄评为省级美丽村庄。

腾冲市改造卫生户厕 11.7 万座，覆盖率达 96.8%；建成镇区污水处理厂（站）16 座；新（改）建 80 座新型电热解垃圾焚烧处理站，日处理 300 吨的垃圾焚烧发电厂投入使用，农村生活垃圾有效治理率达 95.6%。

参考文献

[1] 白志礼，谭江蓉，曲晨. 县域城镇化问题的特异性与发展思路探究 [J]. 城市发展研究，2007，80 (05)：31-36+44.

[2] 卢黎霞，李富田. 西部县域城镇化的机制缺陷：镇区拉力不足 [J]. 农村经济，2015 (09)：91-94.

[3] 李宇，董锁成，王传胜，等. 中国西部县域城镇化特征空间分析 [J]. 河北农业大学学报，2003 (04)：115-119+123.

[4] 尹鸿宇. 新时代西部地区县域经济发展面临的问题与融合发展研究 [J]. 投资与合作，2020，No. 359 (10)：77-80.

[5] 李富田. 西部县域城镇化的问题与出路：四川省资中县个案分析 [J]. 农村经济，2015 (03)：95-99.

[6] 李富田. 西部地区县域城镇化的现状与问题分析 [J]. 软科学，2015，29 (05)：37-40+54.

后　记

《中国西部大开发发展报告》是 2011 年教育部资助的 11 个哲学社会科学发展报告直接建设项目之一。该项目旨在鼓励高等学校组建人文社科研究团队，围绕国民经济社会发展重点领域或重大问题开展对策性、前瞻性研究，充分发挥高校哲学社会科学的智囊团、思想库作用。

《中国西部大开发发展报告（2022）》以张蔚文、董雪兵、周谷平为项目总负责人，由浙江大学中国西部发展研究院、浙江大学中国新型城镇化研究院、浙江大学-浙江移动数据智能与城市未来联合实验室等相关单位的教师和科研人员组成跨学科的研究团队。本书由张蔚文和董雪兵提出基本构思、章节架构，然后课题组成员分头写作。各章负责人如下：总论为张蔚文、李志远；第一章为孙思琪；第二章为孙源；第三章为刘泽琨；第四章为沈德瑶；第五章为张敏；第六章为麻玉琦；第七章为李子情、李志远。各章完成初稿后，张蔚文、董雪兵、敖晶负责全书的审阅、校对，提出详细的修改意见，会同各章作者共同讨论进行修改完善，并终校定稿，陈奕洁、李莉、杨媚棠等参与了本书的出版编辑工作。感谢国家社科基金重大项目“推进以县城为重要载体的城镇化建设研究”（21ZDA071）对本研究的资助。

在本书即将付梓之际，我们要特别感谢本书的各位学术指导专家，他们对本书提出了诸多宝贵意见，在很大限度上提升了本书的质量。我们每年能够将西部地区研究的最新成果展现给各位读者，离不开教育部社科司的长期支持。长期以来，国家发展改革委发展战略和规划司、地区经济司和区域开放司对我们从事西部开发以及城镇化研究给予了很大支持，在此表示特别的感谢。也要感谢秦玉才先生，他热情洋溢的序言为本报告增添了不少色彩！为了编写本书，我们组织研究人员深入宁夏多地展开实地调研考察，掌握了大量第一手资料。在此基础上，编写团队参阅了大量文献和前人研究成果，几易其稿，最终完稿。最后，感谢各章作者，以及中国人民大学出版社的编辑，谢谢各位辛勤付出。

持续推进新型城镇化建设是促进西部地区高质量发展与现代化建设的必然要求，研究西部地区新型城镇化建设是一个不断探索实践的过程，在此，我们抛砖引玉，真诚地希望并欢迎广大读者及学界同仁不吝赐教！

浙江大学中国西部发展研究院

2023 年 6 月

图书在版编目（CIP）数据

中国西部大开发发展报告.2022/张蔚文，董雪兵，周谷平主编.--北京：中国人民大学出版社，2024.3
ISBN 978-7-300-32317-6

Ⅰ.①中… Ⅱ.①张… ②董… ③周… Ⅲ.①西部经济-区域开发-研究报告-中国-2022 Ⅳ.①F127

中国国家版本馆CIP数据核字（2023）第215503号

中国西部大开发发展报告（2022）
张蔚文　董雪兵　周谷平　主编
Zhongguo Xibu Dakaifa Fazhan Baogao（2022）

出版发行	中国人民大学出版社		
社　　址	北京中关村大街31号	**邮政编码**	100080
电　　话	010-62511242（总编室）		010-62511770（质管部）
	010-82501766（邮购部）		010-62514148（门市部）
	010-62515195（发行公司）		010-62515275（盗版举报）
网　　址	http://www.crup.com.cn		
经　　销	新华书店		
印　　刷	固安县铭成印刷有限公司		
开　　本	720 mm×1000 mm　1/16	**版　　次**	2024年3月第1版
印　　张	13.75 插页1	**印　　次**	2024年3月第1次印刷
字　　数	264 000	**定　　价**	78.00元